"十三五"冰雪运动实务系列规划教程

总主编 刘振忠

冰雪休闲运动指南

本 册 主 编　吴晓华　周　静

本册副主编　李　茜　张　琢　丁湘宁　吴立柱

参　　　编　贾　京　张　阳　任振华　张　铮

　　　　　　马国庆　杨晋阳　郝梦雨　张艳强

　　　　　　李　佳

上海交通大学出版社
SHANGHAI JIAO TONG UNIVERSITY PRESS

内容提要

本书以"实践为主,理论够用"为原则,紧紧围绕冰雪休闲运动涉及要素展开阐述,包括基本概念的界定,我国群众冰雪运动的探究,冰上运动场地、设施与器材,速度滑冰基本技术,花样滑冰,冰壶运动,穿滑雪板登山坡与滑雪转弯技术,越野滑雪,高山滑雪,单板滑雪,以及滑雪运动常见损伤与预防共十一章内容。本书内容定位准确,语言详实流畅,配备了丰富的阅读材料与精美插图,增加了知识性、趣味性、可读性,使本书更具易懂性和实用性。本书是冰雪休闲运动领域的指南读本,既可作为体育类高等院校大学生实训指导课程教材或教学参考书,也可成为从事冰雪休闲运动人士阅读借鉴的知识读本。

图书在版编目(CIP)数据

冰雪休闲运动指南 / 刘振忠总主编; 吴晓华,周静
本册主编. —上海:上海交通大学出版社,2020
ISBN 978-7-313-23627-2

Ⅰ.①冰… Ⅱ.①刘… ②吴… ③周… Ⅲ.①冰上运动—高等学校—教材 ②雪上运动—高等学校—教材 Ⅳ.
①G862 ②G863

中国版本图书馆CIP数据核字(2020)第149189号

冰雪休闲运动指南

BINGXUE XIUXIAN YUNDONG ZHINAN

总　主　编:刘振忠

出版发行:上海交通大学出版社

邮政编码:200030

印　　制:上海万卷印刷股份有限公司

开　　本:787 mm×1092 mm　1/16

字　　数:293千字

版　　次:2020年8月第1版

书　　号:ISBN 978-7-313-23627-2

定　　价:45.00元

本册主编:吴晓华　周　静

地　　址:上海市番禺路951号

电　　话:021-64071208

经　　销:全国新华书店

印　　张:12.5

印　　次:2020年8月第1次印刷

"十三五"冰雪运动实务系列规划教程编委会

王　勃（北京景山学校崇礼分校）

王　芳（河北大学）

王　珂（北京外研讯飞教育科技有限公司）

王小刚（唐山市体育局）

吴志海（沈阳体育学院/空中技巧国家队教练）

吴立柱（河北师范大学）

吴丽艳（石家庄市体育局）

赵　红（承德体育运动学校）

周　正（河北旅游职业技术学院）

朱　鸿（东北师范大学）

朱　磊（张家口崇礼太舞滑雪场）

朱瑞东（承德县教育和体育局）

张艳强（唐山市路南区教育局）

臧燕阳（上海交通大学出版社）

　　21世纪，人们对物质财富的满足将让位于追求充实的精神生活。和谐社会发展的质量标准将定位于人的生存质量、生命质量以及人的全面发展。"休闲"就是在20世纪最后年头闯进中国人精神家园的一种社会文化现象，它的到来恰恰契合了中国的社会转型和经济的高速增长，迎合了从劳动生产型经济向休闲生活型经济转化的势头，引起了人们对传统文化中休闲缺失现象的反思，也激发了人们对未来休闲社会的憧憬。

　　休闲健身正好适应了人们对休闲时代的期盼和更高层次的需求，是实现自我价值的一种体现，是满足人们身心健康、娱乐需要而产生的文化体育活动。通过这种活动，可以使自己的人生价值得到升华，而这种行为（指参与休闲健身运动）所产生的结果必定是内心世界的畅爽、形体的健硕和完美，这与现代社会所倡导和发扬的体育人文精神是一致的。

　　休闲健身是人们为了丰富生活、调节情绪、谋求身体满足、善度余暇而进行的自由自在的体育健身娱乐活动。人们利用业余闲暇时间，用于自我享受、调整身心，以及采用发展的观念、态度、方法和手段来体验人生的乐趣。它的价值不仅在于实用，也在于文化。它使人在精神的自由中历经审美的、道德的、创造的、超越的生活方式，并借助休闲体育所承载的文化和健身价值，推动社会的文明进步，从而实现提高人类生活质量的目的。

　　休闲健身作为一种特殊的体育文化和表现形态，是以休闲健身活动为项目载体，运用自由的可支配的时间，为不断满足人的多方面需要而进行的一种身体建设、文化创造、文化欣赏、文化建构，是一种身心塑造工程。它能彰显和谐社会体育人文精神和文化建设的精髓，实现体育的本质和目的。

　　从国内现状看，针对冰雪产业包括冰雪旅游产业研究较多，其次是冰雪文化，而对大众冰雪体育研究相对较少，仅限于冰雪运动对健身方式的影响等，对于本土特色冰雪体育文化品牌活动、符合小康社会冰雪体育健身群体的需求、锻炼模式、组织与管理、冰雪休闲体育公共设施服务体系等研究匮乏。

　　冰雪体育在经济发达的欧美国家、澳大利亚以及韩国、日本等冰雪资源丰富的国家有着深厚的大众基础，从传统的冰上、雪上竞技运动，慢慢地发展并成为集娱乐、休闲和健身于一体的冬季休闲运动之一。而在诸多学者的理论研究中，也慢慢地将冰雪运动作为国家竞技体育实力展现的一个重要平台。国外学者对冰雪体育的研究主要集中在以下五个方面：一是保证大众冰雪体育基本适宜的环境权利的获得；二是教育和培训权利；三是冰雪体育服务措施；四是鼓励公众积极参与冰雪活动，服务社会；五是养成良好健康的生活方式。很多国家相继制订了本国体育发展计划，包括冬季冰雪体育战略。

本书为 2019 年河北省社会科学基金重大项目《冬奥会对城市形象塑造和提升长效机制研究》（批准号 HB19ZD06）阶段成果。本书在教材编委会指导下，由河北体育学院负责策划并组织编写，编写者是一支学科功底深厚且具有冰雪运动普及培训与休闲健身指导经历的团队。在编写本书过程中，参考和借鉴了一些知名学者和专家的观点及论著，在此向他们表示深深的感谢。由于作者水平有限，书中难免会出现不足之处，希望各位读者和专家能够提出宝贵意见，以待进一步修改，使之更加完善。

编　者

2020 年 5 月

目录
Contents

第一章

基本概念的界定

第一节 休闲运动的价值界定 ▶

　　休闲运动等于或从属于群众体育,休闲运动是人们的心理体验,是在闲暇时间内进行的体育活动。结合本书的研究重点,我们将休闲运动概括为:参与者在相对自由的时间和空间范畴内,选择自己喜欢的运动而进行锻炼的一种方式。人们在进行休闲运动过程中,能够更好地提高自己的身体素质、更好地娱乐身心、更好地去进行交流,休闲运动已经逐渐成为当今社会人们追求高品质生活的重要方式之一。休闲运动具有参与性、自然性、时尚性、流行性、时代性等特征。这对参与者来说具有多元价值。

一、休闲运动的文化价值

　　休闲运动意识主要是指人们参与休闲运动锻炼的主动性。在当今社会中,人们进行休闲运动的主要目的和意识就是为了能够更好地提高自己的健康状况,寻求一种更为积极和健康的生活方式。这种主动诉求进行体育锻炼的意识就是休闲运动意识。这种动机不仅仅是一个个体的孤立意识,更是人类社会在探索体育运动巨大价值过程中的一次思想飞跃。

　　休闲运动的相应设备是人们进行体育运动和体验休闲运动价值的基本方式和基本条件,也是向参与者更好地表达和传递休闲运动文化的重要载体和渠道。在当今社会,人们对于体育运动的主动诉求变得更加积极和直接,休闲运动设备承载的文化价值和内涵也更好,休闲运动设备成为反映人们审美文化和水平的最为直接的方式。

　　休闲运动技术是人们进行休闲运动的非常重要的外在表现方式,人们在进行体育锻炼和参与休闲运动的过程中,体育内在的娱乐性和游戏成分非常浓厚,锻炼者借助相应的技术和设施,能够更好地体会到体育锻炼所带来的价值,不仅能够愉悦身心,而且也能够使自己的精神得到相应的满足。而且,休闲运动对于参与的环境、时间以及参与人等都没有严格的要求,在技术和规格上随意度也非常高,能够使人们在锻炼的过程中真正享受到生活的乐趣。比如,在冰雪休闲运动中,用冰刀及单双板滑行过程对内、外刃的运用,滑行姿势正确与否,速度快慢等没有严格要求,只要在安全状态下参与运动,并获得体验性快乐就达到了休闲目的,继而在经常性的冰雪体育休闲活动中不断地追求技术完美,提高身体能力,寻求刺激和超越自我。

二、休闲运动的经济价值

　　20世纪70年代以后,西方发达国家先后进入老龄化社会,"现代文明综合征"在西方社会越来越明显,各国的国民经济为此背上沉重的负担。当前,我国也正在向老龄化社会迈进。世界各国政府日益重视群众体育和全民健身。

美国《最佳健康人计划》、日本《迈向21世纪的体育振兴策略》、德国《健身130全民体育健身计划》以及我国《全民健身计划》相继出台，鼓励国民参加体育健身休闲活动。人们开始意识到休闲运动是实现自我价值、提高生活质量、完善生命价值的重要内容和手段，懂得了休闲运动消费并非纯娱乐、消遣消费行为，也是一种健康投资。由于参加休闲运动活动的人口不断增加，客观上拉动了体育消费，促进了休闲运动经济和体育产业的发展。休闲运动经济逐渐成为发达国家的重要经济来源，并在国民经济中的地位越来越重要。

三、休闲运动的生理价值

休闲运动在生理价值和健康方面的相互关系是辩证而存在的，追求健康的生活理念和本质是休闲运动生理健康的重要内涵，更是评价和衡量休闲运动生理价值的关键所在。休闲运动活动作为当前人们生活当中必不可少的要素，在休闲运动的发展过程中，应该力求不同的构成要素能够相互融合和渗透，保证在相互融合之中得到进一步的发展。

四、休闲运动的社会心理价值

休闲运动的社会心理价值，是指休闲运动在满足人们的身心需要过程中所承载和传递的影响人的社会心理的作用。现代工业文明在给人类带来巨大财富的同时，也给人类带来了诸多心理压力和负担，使人们在心理上面临严峻的挑战。而体育休闲活动在提高人类对现代社会的心理适应能力方面具有积极作用，长期参加适宜的体育休闲活动，能增强参与者承受来自社会诸多方面的心理压力，消除工作和生活上的烦恼，使其在错综复杂的社会交往活动中，将心理调节到适应现代社会生活的最佳状态。

第二节　冰雪运动的发展

一、带你融入冰的世界

（一）冰上运动追古话今

1. 中国古代的滑冰

滑冰运动是一项比较古老的运动，人类的冰上活动最早可以追溯到远古新石器时代。滑冰是我国古代体育的组成部分，有史可查的能追溯到宋代。古时把溜冰称作"冰嬉"或"冰戏"。到了清代，冰上运动出现了速度滑冰、花样滑冰、冰上足球、冰上抛球、冰上射天球、打雪挞及冰上摔跤等形式。滑冰在19世纪中叶以前，是满族八旗兵必须操练的一项军事技术项目（见图1-1）。

清代沈城的滑冰运动十分盛行。据《满洲老档秘录》记载，清天命十年正月初二，太祖

图 1-1

努尔哈赤在浑河冰上亲自主持了跑冰鞋的比赛。清兵入关后，冰上运动得到了进一步的发展。据文献记载，乾隆皇帝在《冰嬉赋序》里把跑冰鞋运动称为"国俗"，可见当时滑冰运动的普及。

我国最早的冰刀是用牲畜的胫骨制作的，多采用马骨。到了清代后期，我国的冰刀已是铁制的了。现在的滑跑冰鞋是从满族人最初用兽骨缚于脚下参加滑冰行军演变而来的。

2. 源于古代交通运输的外国冰上运动

西方国家的滑冰运动起源于西欧和北欧。11—12世纪的荷兰、英国、瑞士以及斯堪的纳维亚半岛一些国家就有脚绑兽骨、手持带尖木棍支撑冰面向前滑行的记载。类似的记载在荷兰的古雕刻画、英国的手抄文献、瑞士的古文献以及斯堪的纳维亚的叙述文学中都有发现。尽管这种活动只是人们在冬季开展的一种游戏，或者作为代步工具，但却为现代速度滑冰运动的产生和形成奠定了基础。

据考证，滑冰起源于荷兰，当时人们用木制的爬犁在冰上作为运输工具。后来人们在实践中发现，野兽骨头比木头更易于在冰上滑行，于是改用动物骨头作为滑冰用具，如将马骨磨成光滑的底面，将骨的两端钻孔，用皮带绑在鞋上，用支杖支撑滑行（见图1-2）。

1250年左右，荷兰人发明了铁制冰刀，把它绑在鞋上滑起来要比用兽骨快得多。很快，

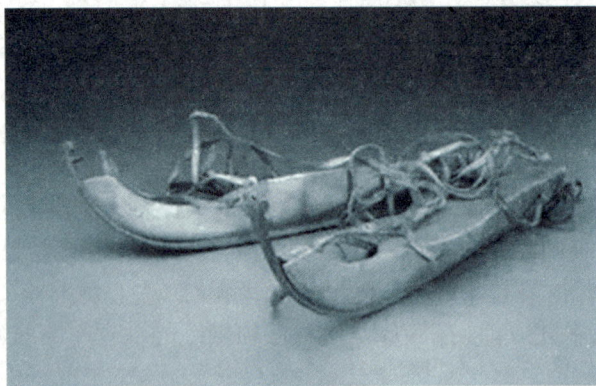

图 1-2

这种简易的铁制冰刀盛行于荷兰和欧洲其他国家。1572年，苏格兰人发明了第一双"全铁制冰刀"，这是现代冰刀的起始标志。

最早的速滑比赛出现于1676年，是在荷兰的运河上举行的。最初的比赛是从一个城镇滑到另一城镇，后来逐渐由长途滑行比赛演变为环城赛。当时由于在城市中举行直线滑行比赛不便观看，冰场逐渐演变为U形跑道，最初距离为160—200米，最后形成了现在速

滑比赛所使用的封闭式椭圆形400米标准跑道。

随着社会生产力的发展及人们文化生活需要的提示,滑冰运动由简单滑行逐渐向更高层次的花样表演以及竞技性很强的冰球运动发展,滑冰从娱乐游戏活动发展成了竞技运动项目,进而形成了现代冰上运动。

3. 滑冰运动在我国的发展

中华人民共和国成立后,滑冰运动才逐渐被重视和发展起来。20世纪80年代中期以后是我国冬季运动发展史上最重要的时期。从这时开始,我国加强对冰雪项目发展战略的研究,在全面总结中国冬季运动发展历程和分析国际冰雪运动发展形势的基础上,对冰雪项目的布局进行了调整,将速度滑冰短距离、短跑道速度滑冰、花样滑冰女子单人和双人滑作为振兴中国冬季运动的突破口,并提出了实现冬奥会突破奖牌零和金牌零的目标。在这一战略思想指导下,我国对项目的管理、预测、经费投入、后备人才培养以及重点运动员训练等采取了一系列措施。这些措施的实施,使得一些项目的运动技术水平迅速提高,并涌现出一大批优秀运动员。

(二)滑出的健康

1. 滑冰运动的价值

1)激活僵硬的身体

滑冰运动是一项全身的运动,它在给人们带来速度上的享受的同时,也在无形中锻炼了身体的平衡能力、协调能力和柔韧性。

滑冰的实质是掌握平衡的过程,它要求在重心的不断切换中找到平衡点,这样才能做出漂亮的动作。这些优美动作的完成,几乎依赖于人体所有关节的活动。经常滑冰,可以使关节得到良好的锻炼,从而激活僵硬的身体。

2)接受阳光的抚育

冬季昼短夜长,阳光微弱,如多在室外锻炼,能弥补阳光照射的不足。阳光照射对身体有诸多好处,如阳光中的紫外线能杀死人体皮肤、衣服上的病毒和病菌,对人体能起到抗菌作用。此外,阳光还能使皮下的脱氢胆固醇转化成维生素D,促进人体对钙的吸收,有助于骨骼的生长发育。对青少年来说,多参加室外锻炼,对身体的生长发育有着重要作用。

3)振奋低落的情绪

有的人到了冬季,就会出现忧郁、沮丧、易疲劳、注意力分散、工作效率下降等症状,该症状在临床上被称为“冬季抑郁症”。有关资料表明,经常从事室内工作以及平时对寒冷较敏感的人,比一般人更容易产生“冬季抑郁症”。改变这种情绪最有效的方法就是参加适宜的户外运动,而滑冰运动是不错的选择。

2. 诗人眼中的滑冰运动

花样滑冰是一种被称为体育与艺术完美结合的运动项目,深受大众欢迎。比赛时运动员在音乐伴奏下,在洁白的冰面上滑出各种图案,表演各种技巧和舞蹈动作,既表现出了力量、速度和难度,又有艺术的优美和抒情,因而极具观赏性。正如德国诗人歌德在诗中写的那样:“……花样滑冰,使人返老还童。它的柔韧,使我更加年轻……”歌德把花样滑冰比喻为“运动的诗”。

（三）滑冰前的准备

1. 选择一双合适的冰鞋

如果要挑选一双适合你自己的冰鞋，首先你要确定想要哪一类滑冰项目的冰鞋。滑冰主要包括三大类项目：速度滑冰、冰球和花样滑冰。项目不同，使用的冰刀冰鞋也不同。因此，我们需要了解各类项目及各种冰刀冰鞋的特点。

速度滑冰主要的特点是速度快，所以速滑冰刀刀体很长，刀刃窄而平，这样蹬冰面积大，摩擦阻力小，鞋勒矮以便于降低身体重心，减少空气阻力。

冰球项目对抗性很强，要求具备良好的保护措施，因此冰球鞋的鞋头很硬、鞋勒较高、鞋帮很厚，刀体很短，具有较大弧度，以便于滑冰者在冰面上灵活地移动及改变滑行方向等。

花样滑冰动作难度大，对稳定性要求较高，因此刀刃较宽，中间有沟槽，刀体有弧度，以便于转弯做旋转和步法等；在刀刃前部有刀齿，以便于起跳和落冰；鞋勒硬而高，是为了跳跃后落冰时保护踝关节。初学滑冰的人一般多选用花样滑冰鞋。

2. 高科技，新冰刀

在1998年第18届冬季奥运会上，世界各国运动员比较广泛地采用了荷兰人赫里特博士发明的新式冰刀。这种冰刀大大增加了蹬冰的幅度，提高了蹬冰的效果，从而加快了滑行的速度，使速滑运动技术和运动成绩大幅度提高。在此次冬奥会上，共打破6项世界纪录和20项冬奥会纪录。男子5 000米达到了6分22秒22，将原世界纪录提高了12秒76。男女长、中、短距离前三名成绩均超过第17届冬奥会第一名的成绩。这是继运动服装和运动场地变革而引起速滑成绩飞跃后，由冰刀技术革新而引起的速滑技术变革，这使得速滑运动成绩大幅度得到提高。现代高级专用速滑刀的刀托不是圆桶式，而是可移动的板式，运动员可随时根据比赛项目或个人习惯，将刀管刃向左或右调整到适合自己需要的位置。

短道速滑冰刀的特点是刀身短，刀刃底部有弧度，与冰面接触面积很小，便于在弯道时滑弧线前进。冰刀的刀身较高，在冰刀倾斜度很大时冰鞋也不会接触到冰面。

3. 打磨冰刀的程序

第一，磨刀前检查刀刃曲直，并作相应处理。

第二，将冰刀装在冰刀架上，用可调装置将冰刀调平，并将两刀跟顶靠住刀架，以保证两刀前后齐平。调好后拧紧扭柄，固定好冰刀。

第三，在油石粗面抹一层油，将油石横放在两冰刀刃上，用拇指和食指捏住油石，用油石自身重量轻轻地前后摩擦几次，使之能磨满全刀刃。然后将油石按对角线方向横向摩擦，以避免油石磨出沟壑，此间，注意交换方向打磨，将全刀刃打磨几分钟。

第四，用食指或指甲检查四边的边刃是否有毛刺出现，用打边刃的油石蘸上油打掉边刃毛刺；然后用同样的方法再用细油石打磨边刃毛刺，并检查边刃毛刺是否完全打掉。

4. 穿冰鞋小窍门

初学滑冰的人，特别要注意冰鞋的穿法，如果穿得不合适，会直接影响滑冰技术的提高。

穿冰鞋时，要把所有扣眼的鞋带都松开，脚穿进鞋内以后，要站起来踩实。前两三个扣眼的鞋带可系得稍微松一点儿，后面的鞋带要系紧，脚在鞋里不晃动，才好向两侧倾斜用力蹬冰。袜子不要太厚，否则会使脚蹬冰的感觉不灵敏。若滑了20分钟后，脚部感觉酸痛，应把鞋带松开休息一会儿,使脚部血液流通;恢复以后,系紧鞋带再滑。

二、古今中外谈滑雪

(一)源于狩猎和军事的古代滑雪

随着人们生活水平的提高和健康意识的增强,多元化的健身活动成为人们流行的休闲娱乐方式。滑雪这项被称作"冬季高尔夫球"的运动走入了人们的视线,人们被它那置身于独特的自然环境中驰骋的超凡魅力所感染。滑雪运动融娱乐、健身、竞技和表演于一体,形式多样,动作可难可易,既可以在欣赏冬季山林别致风景的同时享受到山地间自由驰骋的乐趣,又可以在即兴发挥的花样技巧当中体会到身心合一的忘我境地。如今,滑雪运动已经从"贵族"走向大众,成为深受人们喜爱的冬季体育运动项目。

1. 外国古代滑雪

滑雪运动历史悠久,追溯滑雪活动的起源要从古代原始的实用滑雪说起。据资料记载,滑雪始于北欧的挪威,距今已有4 000多年的历史,那里是世界滑雪的故乡。滑雪这个词始于挪威语skith(雪鞋)。据考证,早在4 000多年前,在北欧、西伯利亚、乌拉尔山脉周围和中亚细亚等地已有人滑雪。在挪威,人们在多处岩洞的岩壁或石碑上发现了刻画着石器时代的人们乘滑雪器具打猎的图案。

世界上最古老的滑雪板发现于芬兰的卡鲁夫瑞斯库和瑞典的豪汀,据科学鉴定为公元前2500年前的制品。在芬兰卡鲁夫瑞斯库发现的滑雪板,很像神话故事中的冬神渥鲁穿的滑雪板,其中一支板窄而长,用于滑行,另一支板宽而短,在滑行面粘着毛皮,用于走路。最古老的雪鞋是加拿大和西伯利亚的因纽特人在冻土带的雪地上使用的。最古老的滑雪运动传说出现在古挪威等北欧各国的故事中,被誉为冬神的渥鲁和滑雪女神安德瑞蒂斯在传说中经常乘着前端弯曲的雪具往返于各地。古希腊历史学家赫罗德乌斯写道:"在北方有阿波瑞斯人,可以一刻不停地飞驰如箭。"古罗马的日耳曼人称芬兰的北部人为"乘骑滑雪板的芬兰人"。古罗马的伦巴商人说:"人们穿着像弓一样弯曲的木板,向前跳着猎取野兽。"

滑雪不仅用于生活,还用于军事和战争。1200年,在奥斯陆战争期间,挪威的斯法礼王为侦察瑞典人,让侦察兵掌握滑雪技术。1452年,瑞典人也在战争中使用过滑雪。14—18世纪,滑雪曾被用于芬兰、挪威、波兰、俄国和瑞典的战争。1719年,挪威还组建了世界上第一支滑雪部队。

2. 中国古代滑雪

在中国新疆阿勒泰地区发现的原始滑雪板,距今已有6 000多年的历史。在阿勒泰市汗德求特乡发现了目前仍在使用的一种原始滑雪板,这种滑雪板以杨木为原料,底部包的是马腿的皮毛,用一根长约两米的滑雪杖辅助滑行。这种滑雪板很原始,在全国乃至全世界都很罕见,如图1-3所示。

中国最早的、有文字记载的滑雪活动可追溯到隋唐时代。那时,北方的少数民族在冬季的雪地上"骑木而行",用以狩猎觅食。近千年来,类似的活动也先后在鄂温克族、鄂伦春族、赫哲族以及满族中出现。

图1-3

隋朝时期,北室韦人主要居住在嫩江流域。嫩江流域地处大兴安岭南部,气候寒冷,气温常在零下二三十摄氏度,无霜期短,冬季达半年左右。山上多松、桦、榆、柞之木,兽类则有野鹿、獐子、狼子、獭、野猪等。北室韦人尚不会耕种,只能靠猎鹿獐等食肉衣皮来生活。在漫长的冬季,江河封冻,遍地白雪覆盖,原来的地貌已难辨识,深沟大壑、冻裂的地缝,自然形成坑坑洞洞,且都被积雪覆盖。在这样的山野追猎野兽,很容易误陷其中,这给人们生产活动造成了巨大障碍,这种情况下迫使北室韦人发明了一种巧妙的行动方式——"骑木而行",这就是我国最早有文字记载的滑雪运动。

(二)滑雪运动益处多

滑雪以其独特的魅力成为时尚的休闲体育运动,并正在逐渐发展成为一项遍及全球的运动。下面就介绍一下滑雪运动的价值。

1. 陶冶身心

滑雪场大都建在名山大川旅游胜地,在置身于崇山峻岭、林海雪原中滑雪的同时,人们不仅可以体会到滑雪带来的快乐,而且可以欣赏别致的冬季风景奇观;另外,滑雪可以使人们远离城市喧嚣与污染,投身于银装素裹之中与大自然亲密接触,呼吸流动的清新空气,使人们心旷神怡,更会使人们激情迸发、忘记烦恼,把竞争激烈、快节奏的现代生活所造成的疲劳一扫而空。

2. 多项选择

滑雪项目种类繁多、运动形式多样,可以适合不同爱好者的需求。人们可以选择符合人体结构的双板滑雪,也可以选择双脚踏在同一只滑雪板的单板滑雪。不管你喜欢风驰电掣般的速度,还是愿意展示你高超的花样技巧,不管你是想在运动中娱乐身心,还是想找回天真的童趣,尽可以在滑雪运动中得到充分的满足。

3. 挑战极限

滑雪运动可以充分挖掘人类的潜能,挑战自我极限,是适合那些喜欢冒险的人的一项极限运动。众多登山爱好者,在征服一座积雪皑皑的山峰后,喜欢采用滑雪的方式从峰顶飞驰而下,体会在自然地势、天然雪中滑行的刺激。目前,世界上已有人在登上珠穆朗玛峰后使用单滑雪板和双滑雪板滑行下山。对那些喜欢各种花样技巧的爱好者来说,则可以借助高速滑行的速度通过雪包或在U型槽内腾越做空翻转体等各种类型动作,以此来充分体现高超的技巧。

4. 健身强体

滑雪运动对人体的健康有众多的益处。长期参加滑雪运动,可以提高人体的心血管系统、呼吸系统等方面的机能。在低温环境下运动，有助于增强人体耐寒能力及增加人体的免疫能力；在保持体温及运动状态的双重刺激下，会促使人体新陈代谢加快，使人体内多余的脂肪大量消耗，起到塑造形体的作用。另外，滑雪是一项全身器官都参与的运动，经常滑雪可以改变肌肉的内协调能力。

（三）滑雪运动的分类

根据滑雪运动所呈现的功能可分为实用滑雪、竞技滑雪、大众滑雪和极限滑雪。实用滑雪：以生存和与自然斗争需要为目的，具有实际应用价值的活动；竞技滑雪：以参加竞赛，创造优异成绩为目的的竞技体育运动；大众滑雪：以休闲娱乐和健身，满足人们日益增长的精神生活需求为目的的社会体育活动；极限滑雪：以充分挖掘人类自身运动的最大潜能，激发和挑战身体机能极限为目的的冒险活动。

以上每一种滑雪运动又包括不同类别。竞技滑雪大多来源于大众滑雪，大众滑雪与竞技滑雪之间除技能和难度水平有所不同外，它们包括的项目类别也有明显区分。竞技滑雪中有竞速类项目、超级大回转和速降。竞技技巧类项目中有空中技巧、雪上技巧等项目，这些项目又是从极限滑雪演进而来。

第二章

我国群众冰雪运动的探究

第一节 我国群众冰雪运动的研究现状

我国开展冰雪运动的历史久远,最早可以追溯到远古时期,经过不断演进和发展,明清时期满族群众冰雪运动形式多样,滑冰运动在清代达到古代中国冰雪运动的巅峰。

中华人民共和国成立以来,特别是改革开放直到21世纪之后,我国冰雪运动的发展得到政府部门和社会各界的广泛关注。从1980年组队参加美国普莱西德湖第13届冬奥会开始至今,取得了突出的运动成绩,但是与世界冰雪运动强国相比还有较大差距。与大部分体育项目普及滞后于同项目竞技运动发展的情况类似,我国冰雪运动在群众中的普及也落后于竞技冰雪运动的发展:竞技冰雪运动的专业竞赛、训练已经有半个世纪,而群众冰雪运动的兴起和发展则是近20年的事。群众冰雪运动虽然起步晚,但它的发展极为迅速,这方面多样的研究领域和较为丰硕的研究成果就是例证。

一、区域性群众冰雪运动发展研究

对于区域性的群众冰雪体育发展研究,主要集中在北方地区,特别是东北地区,这与自然条件和气候环境有较为密切的关系。

冰雪运动发展的特点主要有区域性强、投入高、运动风险大等,研究表明,我国群众参与其中的动机与参与其他体育运动的动机相近,主要有强身健体、宣泄情绪、提高运动能力、寻求刺激、陶冶情操等。我国东北三省冬季休闲体育活动和群众冰雪运动的开展,为人们拓展了休闲方式、提高了闲暇生活质量、创造了交流平台。滑雪运动在群众中的基础还较为薄弱,虽然潜在滑雪人口基数庞大,但仍然处于起始时期,并且在相关政策制度建设和滑雪市场化运营方面还有很多值得改进的地方。目前,影响冰雪爱好者参与滑雪运动最主要的原因是经济因素,其次还有政府资金的补助、社会对冰雪场地的投入、体育运动文化环境氛围和冰雪产业发展程度等。有学者对不同地区的群众参与冰雪运动进行分析,发现户外冰雪运动以青年群体和社会中产阶层以上人群(中高收入群体)为主,男性多于女性,学生的主要冬季户外锻炼多由学校组织进行。由此可见,群众冰雪运动的发展离不开在学校和社会两大载体中引领正确的运动价值观念,除了在中小学体育教学和社会体育活动中采取各种措施和有效途径营造冰雪文化氛围之外,政府主管部门还要更新管理理念,重视优势资源的互补整合,引导社会对冰雪运动产业多元化的投资,形成冰雪运动的产业链。

通过现有文献整理可以发现,我国冰雪运动的现状研究主要在高纬度的东北三省和西北地区,对于冰雪运动的研究和实践处于起步阶段,目前还没有出现理论专著,大量的研究集中于对某区域冰雪运动发展现状和对策的研究,对概念、性质、发展状况及存在的问题进行概况性和定性阐述。在联系实际方面很少结合区域发展自身特点为冰雪运动进行有突破性的改革与创新。

二、青少年冰雪运动发展研究

20世纪70年代末，黑龙江开始实施"百万青少年上冰雪"活动，青少年冰雪运动的研究也随之逐渐出现。有学者研究指出，在中小学寒假时间，绝大多数青少年不参加户外活动，占总数的85%，而经常参加的仅占5%，并且运动项目只有滑冰和跑步等，活动内容极为单一。近年来的研究主要集中在青少年学校冰雪运动开展、冰雪俱乐部参与以及青少年滑雪市场等方面。

一项对黑龙江省近百所中小学"百万青少年上冰雪"活动开展情况的调查研究显示，冰雪体育活动在冬季校园中开展得并不尽如人意，各学校还未将"上冰雪"活动与"阳光体育"活动有机结合，妨碍"百万青少年上冰雪"活动实施的主要外部原因是管理评价和物质保障都不足；也有从"阳光体育运动"的角度思考东北地区中小学开设冰雪运动课的研究，提出了多项有效融合的途径与对策。

在东北地区，培育青少年冰雪爱好者的主要制约因素有学校冰雪文化熏陶教育缺失、学校场地设施欠缺、冰雪项目单一、管理理念滞后等，而学生主观上不愿意参加活动、场地设施缺乏和家庭经济状况是限制青少年参加冰雪运动的主要因素。另外，青少年滑雪项目应加强运动安全防护，滑雪场要制定完善的运行标准，降低青少年在滑雪过程中受伤或者发生事故的风险，注重对高校学生滑雪市场的开拓，加强滑雪场非滑雪期的项目开发，使青少年全年度户外运动具有连贯性。还有研究认为，要从青少年健康普及和精英拔尖人才培育两个不同目标的角度，注重顶层设计、突出冰雪特色、加强文化建设，增强中小学生身心健康，培养高水平冰雪运动后备人才，努力构建与全民健身和体育公共服务体系相统一的青少年体育服务体系。

纵观现有对青少年冰雪运动参与的研究，多数研究是青少年参与现状以及产生原因的分析，并结合"阳光体育运动""百万青少年上冰雪""公共体育服务体系"等政策背景进行的论说，而对青少年身心发展、宣传推广冰雪运动文化、青少年参与冰雪运动风险防护以及冰雪运动对青少年社会化的作用方面很少有涉及，也没有具体量化的研究成果，这些都是未来可以研究的领域。

三、冰雪运动文化研究

冰雪文化很早就出现在人类的文明史中，它与其他文化形态的发展相比，其独特性表现在随着冰雪体育、冰雪旅游的发展，冰雪文化在近代以来逐渐成为一个文化概念。冰雪文化是人们在特定的冰雪生态环境下所创造的一种独特的文化形态，反映了地域民族在历史积淀和自然环境影响下的心态、价值观念、组织形式、体制制度等文化因素的形成。因此，构建冰雪文化能够促进实现传统的、现代的和后现代的文化理念的融合与互补。从文化的特征和属性来看，冰雪文化是一种区域性文化，其内在特性表现为客观自然性、开放兼容性、文化心理双重性、民族地域性等。冬奥冰雪文化是一种非常具有代表性的冰雪文化，它作为奥林匹克文化的组成元素，为人类文明带来了无限的魅力和感召力。有研究认为，冰雪运动文化建设要以奥林匹克运动的核心价值体系和"文化兴体"的价值观念为主要理论基础。也有学者对地方特色的群众冰雪文化进行了研究，指出冰雪节庆活动、冰雪赛事项目以及春节黄金周都展现了不同的群众冰雪文化特点，突出了冰雪文化艺术多元、群众冰雪健身个性化参与以及大众冰雪体育家庭化的不同特点。

有关冰雪运动文化研究的视角较为单一，多"就事论事"，延展与相关研究较少。冰雪运动文化与其他体育文化的交融互通，以及与旅游文化、闲暇文化等的借鉴共赢，都是值得研究的视角。同时，应该加强个案分析，发掘冰雪文化的多样性和独特性。

四、冰雪体育旅游相关研究

冰雪旅游属于生态旅游，是以冰雪资源为基础，以冰雪文化为内涵，以冰雪观光、冰雪运动为主要外在表现形式的可持续发展的旅游活动，具有很强的观赏性、参与性、体验性和资源保护性的特点。根据旅游目的的不同，可以分为游览观光式冰雪旅游、冰雪娱乐旅游和冰雪运动旅游这三种形式。冰雪旅游综合资源包括三个方面：旅游资源（自然和人文景观）、产品资源（基础设施和衍生产品）和服务资源（餐饮、住宿、交通、购物等）。

冰雪旅游是黑龙江传统优势旅游项目。冰雪旅游经过多年积累，已成为黑龙江旅游经济的重要支柱和主要品牌。有研究对黑龙江冰雪旅游发展作出判断，建议以点式效应为基础，以保护为前提，注重创新，加强宣传力度，重视区域合作，走可持续发展道路。冰雪旅游项目在河北的起步较晚、范围较小、规模不大、档次较低，究其原因主要是发展理念不合理、规划实施有错位、设施配套落后。

目前，冰雪旅游文化的发展主要存在以下问题：冰雪旅游文化开发意识淡薄、文化精品稀缺，冰雪旅游产品地域性文化不突出、缺乏民俗性特色，旅游配套设施不全、产品服务的群众参与性不强，没有可持续发展的意识，相关人才缺乏，现有人员的专业能力良莠不齐。要解决这些问题，就要从观念上提升产业地位，打造旅游品牌，用精品服务和参与型竞赛吸引客源。

对冰雪旅游的研究，大多以现状、对策研究为主，研究对象重复性强，突出成果不多。当然，关于这一话题的讨论，还有一些定量的研究。冰雪旅游目的地的生态平衡和群众旅游质量（满意度）的高低，很大程度上与当地冰雪旅游资源的承载容量有非常直接的关系，有学者通过个案分析，从生态、质量、心理、文化、经济和社会六个方面构建了冰雪旅游资源承载容量的评价指标体系，并设计了冰雪旅游资源承载容量的计量模型。有学者运用数理统计方法研究得出，冰雪旅游产业的发展升级主要有三类因子的载荷贡献：政策扶植因子、文化衍生因子和技术进步因子，并定性建立了冰雪旅游产业的圆锥螺旋线升级模型。还有一项运用DEA模型对17个省（自治区、直辖市）的冰雪旅游产业效率的实证研究显示，只有黑、津、川、渝四省市的产业效率达到了优化。

五、冰雪运动"北冰南展"的研究

"北冰南展"是为了平衡我国冰雪运动在南北地区发展，当时的国家体委在20世纪80年代提出的一项战略推广措施。我国东北地区具有得天独厚的地理条件和带动冰雪运动发展的气候环境，使得冰雪运动在该地区发展迅速，但是由于受到全球气候变暖的环境变化和东北老工业区经济逐渐低迷等现实因素的影响，为了更好地发展我国的冰雪运动，于是提出将"北"方的"冰雪"运动向"南"方扩"展"，但当时并未有明确的措施，更多的还是针对冰雪运动的竞技方面，希望南方省市能够在竞技体育上有所突破，建立一些体校，参加比赛等。

我国"北冰南展"战略实施过程分为四个阶段：战略思考与筹划阶段（20世纪70年代末至80年代中后期）、战略初始阶段（80年代末至90年代末）、试探与调整阶段（21世纪初至2008年）和战略推进与深入阶段（2008年之后）。

"北冰南展"的研究，从冰上项目切入研究的较多。有学者对冰上项目"北冰南展"的现实情况详细分析，并阐述了实施该战略的意义，主要体现在推广冰雪文化、完善相关产业链、普及冰雪运动、冰雪运动经营的社会化和市场化等方面。有研究对上海国际滑联短道速滑世锦赛观众和上海地区滑冰俱乐部相关管理人员、体育指导员做了调查，从中发现问题和不足并提出改进建议。以浙江省为主要案例的研究结果显示，在室内举行和参与的各项冰雪运动在我国大部分南方地区都可以推广，其中部分冰上运动与传统优势省市相比还表现得更为突出，有一定的特色，建议以竞技比赛为重要突破口，从花样滑冰、冰壶、自由式滑雪三项运动入手发展南方地区的室内冰雪运动。有研究从江苏省短道速滑队解散这一现象切入，提出了我国"北冰南展"战略可持续发展的途径和六个方面的具体建议。

不过，直到目前，冰雪运动在我国南方地区的发展依然没有起色，竞技冰雪运动和群众冰雪运动的发展都不温不火。关于拓展"北冰南展"战略的实施深度和广度，相关研究认为，要树立市场"南展"、人才"北上"的新思路；通过体教结合，不断扩大群众基础；拓展运动经费来源渠道，推进冰雪项目的普及；树立现代冰雪观念，营造冰雪运动文化氛围；加快冰雪运动的社会化、科学化和国际化进程；实现"北冰南展"与"冬奥金牌"工程的有机融合；确立多元化发展机制培养后备人才。

"北冰南展"提出距今已有30多年，而相关的研究较少，高质量的研究更少。与"百万青少年上冰雪"一样，"北冰南展"应该也是实现"三亿人参与冰雪运动"宏伟目标的重要组成部分和主要依赖途径。对于"北冰南展"要更注重实践和效果的研究，为冰雪运动的推广提供理论和现实依据。

六、其他群众冰雪运动研究

（一）群众冰雪运动史

我国古代的冰雪运动最开始的目的仅是为了生存和交通需要，后来逐渐延伸到娱乐、军事、外交等领域，这可以反映出其发展脉络和所传承下来的独特的内涵。具体来讲，就是通过工具文化、民俗文化、国俗文化、军事文化、诗词文化、休闲娱乐文化、政治文化等特征表现出来的从草根到皇权贵族的全社会阶层的立体式的冰雪运动文化内涵。对滑雪运动历史的认知，有益于从更广的角度对不同地区、民族、形式的群众冰雪运动及其冰雪文化的继承、延续和发展。

新疆阿勒泰地区有着深厚的文化底蕴和浓厚的群众冰雪运动传统，阿勒泰地区一位农

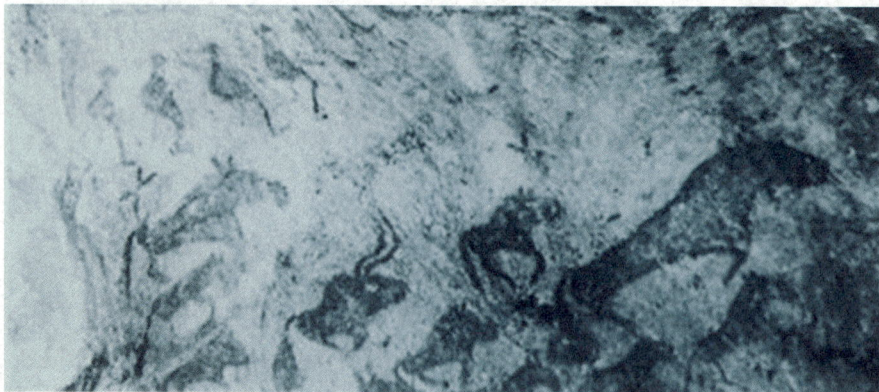

图2-1

民发现了一幅距今1.2万年前的滑雪狩猎岩画（见图2-1），历史学家由此推断阿勒泰地区是人类滑雪的起源地，当地至今还沿用的"毛滑雪板"是历史的活化石。清代冰上运动是我国古代冰上运动发展的巅峰，它蕴含着浓郁的民族特色，是具有精神魅力和发展潜力的优秀传统体育文化。诸如"踢形头""雪地托子"等古代满族的传统冰雪项目在现代社会已经销声匿迹，只能通过书籍和影像资料了解，但滑冰、滑雪、打冰爬犁等形式的活动不断演进，并与当代文化相融合，发展转变成为群众喜闻乐见的冰雪运动形式。

（二）残疾人冰雪运动

残疾人体育是残疾人事业和全民健身事业不可或缺的一部分，也是建设健康中国和体育强国的必然发展要求，社会不断发展进步，残疾人冰雪运动（见图2-2）的发展也越来越受到人们的关注。在残障人群中开展此项运动，应特别注意根据身体条件制定和选择适宜

图2-2

的项目、时间和强度。与其他发达国家相比,我国残疾人冰雪运动发展的问题较多,主要表现在以下方面:发展失衡严重,存在残疾人冰雪运动权利的"断裂",政府重视程度和经济支持力度不够,相关法律法规缺位,社会认可度和保障体系不完善,残疾人群体自身体育参与意识欠缺,场地空间少,宣传力度弱小,等等。

(三)冰雪运动对外交流

我国冰雪运动对外交流主体层次分明,交流方式多样灵活,交流内容广,交流成果丰厚。国家主席习近平2014年应邀出席俄罗斯索契第22届冬奥会开幕式和北京成功申办2022年第24届冬奥会,是我国冰雪运动对外交流乃至中国体育外交极具标志性的成果。我国冰雪运动的对外交流根据目的不同可以分为商业交流和非商业交流,根据交流主体不同可以分为政府官方交流和民间自发交流。

以黑龙江省为例,黑龙江省与冰雪运动大国俄罗斯相邻,在冰雪运动方面有浓厚的传统,因此在冰雪运动对外交流方面有得天独厚的地缘优势和民众基础。黑龙江省积极与俄罗斯进行冰雪体育文化交流,探索和建立冰雪交流的组织机制、监管机制及评估机制,重视工作人员的业务素质和相关技能培训,在中俄高校间通过冰雪体育交流合作的广度的开发与深度的拓展,不断扩大冰雪体育文化合作空间,促进国际间冰雪体育文化交流的健康发展。

(四)高校开展冰雪运动的可行性与改革研究

高校冰雪体育课程具有良好的锻炼健身效果,是北方的特色体育资源,是开展"阳光体育"的重要场所之一。我国北方地区高校开设冰雪运动课程有一定的资源条件优势,但是有研究发现,体育院系开设滑雪课程处于发展中阶段,适合教学活动的雪场非常少,基础设施建设以及运营管理都与现实需求不相匹配。各体育院系课程的组织形式、教学目标及授课内容的重点都不尽相同,师资队伍少有规模。开设具有特色的冰雪运动体育课程已成为当前北方地区高校的体育教学发展重点之一。

七、核心概念

(一)群众体育和冰雪运动

群众体育的英文名称为mass sport或者sport for all,又称"大众体育"或"社会体育",是指人们自愿参加的,以强身、健体、娱乐休闲、社交等为目的,内容广泛、形式多样的社会体育活动。

冰雪运动是指人类在寒冷的环境中(气温一般在0℃以下),依托冰雪所从事的体育运动。冰雪运动在世界体育史中占有重要地位,已成为全球冬季群众体育运动、竞技体育运动和冬季文化的重要组成部分。冰雪运动大致分为冰上运动和滑雪运动两大类。

(二)群众冰雪运动

群众冰雪运动是指人们在寒冷的环境中,依托自然或者人造冰雪,借助各种装备器具所从事的体育运动和各类活动,参与目的、内容和形式多种多样。群众冰雪运动是群众文体娱乐活动的重要组成部分,通常分为冰上运动和滑雪运动两大类。我们这里所说的群众冰雪运动,不仅包含竞技性的冰雪运动项目,也包含娱乐性、观赏性的非竞技冰雪运动项目和民俗民间的冰雪运动项目,如冰嬉、狗拉雪橇等。

（三）群众冰雪运动发展策略

发展,即事物由小到大、由简单到复杂、由低级到高级的变化。策略,是根据形势发展而制定的行动方针或斗争方式,即为实现战略任务而采取的手段。

我们这里所说的群众冰雪运动发展策略,就是指在当前的社会背景和经济文化条件下,为实现发展群众冰雪运动的目标,兑现冬奥会带动"三亿人参与冰雪运动"的承诺,我国群众冰雪运动在从弱小、低层次的阶段向群众冰雪运动强国的转化过程中,所需要制订并采取的一系列有针对性的行动计划和方法。

第二节 我国群众冰雪运动的发展现状、存在问题与发展策略

一、我国群众冰雪运动的发展现状

（一）冰雪运动的自然资源禀赋

冰雪运动与其他项目的最显著区别在于受到气候环境和自然条件的约束。冰雪运动资源的数量和质量受限于地形、气温、风力、雪期等条件影响。我国幅员辽阔,地形复杂,我国纵跨纬度近50°,从北到南包括寒温带、中温带、暖温带、亚热带、热带和赤道带这6个温度带,以及一个特殊的青藏高寒区。冰雪运动所需的气候环境和自然条件,主要集中在我国的北方地区。刘玉莲等人利用REOF方法,对我国各地降雪进行了分区,共分为7个降雪气候区。1区到7区分别为东北北部区、华北区、黄淮区、西北区、新疆区、青藏高原东部区和东南区。总体上,西多东少,南北方向多雪区与少雪区相间排列,高纬度高海拔降雪多,南方降雪地区集中。

除了低温和降雪之外,冰雪运动,特别是滑雪运动所需的另外一个重要的自然资源就是有一定坡度的山地,我国山川资源丰富,在合理的范围内能够满足滑雪运动的发展和使用。

（二）冰雪运动场馆设施发展情况

冰雪运动场馆不仅是开展冰雪运动的基础前提,也是推动冰雪运动发展的重要物质保障。国家十分重视体育场馆建设,一些大型场馆达到了国际水平。冰雪运动体育场地也不断增加,设施设备不断完善,社会影响力不断增强,但是冰雪运动的基础条件与推动群众冰雪运动发展的需要相比,还面临巨大的挑战。

近两年来,冰雪运动场馆的建设急剧膨胀,根据ISPO亚太雪地产业论坛发布的《中国

滑雪产业白皮书》的统计显示，截至2019年底，全国共有968家滑雪场，分布在25个省、直辖市、自治区，2019年新开业的滑雪场有258家，增幅23.5%，主要分布在山东、河南、山西和陕西等区域。与滑雪场馆配套的相关数据也有发布，滑雪拖牵车367台，缆车198台，造雪机4 000台，租赁双板3.5万套，租赁雪服10万套，魔毯618条。

截至2019年底，北京地区的冰上场馆共24座，商业性滑冰场居多，规模以中小型为主；雪上场地，雪道以初、中级为主，22座雪场的雪道中，初级75条，中级23条，高级8条。北京市政府在下一阶段的工作规划中提出，到2025年，冰雪场地设施更加完善，新建室内滑冰场16座、室外滑冰场50片、嬉雪场地30片，规范提升现有22座滑雪场软硬件水平。

随着冬奥会氛围的逐渐浓厚，民众参与冰雪运动的积极性和热情也分外高涨，目前的冰雪运动场馆和配套设施在旺季还是很难满足群众的健身娱乐需求，因此还要合理规划和建设冰雪运动场馆，科学管理，高效运营，才能为发展群众冰雪运动发挥物质基础的保障作用。

（三）群众冰雪竞赛与节庆活动

在政府和社会广泛的参与和努力下，群众冰雪活动近年来得到了快速发展。各种冰雪活动和竞赛带动了青少年和广大群众的积极参与，形成了有一定影响力的群众冰雪运动品牌。

1. 青少年参与冰雪运动

全国青少年"未来之星"冬季阳光体育大会，近两年也成为一个大型的青少年综合品牌活动，除了黑龙江镜泊湖主会场，还在北京、河北、内蒙古等6省、区、市设立分会场，总共有近5万名青少年参与。

在学校体育方面，新疆等地积极推进冰雪运动进校园建设，2018—2019年度中小学冰上传统项目学校共180所，每年参与各类青少年比赛的学生运动员达到3万人次。北京市开展"百万青少年迎冬奥"系列活动，已有28所中小学开展冰雪运动课程，2019年青少年参与冰雪运动的比例持续增加，并且带动北京市近500万人次参与冰雪运动。北京体育大学、河北体育学院等高校也相继成立冰雪体育院、系，与新疆、黑龙江等地院校开展合作办学。

2. 大众冰雪季与群众冰雪运动竞赛

在冬季项目竞赛方面，根据国家体育总局冬季运动项目中心公布的相关信息可以发现，2015—2019年这四个雪季，全国各类比赛均呈现稳中有升的局面。比赛举办地也不局限于东北和西北地区，如冰壶、冰球、花样滑冰等许多具有观赏性的项目和室内项目，在北京、上海、河北、江苏等地均有举办。

在各地方，各个级别的群众性冰雪赛事及趣味活动也急速增加。河北省在第一届"大众冰雪季"系列活动中组织开展了40多项群众性活动，参与滑冰滑雪人次达到450万左右，同比增长38%，并结合京津冀协同发展的社会大背景，三地联合举办了冰雪运动系列挑战赛等活动。

3. 冰雪休闲旅游与节庆

以哈尔滨国际冰雪节、长春瓦萨国际滑雪节、北京鸟巢冰雪季、深圳世界之窗冰雪节为代表的我国冰雪休闲节庆活动，每年都会吸引众多国内外游客参与体验。

中国哈尔滨国际冰雪节有30多年的传统，在为期约3个月的时间里，冰城哈尔滨会开展冰雪旅游、冰雪文化、冰雪时尚、冰雪经贸和冰雪体育共5大类百余项活动，成为观赏型体验和参与式体验冰雪运动的重要节庆活动之一。中国冰雪那达慕从2000年开始举办，是那达慕大会在冬季的拓展，具有丰富的群众竞赛和文化活动，是游客了解和体验冰雪活动和多民族民俗节庆的窗口，现如今已经形成了5条冬季精品旅游线路和包括呼伦贝尔国际冰雪马拉松、莫旗达斡尔族冰钓节、冬捕旅游节、游牧文化节等在内的18项各具特色的节庆活动。

综合旅游度假区是目前世界发达滑雪旅游市场的主要发展趋势，滑雪场的高投资门槛和长投资回报期的特点与地产开发商的资金流动周期相匹配，正是由于这一同步性，房地产业将会成为滑雪市场的主流运营商，所以滑雪场运营这类重资产项目比较适合地产开发商，较为成功的案例有万科集团的松花湖国际旅游度假区。

（四）冰雪运动专业人才

人才是体育事业发展的驱动力，是提升体育产业竞争力的核心。我国在冰雪运动方面人才相对匮乏，特别是专业技术人员和冰雪运动指导人员，完全处于供不应求的状态。据统计，我国现有冰雪项目注册运动员7 236人，教练员501人，竞赛、训练管理和技术官员等其他人员1 067人；国家层面缺口为运动员5 068人，教练275人，其他人员997人。

竞技体育尚且如此，群众体育的人才需求肯定更为强烈。以滑雪为例，近五年国内滑雪场数量激增，滑雪培训行业逐步兴起，相应的滑雪场内的设备设施、运营管理及滑雪人次都有明显增长，这种激增必然导致滑雪产业各类人才需求的急剧增加。滑雪场相关人员大致分为两类：管理型从业者和服务性从业者。这些人员又细分为管理人员（雪场管理、企业管理等）、专业技术人员（雪道魔毯维护、滑具维修保养等）、服务人员（售票员、餐饮服务等）、安防人员（安全救护、雪地巡逻等）、教练人员（教练员、导滑员等）和其他人员（保洁员等）等种类。目前，滑雪市场主要缺乏中高层管理者、专业技术人员和滑雪指导员。我国滑雪场具有开发建设和运营管理能力的高级管理人员不足100人，中级管理人员不到500人，而目前滑雪业界的各级管理人员需求量至少为2 000人。现阶段，更多的雪场的管理者并不具备冰雪经营管理知识和管理经验，每逢雪季服务从业者不足时，雪场会临时招募大学生或周边村民充当教练员和服务人员，他们往往服务意识差，专业性缺失，无法确保滑雪者的安全。

随着我国群众冰雪运动从低了解、低参与的时期到逐渐扩大影响力的现在，加上北京成功申办冬奥会的刺激作用，冰雪运动的人才出现了更大数量的空缺，冰雪运动人才的培养及其制度化发展，是未来几年需要解决的重点问题之一。另外，冰雪运动专业人才的培养体系、培养标准和资格认证方面也亟待统一和规范。

《北京市人民政府关于加快冰雪运动发展的意见（2016—2022年）》中，提出了许多人才培养的具体目标：培养1 500名冰雪运动高级管理人员，4 200名运动员、教练员和裁判员，4 300名专业技术人员，1.5万名服务保障人员，2.5万名校园辅导员和社会体育指导员，为加快发展冰雪运动、筹办北京2022年冬奥会提供人才保障。

（五）群众冰雪运动管理与运行模式

群众冰雪运动的管理和运行模式，与我国其他发展较为成熟的群众体育项目相类似，在行政层面都是群众体育行政机构和项目中心制，在学校层面是体育和教育部门联合培养的方式,在社会层面都是运动协会制。

群众冰雪运动的体育系统管理,是直线职能型组织机构,国家体育总局群众体育司和冬季运动项目管理中心(以下简称"冬运中心")为最高领导。冬运中心现阶段有16个处级行政部门,专门设立大众冰雪部。

教育系统的冰雪运动开展,主要是面对包括所有学生在内的青少年群体。在哈尔滨举办的世界大学生冬季运动会,有力推动了教育系统中冰雪运动项目的开展。教育部体卫艺司和各省、区、市教育厅体卫艺处主要负责学校体育事务,但是机构设置少,管理任务重,现阶段没有专设的冰雪项目管理机构;另外,学生体育联合会等社会团体对学校开展普及冰雪运动也能起到一定作用,但能力有限。

社会系统中,群众冰雪运动的发展更为落后。6个冰雪运动单项协会(中国滑冰协会、冰球协会、滑雪协会、雪橇协会、雪车协会、冰壶协会)应该在社会组织变革的大环境下更多承担群众冰雪运动的普及与推广责任,中华全国体育总会冰雪运动分会也是其中的重要力量,不过现阶段这些机构都设置在政府或事业单位中,并没有真正社会化运作。

二、我国群众冰雪运动存在的问题

冰雪运动明显的区域性使其在我国各地的发展形成了各不相同的区域风格。虽然我国群众冰雪运动近年来发展迅速,但是由于我国冰雪运动起步晚,同时限于地域与气候等自然条件差异较大,冰雪运动的主要人口集中在东北和西北地区,普及与推广受到限制。

(一)自然条件导致"北强南弱"

我国独特的地理位置形成多样的气候类型,黄河以南很大范围发展冰雪运动的天然资源很有限。受到自然因素的限制,冰雪资源无法满足冰雪运动对其的大量需求,冰雪运动的发展也因场馆建设的影响发展缓慢。

随着科技的不断发展和进步,冰雪运动对于低温、降雪的依赖程度越来越低,甚至可以不在寒冷的环境中进行,例如近年在部分南方地区已经出现了旱雪项目。旱雪是一项不受气温影响、冰雪也不是必备要素的"滑雪运动",任何时间和气温下都能参与,因为赛道上铺的并不是雪,而是一层形如金针菇的工程塑料,现在一些厂家的产品与真雪的仿真度达到90%以上。在非雪季和无雪区,旱雪成为滑雪爱好者"过瘾"的又一选择。

(二)资金投入不足,场地设施不完善

冰雪运动是一项高投入的运动项目,要想大力发展冰雪项目,必须有强大的财力支撑作为前提条件。我国由于地区经济条件的制约,没有足够的资金对冰雪场地进行建设与维护,尤其是达不到低温条件的地区需要配置制冷设备人工制冷开发冰场、雪场。这也是出现区域发展不均衡这一现状的原因。

其他很多方面,诸如器械、装备、服装等相关配套设施建设也需要投入较多的资金,加上教练员和运动员工资及训练费的支出,资金不足对开展冰雪运动的地区来说是一大难题。如果训练场地、训练设施等硬件的要求无法得到满足,奖惩制度、训练补贴、营养经费、医疗

设备和科研设备谈何容易。总而言之,资金是开展冰雪运动的基础,没有高的投入就没有好的训练环境,也就没有积极训练的运动员,最终减缓群众冰雪运动的发展速度和质量。

(三)人力资源匮乏,培养机制落后

我国冰雪运动人才的缺乏是制约冰雪运动发展的重要瓶颈。首先,高水平的教练员是培养优秀运动员必不可少的资源,这是带动广大群众参与运动的重要技能人才保障。其次,我国冰雪产业从业人员很少且学历偏低,没有能够承担各类冰雪人才培养与培训任务的专业人员,因此,培养冰雪专业师资、高级管理人员、研发专业人才、体育经济人才和规划与开发决策人才等各类体育人才,迫在眉睫。另外,冰雪运动社会指导人员也相当稀缺,无法对体育锻炼过程中人体发展变化进行实时监测和义务监督。而且当下管理人员不仅少还缺乏专业素质,在指导思想、管理理念、服务意识上还存在偏差与不足。

与此同时,相关部门的管理观念和培养机制亟待改变。许多地区忽视学校冰雪运动教育和社区冰雪运动的推广,这种落后的理念已经不利于冰雪运动的可持续发展。现有的管理机制和人才培养机制已经不再适应冰雪运动的发展,新的制度的建立成为时代的要求。

(四)安全救护意识薄弱

冰雪运动的高风险性需要场地内有安全救护设施、技术指导人员、专业医疗人员和安保人员等来应对意外状况,而目前我国的安全救护措施还有待完善,从事冰雪运动发生的意外事故数不胜数,尤其是对于自我保护意识淡薄的初学者,这导致了冰雪体育后备人才的间接来源减少。广大的青少年作为我国冰雪运动的后备来源,需要从小就参与冰雪项目的训练,但很多家长因担心孩子的安全问题得不到保障而反对参加,安全救护措施的不完善直接给运动员带来不必要的人身伤害,增加了运动的危险系数,影响了初学者的热情,减少了冰雪运动人口,阻碍了冰雪运动的发展。

(五)缺乏冰雪运动品牌和特色产业的建设

我国缺少冰雪品牌,缺乏塑造冰雪品牌的整体战略意识,冰雪产业发展形式单一,这一系列的问题存在于冰雪运动的发展过程中。我国冰雪运动打破"零奖牌""零金牌"的局面,实力逐渐提高,逐渐由"体育大国"向"体育强国"迈进,在冬奥会上一展风采,这对冰雪运动品牌的打造是一个有利的条件。随着我国冰雪运动品牌的建设,目前冰雪产业发展形式单一的不利状况也会得到好转,推动冰雪经济的发展。同欧美等地相比,我国的冰雪产业稀缺,除了个别地区能够开展冰雪旅游、休闲和娱乐项目外,几乎没有其他高水平的冰雪艺术基地、冰雪运动用品生产基地、冰雪文化教育基地和冰雪科学研究基地,而这也是限制我国冰雪运动进一步往高端发展的关键。

(六)政府支持力度不够

政府对冰雪运动的发展一直以来都持积极的态度,但随着人民生活水平的提高和体育消费需求的增多,政府的投入显得微不足道。没有国家和各级政府的高度重视,就没有资金、技术、人才的投入,就没有系统的、有针对性的、有操作性的政策的扶持。政府作为冰雪

运动的强有力推动力,应当充分发挥其牵头引导的作用,相关部门应当制定战略规划,否则只顾局部利益,没有发展的眼光,必然使我国冰雪运动发展畸形,造成发展的不平衡。

冬奥会的成功申办促进了政府的支持力度。近两年在政策制定与执行中愈发积极,并有一定的规划和措施。

以上各种因素严重制约了我国群众冰雪运动的发展,目前的发展现状和基础条件与举办冬奥会群众氛围的要求,以及人民群众日益增长的参与冰雪运动热情和愿望之间有着较大的差距。要解决我国群众冰雪运动这些突出的问题,群众冰雪运动在发展布局上有待进一步作出调整与规划。

三、我国群众冰雪运动的发展策略

近年来,国家层面高度重视冬季运动的发展,党中央、国务院多次召开专门会议,部署北京冬奥会及冰雪运动工作,群众冰雪运动的推广普及工作作为发展冰雪运动的重要组成部分,既关系到我国履行在申奥过程中对国际奥委会的承诺,也关系到落实新周期全民健身计划,促进冰雪运动在我国更广泛人群、更广大地区得到更深层次开展。毋庸置疑,群众冰雪运动的推广普及,不仅有利于扩大冰雪运动影响,带动冰雪运动产业,营造全社会助力冬奥会的氛围,更有利于推动群众在冬季走向冰场、雪场参与体育锻炼,形成健康文明的观念和生活方式,提升全社会的文明程度。

我国针对群众冰雪运动发展的策略集中在青少年群体(如"百万青少年上冰雪""全国青少年'未来之星'冬季阳光体育大会"等),自2015年北京申办冬奥会成功之后,又相继出台了三份冰雪运动的专项规划文件:《冰雪运动发展规划(2016—2025年)》《全国冰雪场地设施建设规划(2016—2022年)》和《群众冬季运动推广普及计划(2016—2020年)》。基于现有文件规划,根据当前我国群众冰雪运动的发展情况和存在问题,分析发展机遇与瓶颈,结合与群众冰雪运动直接相关的若干要素之分布情况,构建我国群众冰雪运动发展的策略。

(一)重点区域发展布局策略

基于前文分析和专家访谈意见,结合国家重大战略布局和区域分布,我们提出两种区域布局策略。

1. "三层次发展区"

我们以地理区域和气候特点为主要标准,对全国群众冰雪运动的推广进行重点布局。我们将全国分为核心发展区、重点发展区和协同发展区,以核心发展区带动重点发展区和协调发展区。

我们认为,结合冬奥会的筹备工作作出中长期的规划,应将自然气候资源条件适合冰雪运动开展,在群众中具有较好的开展深度和广度基础、运动文化根基扎实、消费和发展空间大的地区,作为冰雪运动的核心发展区。将华北地区作为核心发展区,引领、辐射带动更多周边的地区发展冰雪运动及其相关业态。东北、西北地区作为重点发展区域,应该对整体的发展起引领带头作用。也就是说,以东北地区为根基,发挥东北三省的传统优势,根据各地地域特点的差异、冰雪运动开展的基础以及当地社会经济整体发展水平,制订针对性高、实操性强、特色突出和可持续的群众冰雪运动发展计划。

核心发展区和重点发展区的布局重点，是利用东北、西北、华北的区位优势，面向更广大群众直接参与冰雪运动，形成三区协同、合理布局、错位发展的局面。在推广条件允许的情况下优先发展雪上项目，发展中高端冰雪运动休闲产业，并逐步打造能够举办具有全国乃至国际影响力的冰雪旅游城镇和冰雪活动赛事。扩大人才培养途径，担负起为全国培养冰雪社会体育指导员等专项人才的责任。

协同发展区作为重点区域发展布局的第三层次，主要对象是南方重点省份和城市，这是在南方广泛多点扩充的形式。需要依据多因素对重点城市的影响综合评估（这些因素主要包括自然气候、GDP、人口规模、民俗特色、交通发达程度和政府支持力度等），有针对性地选取不同特征的冰雪项目，进行重点推进和产业落地，如发达城市可以建造滑冰馆和室内滑雪场，发展普及相关竞赛表演业和健身培训休闲业，建设冰雪装备生产园区、与冰雪产业相融合的科技创业园区、实验基地等。扩大冰雪文化、冰雪运动知识宣讲范围，培养冰雪运动热情，激发消费潜能，使冰雪运动的直接参与或相关活动参与成为民众生活选择的常备选项。另外，南方城市和核心重点发展区的城市加强交流，利用优势互补盘活发展。发挥各区域对周边的辐射带动能力，搭建跨区域冰雪运动发展战略联盟，协同举办跨区域冰雪赛事活动，提高区域整体实力。

2. "两线一圈"

在区域布局中，除了上述地理区隔的分类方法，还可以以国家战略和产业布局为主要标准，推动群众冰雪运动的发展。可以概括为"两线一圈"，"两线"是指京津冀协同发展线和丝绸之路经济带沿线，"一圈"是指成立一批冰雪运动生态圈（带），冰雪运动生态圈（带）主要包括赛事、活动、场地、培训、旅游休闲、餐饮服务为一体的多形态聚落，根据政治、经济、环境、气候等综合因素在全国中、东、西部构想八个生态圈（带），可供业界参考：天山-阿勒泰山冰雪运动生态圈、兴安岭冰雪运动生态圈、长白山冰雪运动生态带、京津冀-阴山冰雪运动生态圈、祁连山-贺兰山冰雪运动生态圈、秦岭-伏牛山冰雪运动生态带、邛崃山-岷山冰雪运动生态带和长三角冰雪运动生态圈。在八个生态圈（带）的发展侧重点方面，大致趋向于越靠近西部、北部，越向冰雪运动的本体产业和全方位发展聚集，越向南部、东部地区，则向支撑产业和技术创新研发方面靠拢。

结合国家区域战略和产业发展指引，我们可以选择政治、经济、文化一体化发展区域作为重点发展片区，尽力突破自然气候资源条件限制，广泛开展群众冰雪活动，推进冰雪进校园活动。冰雪场地设施建设应该以满足当地群众的冰雪运动需求为主，打造少数精品滑雪场地。以赛事为核心促进冰雪产业升级，综合利用各种条件和政策，激发社会力量活力，通过举行或承办不同层次的具有影响力的群众性和专业性赛事，从人才、文化等多方面支持，提升区域内冰雪运动及其市场化运营空间。在全国范围内形成上述八个冰雪运动生态圈（带），推动建设和认证国家级冰雪运动产业发展基地等重点项目。立足区域特点，结合地区自然、经济、社会条件，因地制宜，突出特色，合理布局，在冰雪产品开发、冰雪市场运作和服务、冰雪项目开展、冰雪设施建设等方面形成有机整体，加强各区域之间的沟通联结，实现区域间优势互补、资源共享、互为市场、合作共赢的局面，延长冰雪产业链，增添其附加值，并逐步形成具有竞争优势、特色鲜明的冰雪运动氛围。

（二）重点领域发展布局策略

群众冰雪运动的发展，离不开群众体育的发展，离不开全民健身战略的指引。群众冰雪运动的推广，与其他项目一样，需要从体育运动的基本要素和重点着手。结合专家访谈意见，我们认为需要重点从以下七个领域发展布局。

1. 冰雪运动文化的发掘与弘扬

体育文化是人类身体运动发展的产物，是人类文化生活的扩展，是文化的重要组成。体育文化是关于人类体育运动的物质、制度、精神文化的总和，包括体育认识、体育情感、体育价值、体育理想、体育道德、体育制度和体育物质条件。

如前所述，我国的冰雪运动文化有悠久的历史传统，在现在的发展机遇中，相比较"硬件"建造的目标，发掘冰雪运动的文化，宣传和弘扬冰雪运动文化，对于我国群众冰雪运动的发展同样有着重要的作用，甚至有更为内化的效果。这也是作为首个重点领域发展布局的重要考量。

京津冀地区对"冰雪运动文化"的营造正在系统推进和深化，从政府角度为2022年北京冬奥会提供浓厚的文化政策支撑。

从政策层面、学理角度和实践领域，都应在现有的冰雪运动特色和文化特征方面，总结、归纳并形成冰雪运动文化的框架体系，主要包括冰雪运动物质文化、冰雪运动制度文化和冰雪运动观念文化。深度挖掘冰雪运动的文化内涵，继承发展各地传统冰雪运动文化，举办具有历史渊源和文化内涵丰富的特色冰雪体育文化活动，结合国家和地区的发展，例如在现有几项文化节的基础上，合并、增加、组织新疆"冰雪丝路体育文化节"、河北"皇家冰雪文化旅游节"等，营造全民冰雪运动的文化氛围。

拓展多种宣传冰雪运动文化的途径，突出冰雪运动的独特魅力。充分利用我国丰富的文化艺术资源，以体育为主题，以文化为内容，策划组织形式多样、生动活泼的文化宣传活动，围绕冬季奥林匹克文化、冰雪民俗文化、冰雪竞技运动文化、学校冰雪运动文化、社区运动文化、冰雪休闲旅游文化等主题，将冰雪运动以文字、图像、声音、视频等多种形式呈现，借助传播媒介对冰雪运动文化进行立体、多元的宣传，邀请知名度高的专业运动员参加冰雪运动推广活动和公益活动，提升冰雪文化对民众参与运动的引领和带动。

2. 青少年冰雪运动习惯的养成

《全民健身计划（2016—2020年）》指出，将青少年作为实施全民健身计划的重点人群，大力普及青少年体育活动，提高青少年身体素质。加强学校体育教育，将提高青少年的体育素养和养成健康行为方式作为学校教育的重要内容。全面实施青少年体育活动促进计划，积极发挥"青少年阳光体育大会"等青少年体育品牌活动的示范引领作用，使青少年提升身体素质、掌握运动技能、培养锻炼兴趣，形成终身体育健身的良好习惯。虽然青少年体育并不等价于学校体育，但是学校目前仍是青少年参与冰雪运动的主要阵地。

注重冰雪运动青少年参与的"成活率"，不能因噎废食。现在的家长老师都怕学生受伤，因此不愿意孩子参加户外运动，特别是高风险的冰雪运动，因此，教育部门要联合社会各界努力扭转这种观念，强化运动有助于青少年全面发展的理念，科学有效地引导青少年参与冰雪运动。另外，要完善青少年冰雪运动伤害风险管理，制定安全防范规章制度，加强安全教育和监督，增强学生的运动安全和自我保护意识。

　　"校园冰雪计划"以培养青少年冰雪运动技能为目的,以建设冰雪运动特色学校等内容为抓手,体育和教育等部门联合推动冰雪运动进校园,促进校园冰雪运动发展,普及冰雪运动项目。以学校为重要参与机构和开展平台,重点培育青少年冰雪运动习惯,根据不同地区、不同年龄层次和不同参与目的,为青少年量身订制冰雪参与计划,编制青少年冰雪运动教材读本,开展青少年冬季冰雪活动竞赛。培育和建设冰雪项目试点学校、示范学校、特色学校,进一步实施"百万青少年上冰雪"计划,向青少年推广普及冰雪知识,多种方式吸引青少年参与冰雪运动,让青少年掌握基本技能、体验冰雪文化、感受奥运价值。如图2-3、图2-4所示。

图2-3

图2-4

3. 冰雪赛事和活动的多样发展

开展冰雪赛事活动，能够更多地吸引群众参与体验，但如果是以一次性的观看式体验为主，则与发展我国群众冰雪运动的最终目的有所偏离。因此，如何将一次性体验用户转化为冰雪运动的爱好者和参与者，是其发展的核心要义。

冰雪赛事和活动，具有体育竞赛表演业和旅游业的普遍特征，体育产业的发展，极大助力冰雪运动的发展，要注重冰雪赛事活动的商业开发，以满足人们观赏冰雪赛事的消费需求。延长和完善群众赛事服务产业链，从现有的冰雪联赛，向专业和非专业的城市联赛、中小学联赛方面延伸。加强群众性冰雪竞赛的体系设计，整合区域性的小赛事、小活动，使这些小活动有一条主线，即区域内活动的整体形象明晰，并且又各自具有特色。完善校园冰雪赛事、社会冰雪赛事、职业冰雪赛事体系，统一策划和举办各类国际国内冰雪赛事，冰雪商业性比赛等面向社会招商，逐渐形成赛制固定、种类多样、布局合理、规模适宜、品级分明、有机衔接的冰雪竞赛格局。这不仅有助于扩大赛事和活动的影响力，更能够激发群众的参与欲望。另外，建立并公开群众冰雪赛事举办目录，吸引社会力量参与举办冰雪赛事活动，为赛事活动的市场化和社会化运营创造更多机会。

具有舞台优势的冰雪休闲旅游和节庆活动等，应该以中心城市为辐射核心，以旅游、节庆和冰雪娱乐赛事为依托，向周边城市和区域延伸。加强群众体育与竞技体育互动，让明星运动员参与到群众赛事和活动中的推广中来，利用明星效应起到示范和带动作用。

4. 培育群众冰雪运动的体育社会组织

我国冰雪项目的国家级协会有6家，均挂靠在体育总局冬运中心，并没有实现真正意义的实体化运营。要顺应我国社会组织的发展趋势，就要推动这些国家级冰雪运动单项协会的改革。支持引导滑冰、滑雪、冰球、冰壶等冰雪项目协会实体化、品牌化、制度化发展，将推动群众冰雪运动的普及和推广作为协会的一项重要任务。将项目规划、活动组织、专业培训、评级定等等直接发展冰雪运动的具体职能向协会转移，研究制定群众冰雪运动项目的等级标准，为群众提供专业的冰雪健身服务，吸纳更多的冰雪健身爱好者加入，并吸引更多社会力量投入冰雪运动发展。

通过各级体育总会等枢纽型体育社会组织的品牌活动，激发体育社会组织的活力，广泛开展与冬奥会和冰雪运动相关的知识宣传，普及和推广冰雪运动。

通过一定激励手段促使群众性冰雪运动体育社团普遍建立，推动冰雪运动的社会化发展。积极推进有条件的城乡建设冰雪健身组织和站点，延伸到社区、乡镇，并逐步完成冰雪项目体育社会组织的网络化和制度化建设。发挥基层体育社会组织民间性、互益性的基本特征，推动其肩负起满足群众冰雪运动需求、扩大冰雪运动影响力、表达群众运动利益诉求的基础功能。鼓励有条件的企业和出资人自主成立冰雪运动的俱乐部或培训学校，扩大参与人数，完善组织体系，夯实冰雪项目发展的组织保障体系。

加强政府向冰雪运动的体育社会组织购买公共服务，建立和公开群众冰雪运动公共服务购买目录，通过公开竞标方式支持社会力量举办冰雪赛事活动。有条件和资源的部门可以建立并运作冰雪项目基金会。

5. 场地设施设备的供给和创新

1）科学合理地建设和运营冰雪运动场馆，注重奥运场地设施的建设和再利用

为应对冰雪运动在中国的快速发展，迎接冬奥会，政府出台了《全国冰雪场地设施建设

规划（2016—2022年）》，详细阐述了未来几年全国冰雪运动场地设施的发展前景。我们认为，在积极筹备冬奥会的这几年，基础设施建设应该侧重两方面：一是科学合理建设冰雪运动场馆，不应求高大上，而要亲民，根据各地不同自然资源条件和发展目标，统筹区域资源，科学合理规划，就近、就便开发适宜群众使用的冰雪场地，在符合水务、环保等部门有关要求的前提下，视实际情况科学确定场地规模。二是注重奥运设施再利用。在建设高标准的冰雪比赛场地，满足大规模赛事需求的同时，还要统筹冰雪运动场地设施，鼓励引导具备改扩建条件且市场运营较为成熟的滑雪场扩大规模，改造、建设不同类型的冰雪运动设施，如旅游体验型、城郊学习型、目的地度假型等高端场地设施，以满足普通大众健身需求。

此外，运营场馆的能力也要跟进。首先是应该做好最基本的运营供给，这包括各类冰雪场馆开放的场地设备条件、卫生环境管理要求、从业人员资格认定、安全保障等问题标准，可以设立健全的治安保卫、安全救护、设施设备维修制度及人员服务岗位责任制。通过政府手段，制定冰雪场地标准，成立和挂牌满足冰雪项目健身和符合竞技项目发展标准的场馆、冰雪健身示范点、冰雪高原训练基地、滑雪教学训练基地、冬季冰上训练基地等，设立典型，推广经验。相关社会各界根据要求设置资源达标标准、建设标准、安全标准和产业集群标准等，规范竞争。

2）完善以滑雪场为核心的产业链供给

滑雪产业链的核心和物质平台是滑雪场（滑雪度假区）。只有开发和完善以滑雪场为核心的产业链供给，才能盘活滑雪市场。我们认为，滑雪产业链分为上、中、下游三个部分。上游产业有两方面：一是滑雪场的规划选址、可行性调研、设计建造等环节，这部分偏向政策前端和房地产的功能和作用；二是滑雪场的运营所需设备设施、装备器材的研发、生产和销售，包括造雪机、索道等。中游产业涉及滑雪场的基本服务，包括两方面：一是社会部门为滑雪场提供的服务，包括施工建设、雪场运营、雪道救援、安保运送、餐饮媒体、地产交通等方面；二是滑雪场为消费者提供的服务，包括滑雪赛事与活动、广告营销、设备租赁、娱乐社交、食宿购物等。下游产业涉及与滑雪相关的衍生产品和增值服务：一是线上增值服务，比如教练预约、各类社交平台、活动资讯等；二是线下周边产品和服务，如滑雪场特许产品、会员礼物等。

另外，还要注重滑雪场的四季运营。打破滑雪场只能进行滑雪的单一经营模式，细分市场，采取不同的营销策略，开发与利用非雪季时期（一般指4—10月）雪场的资源，最大限度地依靠处于天然山地景观，把雪场开发成四季旅游休闲胜地。在非雪季，除避暑、观光、会议等通常惯例的活动之外，还可将雪场作为群众体育活动基地，根据时节不同，开展各种户外活动，如攀岩、小型高尔夫、山地车等，也可组织各类音乐节、电影节、美食节、灯饰鉴赏、花卉鉴赏、山地摄影、雪场焰火大会等休闲娱乐活动。在一些条件适宜的高海拔地带，还能为部分群众设置冰川滑雪等新兴项目。

3）加大国内冰雪设备制造业研发力度

国内冰雪设备制造业落后，主要表现在以下几点技术劣势：一是缺乏核心技术，以滑雪设备生产为例，著名的企业如天冰（Technoalpin造雪机品牌，意大利）、苏发格（Sufag造雪机品牌，奥地利）等都是欧美国家的品牌，其核心技术也领先全世界；二是研发生产能力弱，除了核心技术之外，普通技术的研发生产能力也不突出，这也导致我国冰雪设备制造的落后，较为专业的国内生产企业有雪霸王、卡宾等;三是冰雪设备制造企业产业化和后期运营不足,虽然有些设备国内可以生产且成本较低,但是使用效果、后期运营和维护等都明显不能与国外设备相比较,综合起来还是进口的设备更有优势。这些制约着我国冰雪设备制造产业相关企业的发展。

随着2022年北京冬奥会的临近,国外先进的冰雪设备制造企业必然会紧盯中国市场,由于其先进的技术专利和优质的产品质量,对国内的设备制造产业有很大的挑战。根据往届的冬奥会经验和惯例,2022年的冬奥会必然会给我国冰雪设备制造的相关企业更大的机遇,除了群众冰雪运动市场需求量的增加,更重要的是能够激励和带动技术方面革新。因此,在冰雪设备制造方面我们也有很大的机会和较为广阔的施展空间,政府有机会也有能力出台冰雪设备制造标准和冰雪设备生产体系,扶持和培育有自主知识产权的国产品牌;国产冰雪设备制造企业也能克服国外设备价格昂贵(设备价格和进口关税),设备故障的检修和突发情况处理不一定能及时解决等缺陷。

整合设备制造产业链,合力研发有竞争力的核心技术,加强与国际先进企业的交流合作,支持技术标准制定和专业技术人才培养方面的投入。

6. 冰雪运动专业人才的培养体系构建

冰雪运动专业人才主要是指冰雪运动的各级管理人才、专业技术人才和冰雪运动社会体育指导员等需要具备一定知识和技能的业内人士。为了更好地发展群众冰雪运动,就应该从专业人才的培养体系着手,通过体系化和制度化的培养,为群众冰雪运动发展提供人才支撑。

冰雪运动管理人才要注重对外交流。冰雪运动发达的国家主要在欧美,它们的群众冰雪运动起步早、发展快、水平高、群众自发参与较多,因此会有非常丰富的管理经验值得我们借鉴。定期选派我国冰雪运动各类管理人员,通过官方和非官方的组织形式出国学习进修,同时也需要从国外聘请专家来中国实地指导和培训。高级管理人才要精钻冰雪运动领域的专业知识,也要广泛涉猎与之相关领域的知识,如管理学、经济学、法学等,有效利用跨学科的管理理念,促进冰雪运动的发展。

冰雪运动专业技术人才不仅有技术指导人才、场地设备的制造维修人才,还有安全救护人员。专业人才都需要有相关的职业资格,因此部分高职院校应该根据特色和需求,设置相关专业和课程,与相关冰雪运动企业合作,集中培养专业技术人才,以弥补需求空缺。

在我国群众体育发展中,社会体育指导员起着十分重要的作用。对普通群众的指导,无论是从锻炼内容的选择、运动技术的掌握,还是科学合理地安排运动量,这些都与社会体育指导员的知识水平、运动技能和综合素质分不开。在冰雪运动社会体育指导员方面,应该尽快制定和施行冰雪运动培训的行业标准,形成冰雪运动的标准化教学体系、培训体系、教练员体系,了解和参考国外的先进体系和管理经验,举办针对各级社体指导员冰雪运动知识和技能的培训,进行职业技能鉴定,形成一支自上而下的冰雪运动指导员专业队伍。分地区深耕培训内容。可以定期召开专项学术研讨会,研究竞技体育运用于群众体育健身的方法策略。东北地区应精作培训项目,深入增强培训效果;华北、西北地区以普及项目为目标,扩大受众面;南方地区注重群众了解冰雪运动的程度,吸引参与。编制"大众冬季冰雪项目科学健身指导丛书",加强冰雪培训机构和人员资质认定及教材课程的标准化,制定安全保障措施、危险评级等,规范化处理涉及相关方面的事务。

7. 冰雪运动品质的科技提升

科技是第一生产力。在体育运动的发展中,离不开先进科学技术的支撑,同样,在科技发展创新时,也离不开体育的试验田。群众冰雪运动的发展,离不开先进的科学技术来弥补其自身的局限性。

引进先进制冰造雪技术和制冷设施,研究生产标准,结合"北冰南展西扩"计划,能够克服自然条件限制,拓展人造冰雪场地建造区域,这些措施可以降低建造和维护成本,也能降低冰雪运动的群众参与门槛。

冰雪运动器材设施的研发要注重科技创新,提高装备的科技含量。将简易冰雪运动模拟健身器材纳入全民健身路径,在保障产品安全质量的前提下,研发和推广平民化冰雪运动器材设备。开发智能冰雪健身器材,使滑雪健身器材担负起数据采集、健康咨询、信息交互共享等多种功能。通过高端化、智能化冰雪健身器材开发,塑造冰雪运动时尚的形象。

注重"互联网+"技术在冰雪运动推广中的作用。互联网及移动互联网技术应该全面融入冰雪运动的各个环节,通过信息、数据、人与人、人与物以及人与服务之间的多维度的交叉连接,将线上互动和线下沟通以网络状的形式融合在一起。针对冰雪运动项目特征,尝试建立冰雪运动云平台,这不仅可以实现数据采集统计、政府管理等目标,还能将其打造为全国范围内场馆场地预定、信息咨询的服务群众冰雪运动参与的平台。

利用现代科技手段,将冰雪运动的宣传充分融合到文化创意产品中,设计和推出更多冰雪运动文化创意产品。

(三)推广冰雪运动的保障体系策略

1. 政策保障策略

政策保障,应该包含政策从产生到执行的全过程。在群众冰雪运动的推广发展中,冰雪体育发展的政策保障主要体现在制定、管理、执行和监督与冰雪体育相关的法规政策方面。

最近几年,体育受到社会各界越来越多的关注和重视,在政策制定和发布方面频率很高。据不完全统计,近一年来国家层面与冰雪运动直接相关或有所涉及的政策规划多达20份。

通过对比研究发现,《冰雪运动发展规划(2016—2025年)》《全国冰雪场地设施建设规划(2016—2022年)》和《群众冬季运动推广普及计划(2016—2020年)》这三个主要文件从目标、任务、要求和保障等方面规划时各有侧重,从冰雪运动的整体发展、场地设施供给和群众冰雪运动的发展方面给出要求。各规划参与发文的机构也有所区别,群众冰雪运动涉及面极其广泛,因此有23个相关部委联合发文,以切实推广群众冰雪运动。

所有的文件、规划需要从业者消化吸收、贯彻执行,否则都会成为一纸空文,起不到任何效果。而政策最终的落脚点是基层的政府部门、基层市场和基层的社会组织。因此,体育行政部门在制定相关政策时要梳理冰雪运动发展已有的相关政策规定,取消冰雪运动中不合理的行政审批事项,扩大冰雪运动资源的社会共享,广泛听取专业领域和冰雪业界从业者的诉求,注重冰雪运动发展政策的可操作性,发挥政府职能部门的政策驱动作用。更重要的是,在政策的执行和传达过程中,应该充分宣传政策,加强政策解读,让地方制定当地发展政策时与国家政策一贯。另外,政策基层执行者的行为方式也会影响到政策的有效落实,因此,政策实施的绩效评估等后续工作也要重视。

2. 经济保障策略

发展群众冰雪运动，离不开政府和社会力量的参与。政府在加大自身资金投入的同时，也应通过有限的资金撬动无限的能量，引导社会力量投资冰雪运动，集中人力、物力、财力向群众冰雪运动项目投资，实现投资主体的多元化转变，促进各种经济力量兴办群众冰雪运动的局面。优化体育市场环境，提升冰雪运动产业对资本的吸引力，拓宽冰雪运动产业投融资渠道，鼓励资本通过特许经营等方式，参与城市冰雪运动场地设施等有一定收益的公益性事业投资和运营。冰雪运动俱乐部建设、冰雪赛事赞助和公益项目的支持，应该从不同角度激励社会知名度高的企业或法团和社会威望高个人投资，不断扩大对外开放和对外体育交流。

努力促进各级政府增加冰雪运动发展的财政投入比重，加大体育彩票公益金支持群众冰雪运动的力度，这些资金主要用于公共场地设施建设和运营、校园冰雪运动、冰雪运动科研等方面。可以倡议创设群众冰雪运动发展基金，以项目补助、贷款贴息和以奖代补等合理合法形式对符合条件的群众冰雪运动企业和社会组织给予支持。

冰雪运动税收的优惠政策，前文提到的三个文件都不同程度有所提及。税收作为一项法定的财政收入形式，是国家实现经济宏观调控的重要手段。在冰雪运动这一领域，虽然通过税收可以促进冰雪资源的优化配置，提高冰雪运动带来的经济效益，但是目前体育运动及其相关领域的税收负担沉重，优惠政策零散、不完整，且实施效果差，降低冰雪运动成本和风险的作用不明显。尽快完善和优化与冰雪运动发展相关的税收政策，充分享用国家对发展体育产业采取的各方面的扶持优惠政策，在财务税务、金融法律、体育场地设施规划及用水电气暖要求等方面，支持民间企业投入群众冰雪运动发展并享受政策红利。创新冰雪运动消费政策，积极支持群众进行冰雪运动健身消费，与此同时，通过政府购买公共体育服务等方式，冰雪运动场所免费或低收费开放，引导经营主体提供公益性群众冰雪运动健身服务，让利民众。这些对于冰雪运动消费市场活力的引发，社会经济力量参与群众冰雪运动推广的带动有至关重要的积极作用。

3. 安全保障策略

冰雪运动中大部分项目是高危险性体育项目，其中高山滑雪、自由式滑雪和单板滑雪被列为第一批高危险性体育项目，人们在参与过程中有较高的受伤风险，因此，体育行政部门应出台相应的法规，将冰雪运动在监督、判定、检查、处罚等方面的工作上升到政策的高度，用其配套的制度作为指导群众冰雪运动安全、有序发展的依据。

其次是让参与者对冰雪运动形成正确而完整的认知，特别是未成年的青少年儿童，一定要加强安全观念，正确合理参与运动。群众冰雪运动的组织者和参与者在参与时，所穿戴的设备要满足安全救护的需求。冰雪运动的高风险性，可以通过媒体广告、讲座、宣传册等多种渠道广泛传播，特别是在冰雪运动场地设施和赛事活动的现场做好安全提示。从体育保险业方面，保险相关单位要积极研发并推出多样化的冰雪运动保险产品，符合并满足不同消费群体的安全保险需求。另外，也可以开展培训、讲授专业知识，培养参与者的自我救护技能，使参与者提高生命安全意识。

最后，群众冰雪运动的活动组织和场馆设施方要建立危险信息的安全预警机制，引入并完善现代信息技术和网络媒体平台，克服在多信息融合过程中的信息不对称、信息传递缓慢、信息繁杂等问题，加强信息在收集、分析、甄别、播报等不同阶段的处理，及时传递有价值信息。

第三章

冰上运动场地、设施与器材

第一节 冰上运动场地 ➡

一、速度滑冰场地的种类与标准

（一）速度滑冰场地的种类

速滑场地按其使用性质可分为比赛冰场、一般冰场和教学冰场；按地势所处的海拔高度可分为高原冰场、半高原冰场和平原冰场；人工制冷冰场分为室内冰场（见图3-1）、室外冰场（见图3-2）两种。

图3-1

图3-2

大型速滑比赛均应在400米和333.3米的标准场地进行。只有在400米标准场比赛所创造的纪录才能被承认。

一般冰场包括人工浇灌的冰场和利用自然条件结冻在江、河、湖、泊所修建的冰场。

教学冰场应适合教学特点和需要，在场内可设置一些教学器械和有助于掌握滑冰技术的辅助设施。在冰场内可用不同半径画出弯道练习区，规划出直道练习区和游戏区等活动区域。

位于海拔1 000米以上的冰场称为高原冰场。世界著名的高原冰场有哈萨克斯坦境内的麦杰奥冰场（海拔1 670米）、瑞士的达沃斯冰场（海拔1 560米）、日本的轻井泽冰场、我国新疆的天池冰场（海拔1 985米）和吉林的长白山天池冰场。位于海拔500—1 000米的冰场称为半高原冰场，著名的德国英泽尔冰场属半高原冰场。海拔500米以下的冰场属平原冰场。实践证明，在高原冰场比赛的成绩要优于平原冰场成绩。

（二）标准速度滑冰跑道的有关规定

第一，标准速滑跑道必须是一个露天的、遮盖的或室内的冰场。有两条跑道，最大周长为400米，最短周长为333.3米；两个道为180°弧，其内弧半径不得小于25米或大于26米。

第二，换道区应为自弯道中断起的整个直道的全长。

第三,每条跑道宽为4米、4.5米、5米,两条跑道必须同宽,内半径可为25米、25.5米、26米。我国通用的比赛场地为标准400米速滑场地(见图3-3)。

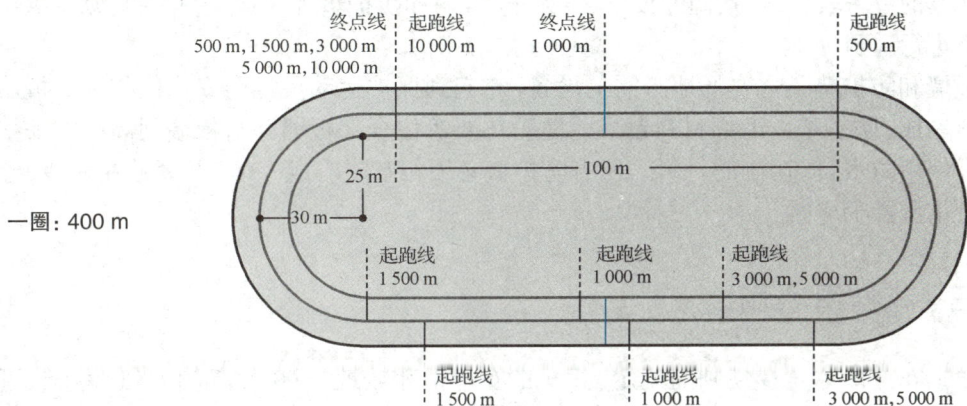

图3-3

二、短道速度滑冰的场地与设备

(一)标准场地的规格

全国性的正式比赛,场地冰面最小面积为60米×30米,跑道应为椭圆形,周长111.12米,直道宽度不得少于7米,弯道弧顶距板墙不得少于4米,弯道弧度应是匀称的,是从一条直道的终端到另一条直道起端的匀称弧线。为了保证冰面的质量,除标准跑道外,还设有另外四条跑道,每条跑道向标准跑道的任一方向移动1米或2米。所有跑道使用一条终点线。

起跑线和终点线是与直道成直角的彩色线,宽度不得多于2厘米。预备起跑线位于每条起跑线后0.75米,用虚线标志。起跑线从板墙开始,长度相当于直道的实际宽度。终点线从板墙开始,长度相当于直道的实际宽度加1.5米。在起跑线上,从跑道内侧50厘米起,每隔1.3米用直径2厘米的圆点标志起跑位置。省、市级别的比赛可以使用宽度少于30米的冰场,但应在竞赛规程中用图示意。如图3-4所示。

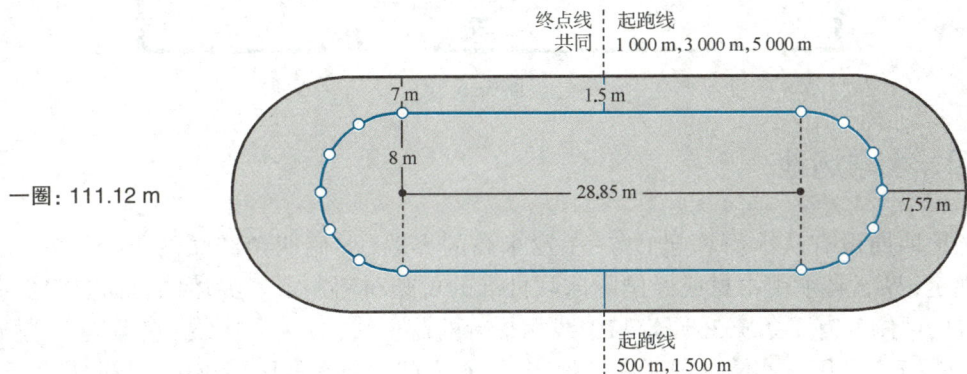

图3-4

（二）设备

冰场的设备较多，包括制冷设备、浇冰车、板墙和防护垫等。在此，只对规则中提出的规定设备进行说明。

板墙和防护垫是比赛场地必需的设备，它起到保护运动员竞赛安全的作用。板墙由木质材料制成，防护垫由海绵材料制成。防护垫要遮住全部板墙并与板墙同高。防护垫的面料必须使用防水、防切割的材料。所有防护垫必须相互附着成一体，并紧贴在板墙上，凭借其自身重量置于冰面。

三、花样滑冰场地

根据花样滑冰竞赛规则的规定，正规的花样滑冰场地长60米、宽30米（最小长不少于57米、宽不少于26米），冰场有天然冰场和人工冷冻室内冰场。

室内冰场，室温应保持在15℃以下，冰面温度应在−5℃——8℃之间，冰的厚度不少于5厘米。冰面应光洁，并有足够的照明设备，场地应设有音乐播放设备以及裁判员席、示分设备等，以保证比赛的顺利进行。如图3-5所示。

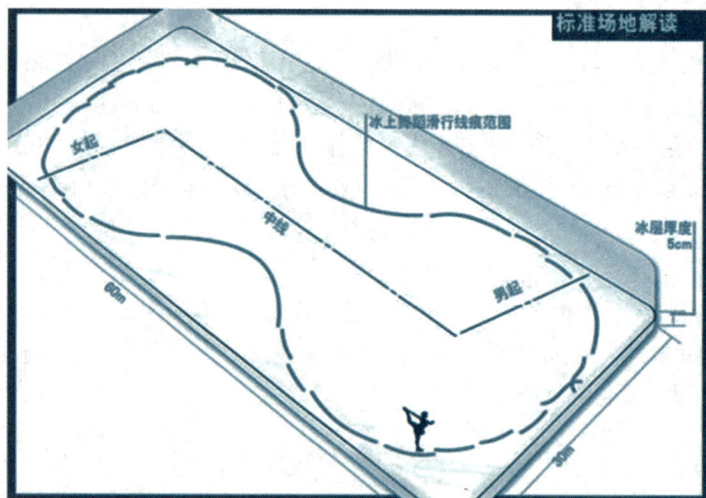

图3-5

四、冰球场地

场地四周设有从冰面算起1.15—1.22米高的界墙，界墙四角圆弧的半径为7—8.5米。规则规定，界墙必须用木材或经国际冰联批准的可塑材料制成。界墙的里面要涂以白色。在中线的两侧各有一条宽30厘米与中线相平行的蓝色线，称为分区线，它将整个球场划分为攻、中、守三个区。本队球门所在区称守区，对方球门所在的区称攻区。如队员先于球进入攻区，即为越位，须重新争球开始比赛。在球场两端距离界墙4米处还各有一条平行于端墙的5厘米宽的红色线,称为球门线。冰球门就安放在这条线的中间。冰球门是用铁管焊接而成的。球门柱和横梁铁管的直径为5厘米,支撑球门的其他支架直径为3厘米。从铁管的内缘算起,球门宽1.83米,垂直高度距离冰面1.22米。如图3-6所示。

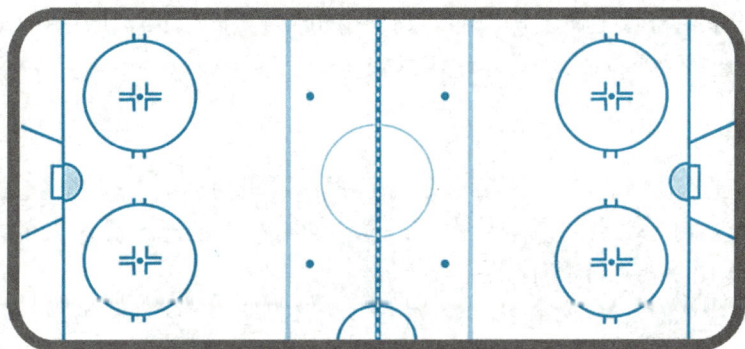

图3-6

第二节　冰刀与冰鞋

一、速滑运动的冰刀和冰鞋

(一)冰刀

冰刀是速滑运动员最重要的器材,运动员对冰刀的重视程度甚至比运动成绩还高。这是因为没有高质量的冰刀,就无法滑出最佳成绩,冰刀与提高滑行技术密切相关。目前使用的冰刀大体上有两种:一种是1996年以前所使用的冰刀(称传统冰刀),一种是1997年世界优秀运动员开始使用的转动式弹性冰刀(称新式冰刀)。

1. 传统冰刀的结构特点

传统速滑刀由刀刃、刀管、前后刀托和小刀托构成,并以前、后刀托的托盘与冰鞋结合成一体。

冰刀的核心部分是刀刃,目前冰刀刃用较窄的优质钢制成,刀刃应具备刚柔相兼的特点,既锋利耐用,又柔和富有弹性,有良好的滑度。选择冰刀时,应注意刀刃长度、刀刃的位置以及冰刀结合等是否适合个人特点。

2. 新式冰刀的结构特点

新式冰刀(见图3-7)与传统冰刀的区别在

图3-7

于新式冰刀的后跟不与冰鞋直接连接,而是在冰鞋前部安装了转动装置,运动员做蹬冰动作时,冰鞋可以绕着连接冰刀的转动装置上下自由转动,并使刀跟脱离冰鞋,这样可加大踝关节的活动幅度,当蹬冰结束后冰刀抬离冰面时,冰刀跟部由于冰鞋上装有弹性装置而自动还原,运动起来方便自如且无任何副作用。

速度滑冰的主要特点是速度快,所以其使用的冰刀刀体很长,刀刃窄而平,这样蹬冰面积大,摩擦阻力小,鞋靿矮以便于降低身体重心,减少空气阻力。

(二)冰鞋

冰鞋与冰刀具有同等作用。穿着硬实、贴脚的冰鞋可使运动员很好地掌握滑跑技术,而不合适的冰鞋将影响运动员的滑跑技术。许多初学滑冰者抱怨自己踝关节太软立不起来,究其原因,可能是由于所穿冰鞋不合脚。

选择冰鞋时应注意:鞋面结实柔软,冰鞋形状合脚坚挺,穿鞋后足跟有坚实稳固感,既没有多余的空间又不挤脚。穿着一双合适的冰鞋会使运动员产生好的冰感,对于协调动作和形成好的技术定型是有益的。优秀运动员通常以自己的脚形到厂家定做冰鞋。

(三)冰刀的安装

速滑冰刀的安装很重要,刀在冰鞋上安装的位置一定要合理、适宜。特别是儿童、少年运动员和初学者所使用的冰刀安装位置必须正确,否则会影响支持平衡和学习掌握正确的技术动作。

1. 正常腿型人的冰刀安装位置

1)右脚冰刀的安装位置

右脚冰刀的刀尖应稍偏内,通常在右脚拇指的正中下方,刀跟在脚跟的正中间。这种安装位置在高速滑跑时,有利于完成弯道和直道强而有力的蹬冰动作。

2)左脚冰刀的安装位置

左脚冰刀的刀尖通常在拇指与第二脚趾中间位置,刀跟位于脚跟的中间位置。

此外,根据个人的习惯和腿型不同的特点,可在正常安装冰刀位置的基础上作适当调整。

2. 冰刀冰鞋的安装方法

安装冰刀时,先将2枚螺丝分别放入冰鞋前脚掌与后脚跟位置的凹槽中,再将冰刀与冰鞋前后朝向调为一致,最后将冰刀按照凹槽位置用螺母固定在冰鞋底部。安装完成后根据使用者的滑行距离和技术特点,对冰刀位置进行调整,满足最佳的使用感受。

(四)磨冰刀

1. 磨冰刀的用具

(1)刀架。木制或坚硬电木、塑料制成的高度和长度可调的刀架。

(2)油石。粗、细油石,打边刃的细油石。

(3)磨光用的大理石。

(4)磨刀油。可用精制的机油磨刀,并将油装入开口很小的金属或塑料油瓶。

（5）擦刀布和擦刀用纸。

（6）粉笔或其他用以作标记的物品,在检查冰刀弧度时标记位置。

（7）检查冰刀弧度和测评安装冰刀的直尺与水平尺。

（8）用以检查和纠正刀刃弯曲、凹心用的标尺。

（9）直刀器。

（10）刀套和提包。

2. 磨冰刀的程序

（1）磨刀前检查冰刀,用标尺检查刀刃曲直,用直尺检查弧度。检查处理后,打掉边刃毛刺。

（2）将冰刀装上冰刀架,用可调装置将冰刀调平,并将两刀跟顶靠住刀架,以保证两刀前后齐平。调好后顶紧扭柄,固定好冰刀。

（3）在油石粗面抹一层油,将油石横放在两冰刀刃上,用拇指和食指捏住油石,用油石自身重量轻轻地前后摩擦几次,使之能磨满全刀刃。然后将油石按对角线方向横向摩擦,以避免油石磨出沟壑。此间,注意交换方向打磨,使全刀刃均匀打磨几分钟。

（4）打磨时要经常用食指或指甲检查四边的边刃,直到边刃均有毛刺出现,然后将油石按前后方向打磨,目的是把刀刃上的斜痕磨掉。

（5）用打边刃的小油石蘸上油打掉边刃毛刺,用同样方法再用细油石打磨边刃毛刺,并随时检查边刃毛刺是否完全被打掉。

（6）用擦刀布擦去刀上油泥,再用细面油石滴油后按前后方向打磨,再检查边刃并打掉边刃毛刺,可重复3—4次。

（7）用直尺检查刀刃弧度是否理想,如不理想,可按上述方法重新打磨,直至打磨成理想的弧度。

（8）最后用大理石沿冰刀前后方向打磨,目的是将刀刃磨平磨光,再检查冰刀是否有毛边并去掉。最后检查冰刀四边是否锋利或是否有毛边,如没有,就达到理想的磨刀效果。冰刀磨雪好后用纸擦净套上刀套。

（五）冰刀的检查与保护

1. 冰刀的检查

对冰刀应经常精心检查,一旦发现问题应立即修正处理,这是因为任何细小的误差都可能影响运动技术动作和运动成绩,甚至在比赛中酿成大的失误。对冰刀的检查主要有刀与鞋的结合是否坚固、刀管和刀托是否有裂痕、冰刀是否弯曲、刀刃的弧度是否合理等项技术性内容,在这些内容中,冰刀弧度是主要检查内容。下面主要介绍用直尺检查弧度的方法。

检查弧度用的长条直尺的每个面都是精度很高的平面,这种金属直尺在五金商店均可买到。检查弧度使用直尺的正确方法是:一手拿刀（刀刃朝上）,另一手用拇指与其余四指拿直尺将其平稳地放在刀刃上,将直尺沿刀刃前后方向轻轻滑动。如滑动时无声响,说明弧度是均匀的;若在滑动中感到阻力较大或者发出沙沙声,说明刀的弧度可能有问题,可将冰刀拿到光线充足的地方观察,判断弧度是否正确合理。

（1）正确弧度。正确弧度是边尺与刀刃有一个很小的接合处。

（2）平直弧度。直尺与刀刃有较长的结合处，刀刃弧度小而呈平直弧度。因此，直尺与刀刃接触部分在滑动时发出沙沙声。

（3）凹心刀刃。用直尺检查时可发现，冰刀刃的某段出现两边高中间低的情况（直边尺与两边高点处接触，在光亮处可见透出凹陷处的光线），说明刀刃有高低不平的起伏且弧度不均匀。在凹心的刀刃移动时边尺仍会感到阻力较大并出现响声。

2. 冰刀的保护

冰期结束后，应将冰刀擦干净，将刀刃涂一层凡士林，再套上刀套，以防生锈，将冰鞋清洗干净打好皮鞋油，上述工作完成后可将冰鞋放在专用鞋盒里，并存放在干燥通风处，以备冰期使用。

二、短道速度滑冰的冰刀和冰鞋

（一）冰鞋的结构及性能要求

冰鞋是运动员必备的器材之一。短道速滑具有滑速较快、弯道半径较小、为增加向心力要求运动员弯道滑行时向圆心内倾斜较大的幅度而且碰撞概率较高的特点，运动员的冰鞋也要适合运动的需要。一般要求鞋帮较硬、鞋靿稍高，以起到支撑踝关节的作用。优秀选手对冰鞋的要求很高，特别是在重量及性能方面的要求较高。

（二）冰刀的结构及性能要求

冰刀主要是由刀托、刀管和刀刃三部分构成。刀托部分利用铝合金材料制成；刀管有两种，一种是铁制圆管，另一种是铝合金方管；刀刃多采用优质合金钢等材料制成。

正式比赛对冰刀有严格的规定，冰刀管必须是封闭的，刀根必须是圆弧形。刀根弧最小半径为10毫米。刀管最少有两点固定在鞋上，没有可动的部分。现阶段运动员多采用移位式冰刀，能很方便地调整冰刀的位置。

三、花样滑冰的冰刀和冰鞋

（一）冰刀

花样滑冰单人和双人滑冰刀是相同的，刀的中间有一槽，使冰刀形成内外两侧刀刃，刀身弧度均匀，前端有一稍大的刀齿，刀齿下端离冰面较近，用来完成一些跳跃和旋转动作。如图3-8所示。

冰上舞蹈的冰刀与双人滑、单人滑冰刀的不同点是刀身的弧度稍大些，没有凸出的刀齿，以利于用纯刀刃来完成各种难度的步法滑行。

图3-8

（二）冰鞋

花样滑冰所有项目的冰鞋基本都是相同的，都是高靿、高跟、硬帮、硬底。这是为了跳跃后落冰时保护踝关节而设计的。最新的冰鞋俗称"脚形刀"，新冰鞋可以放到微波炉里加热软化，然后再穿到脚上，待到冷却之后就形成了自己的脚形，这种新式冰鞋比老式鞋轻且合脚，有利于最大限度地发挥出蹬冰力量，提高运动成绩。

四、冰球运动的冰刀和冰鞋

冰球运动对抗性很强，要求具备良好的保护措施，因此冰球鞋的鞋头很硬，鞋靿较高，鞋帮较厚，刀体很短，具有较大的弧度，如图3-9所示，以便于滑冰者在冰面上灵活地移动及改变滑行方向等。

图3-9

第三节　服装及其他器材

一、速度滑冰的服装

速滑运动员服装对于技术动作的发挥、运动成绩的提高有着重要作用。无论是训练服还是比赛服，都应以不妨碍肩、踝、膝等部位的动作幅度为准，运动员身着舒适、合体的运动服装，在完成滑跑动作时，心情愉快、动作舒展、技术流畅，有利于创造最佳成绩。

（一）服装的设计与选择

速滑运动员服装的设计与选择主要应注意以下几方面因素：

第一，服装表面与外形合理的比赛服装有助于运动员提高运动成绩。应从这一角度来设计和选择服装。世界级水平的选手最高滑跑时速可达50千米，可见滑跑时空气阻力是很大的，必须考虑如何减少空气阻力和注意流线型特点。

第二，有利于发挥技术水平。比赛服装应轻便富有弹性，以不妨碍运动员技术动作的幅度为前提来选择面料、设计和制作服装。运动员身着这样的服装，运动起来轻巧自如，可充分表现自己纯熟的技术，并在心理上增强自信心和充分调动内在动力。

第三，保暖实用。在训练中，经常遇到冷天气，注意保暖以保持运动肌群的温度和弹性是非常重要的。最好是穿弹性好、吸湿性好、棉毛的薄内衣，外衣应具有空气摩擦力小和各个方向拉伸力强的特点，练习外裤应不妨碍动作并要贴身。通常，运动员在室外场地训练时穿尼龙裤、高领内衣、尼龙运动衫或一件尼龙上衣即可。如果穿腿部带拉锁的练习外裤，可不用脱冰刀来更换外裤,这既保暖又实用。

(二)服装种类

为适应训练和比赛的需要,必须有不同的运动服装来完成训练和比赛任务。因此,就构成了下面的服装种类。

1. 保暖服

保暖对于运动员来说极为重要,保持适当体温和运动肌群的弹性,有助于保持良好状态,发挥良好技术水平,完成训练比赛任务。因此,在寒冷的环境中,运动员机体特别需要保暖。当今通常采用的保暖服,是轻便并便于更换的合体羽绒服。

2. 练习服

为了适应平时训练、赛前准备,以及教学、锻炼的需要,身着保暖、便于更换的练习服装是必要的,应根据个人特点选择自己适合的练习服装。

3. 比赛服

比赛服是运动员在比赛中的专用服装,如前所述,比赛服应具备减少空气阻力、动作自如、弹性好和有利于发挥技术水平的特点。

4. 冰帽、手套和鞋套

为了能在寒冷的气温条件下进行练习和比赛,防止手、脚、脸和耳部的冻伤,必须带上冰帽、手套乃至鞋套,这些都是必备的服装用品。

二、短道速度滑冰的服装及护具

(一)服装

短道速滑运动员的服装多种多样,质地、款式、花色各有不同。随着运动水平的不断提高,对服装的性能要求越来越高,质量要求也越来越精,以不断适应短道速滑运动发展需要。

短道速滑运动员的服装大体可分为两种,一种是训练服,另一种是比赛服。对训练服没有特殊规定,一般要求穿脱方便及有利于训练内容的完成。短道速滑运动竞赛规则对比赛服装有严格的规定,比赛必须穿着长袖连身服装,全队要统一着装。运动员的服装必须使用MU型安全比赛服,服装质地有弹性,在右大腿的外侧标志队名等。今后可能在规则中规定运动员要穿着防切割材料制成的比赛服装。服装的款式及花色各队可根据本国、本地区及民族传统的特点设计。为达到广告宣传的目的,规定可在服装的胸前印制赞助商的标识。

(二)护具

短道速滑运动员的护具包括手套、头盔及头盔罩、护颈、护腿及护膝、保护眼镜等。

1. 手套

短道速滑运动员的手套必须是耐切割材料制成的连指手套,或不含羊毛的合成材料手套,一般要求轻便、不易脱落、耐磨损等。由于运动员在弯道滑行时向内倾斜幅度较大,左手常常扶在冰面上,因此,要求运动员左手手套的指尖处加固一些较硬、较光滑且较耐磨的保护层(环氧树脂),也有一些运动员在指尖处缠绕一些胶带之类的物品,以缓解手与冰面摩擦时产生的刺激。

2. 头盔及头盔罩

短道速滑运动员参加比赛时必须戴硬壳的头盔,安全头盔应符合现行的ASTM标准。现阶段运动员使用的头盔一般是由硬塑(ABS工程塑料)材料制成,样式较为美观且花色各异。运动员在比赛时必须佩戴由中国滑冰协会提供的黄底黑色号码的头盔罩,号码在头盔的两侧,否则不得参加比赛。在系列赛中,总积分领先的前三名运动员佩戴由组委会提供的特殊颜色的头盔罩。接力比赛每个队要佩戴不同颜色的头盔罩,头盔罩的颜色(红、黄、蓝、绿)与记圈板所显示的各队的颜色相同。

3. 护颈

护颈是短道速滑运动员在训练和比赛中用来保护颈部的一种装置。护颈是由防切割的材料制成,质地较轻且柔软,佩戴较方便。

4. 护腿及护膝

护腿及护膝是为防止运动员在训练及比赛中膝部被摔伤、腿部被踢伤及冰刀划伤的保护装置。规则中规定,运动员在比赛时必须佩戴防割及防扎材料的护腿,护膝可制成软垫或硬壳的。为减轻运动员装备的重量,服装设计者将护腿及护膝与比赛服结合在一起,使护具更轻巧、美观、方便和实用。

5. 保护眼镜

保护眼镜是运动员用来保护眼睛,防止冰沫、水、灰尘及冰刀等对眼睛伤害的保护装置,保护眼镜还有防止强光照射的作用。保护眼镜具有透明度较高、弹性较好、不易破裂等特点。

三、花样滑冰的服装及其他器材

(一)音乐器材

常用的音乐器材就是录音机和录音带。选择的录音带应质地优良,放出的音乐应音调纯正、悦耳动听。

(二)服装

花样滑冰的运动服装是很讲究的,因为它是表现花样滑冰运动员形体美的一个组成部分。花样滑冰的技术与色、形、音乐的美融为一体,所以服装的色彩和式样十分重要。运动员服装应美观大方,适合体育运动。比赛时男选手的服装不得露胸和无袖,应着适体、适当长度的裤子,不得穿紧身裤;女选手应着紧身连衣短裙和长筒袜,不得露腹。男子一般穿黑色冰鞋,女子一般穿白色冰鞋。运动员服装的设计、质量和颜色的选择要因人而异,要适合本人的身体,可根据音乐突出不同的风格和特点。设计服装应有利于运动员艺术表演形象和技术水平的发挥,不得过分花哨,装饰物不得落到冰面上,不能利用道具或戏剧服装。如图3-10所示。

图 3-10

四、冰球运动的服装与装备

冰球比赛要求运动员必须脚穿冰鞋、手持冰球杆,身着符合国际冰联规定的护具(包括护胸、护肘、护裆、手套、护腿以及头盔等)。

第四章

速度滑冰基本技术

第一节　直道滑跑技术

直道滑跑基本动作是由自由滑行和蹬冰滑行所组成的周期性动作构成。一个动作周期由滑跑姿势、自由滑行、收腿动作、单支撑蹬冰、摆腿动作、双支撑蹬冰、着冰动作、摆臂动作和全身配合动作组成。如图4-1所示。

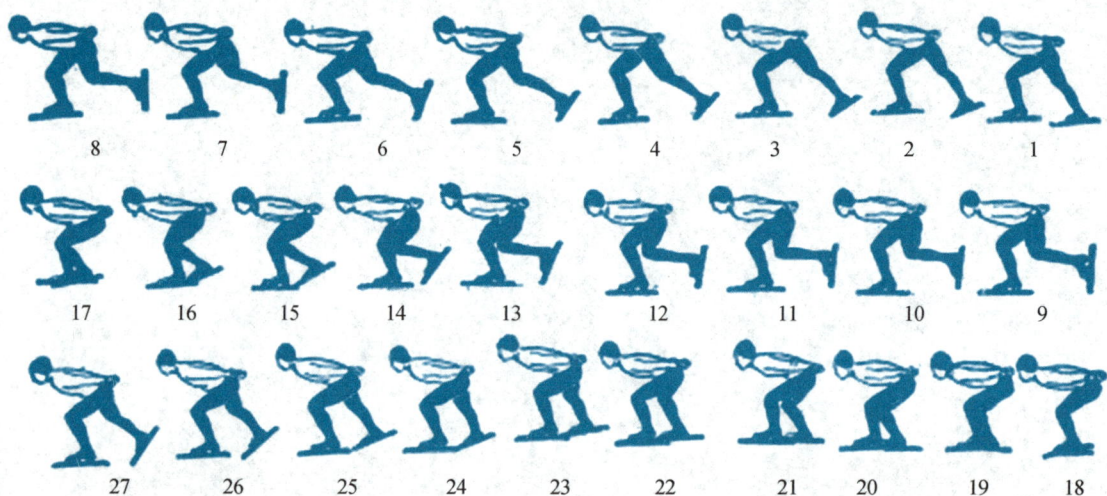

图4-1

一、滑跑姿势

（一）上体姿势

上体放松呈背弓的流线型姿势。上体应倾至几乎与冰面平行或肩背略高于臀部，与冰面形成10°—15°的角度，充分放松，团身，两肩下垂，力求接近流线型。头部微抬起，目视前方10—20米。

采取这种滑跑姿势的优越性在于：

（1）最大限度减少前进阻力。

（2）最大限度减少能量消耗。

（3）最有利于蹬冰动作。

（4）有利于呼吸和内脏器官活动。

（二）腿部姿势

腿部姿势的共同点是呈低姿势，即大腿深屈。膝关节角度约90°—110°，踝关节角度在50°—70°，髋关节角度屈至45°—50°，并使身体重心线（通过身体重心的假设线）从后背下部穿过大腿，经过膝盖后与脚的中后部相接。采取这种蹲屈姿势可保证充分侧蹬冰，使蹬冰距离延长，有利于增加蹬冰力量，并可加快髋、膝、踝关节的伸展速度，完成有效的蹬冰动作，同时可最大限度地减少前进阻力和能量消耗。如图4-2所示。

图4-2

（三）动作要点

（1）膝关节角度应为90°—110°。
（2）上体背弓呈流线型。
（3）身体重心位于冰刀中后部。
（4）两臂放松，背手紧靠上体。
（5）两腿并拢，冰刀平刃支撑滑行。

（四）常见的错误动作

（1）滑跑姿势过高。
（2）两刀分开过大，成X形腿。
（3）用冰刀内刃支撑滑行。
（4）身体重心位置不适宜，重心偏前。

二、自由滑行

自由滑行是指蹬冰脚冰刀蹬离冰面后，另一腿借助前次蹬冰惯性，在冰上支撑滑行直至该腿开始蹬冰前的滑行过程。其分界时机是从蹬冰脚冰刀离开冰面起，到横向移重心支撑腿冰刀变内刃滑行止。

（一）动作任务

有效地利用前一次蹬冰产生的速度作惯性滑行，为下一次蹬冰作好准备。

（二）动作规范要求

（1）支撑腿冰刀由外刃过渡到平刃支撑。
（2）保持鼻、膝、刀成三点一线的滑行姿势。
（3）身体重心位于冰刀中后部的上方。
（4）保持两肩平稳，上体朝着滑行方向。
（5）保持基本滑跑姿势，不得上下起伏。

（三）常见的错误动作

（1）膝盖向内成K形腿，冰刀用内刃支撑。

（2）腿的蹲屈度不适宜,姿势过高。

（3）上体与滑行方向不一致,向左、右摇摆。

（4）重心偏前。

（5）踝关节立不住（倒踝）。

三、收腿动作

收腿动作与自由滑行动作是同步的协调动作。其分界时机是起于蹬冰腿结束蹬冰变为浮腿开始收腿,止于浮腿收至身体重心下方的矢状面。此时,支撑腿即开始蹬冰。收腿动作既要保持完整和流畅、协调而有节奏,又要保持速度稳定。收腿动作准确与否,直接影响滑行姿势、方向以及摆腿与蹬冰动作。如图4-3所示。

图4-3

（一）动作任务

放松浮腿,为摆腿和蹬冰动作做好准备。

（二）动作规范要求

（1）利用蹬冰腿蹬冰结束的反弹力以及内收肌群收缩。

（2）将冰刀抬离冰面,完成收腿还原动作。

（3）浮腿屈膝放松,并以大腿带动,以最短路线直接内收至身体的矢状面。

（4）动作应做到积极迅速,并与支撑腿动作协调同步。

（5）结束收腿时,浮腿大小腿在一个平面（位于矢状面）,与支撑腿靠拢,膝盖低垂,冰刀垂直于冰面。

（三）常见的错误动作

（1）刀尖刮冰,不能抬离冰面,增加了阻力。

（2）先收膝而小腿留在外侧（大小腿不在一个平面）。

（3）先收小腿而后收膝盖且不能与支撑腿靠拢。

（4）腿部成圆弧绕动收腿,不能直接收腿。

（5）两腿不靠拢。

四、单支撑蹬冰

蹬冰动作包括单支撑蹬冰和双支撑蹬冰。蹬冰动作是随着移动重心,利用腿部伸肌产生的力量,通过冰刀作用在冰面上而进入蹬冰阶段的。因此,蹬冰是负担体重支撑腿的加速伸展过程,即身体重心离开支撑腿冰刀中心上方,向蹬冰相反方向移动,对支撑冰刀内刃产生压力,并逐渐扩大重心移动距离,直至该腿冰刀蹬离冰面的滑行过程。所谓利用体重蹬冰,就是将身体重量牢牢地控制在蹬冰腿上完成蹬冰动作。单支撑蹬冰动作的分界时机是从开始横向移动重心起,到浮腿冰刀着冰止。如图4-4所示。

图4-4

(一)动作要点

(1)准确掌握蹬冰时机。浮腿前摆,重心偏离支点,冰刀变内刃压冰。

(2)重心平行移动。保持两肩和臀平稳且平移,不得起伏,上体始终与滑行方向一致。

(3)充分利用体重蹬冰。在蹬冰过程中,身体重心应控制在蹬冰腿上,形成牢固支点,使全身重量集中地作用到冰面上完成蹬冰动作。

(4)蹬冰用力线要通过身体重心,与滑行方向垂直(侧向蹬冰)。

(二)常见的错误动作

(1)过早地移动重心。浮腿没有收到后位就移动重心。

(2)上体、臀不能平行移动,头、肩领先于上体过早地移向内侧。

(3)不能利用体重蹬冰。浮腿着冰后才开始蹬冰。

(4)不能用刀刃中部作向侧蹬冰。用刀的前部向后蹬冰。

(5)蹬冰中动作起伏。不能保持动作平稳。

五、摆腿动作

在单支撑蹬冰的同时,浮腿做摆动动作。摆腿动作分界时机是浮腿从后位的矢状面摆向身体重心移动方向起,到浮腿冰刀着冰止。应该指出的是,我国在20世纪50—70年代的教科书中,把收腿与摆腿统称为收腿动作,当前有些国家仍这样划分动作界线。但自20世纪70年代末,随着速滑技术理论的发展,蹬冰定义所确定的基本内涵也相应发生变化。国外速滑理论界提出,应将消极的收腿与积极摆腿动作区分开来,将浮腿的加速前摆与蹬冰动作划成一个同步动作阶段。因此,摆腿动作是蹬冰动作的组成部分。如图4-5所示。

图4-5

（一）动作规范要求

（1）摆腿动作应是加速的；

（2）膝盖领先，以大腿带动小腿摆向身体重心移动的方向（前侧方）；

（3）摆腿时，应将大腿前摆置于胸下，使膝部由下垂状态向前上抬起贴近支撑腿膝部；

（4）当摆腿动作即将结束时，尤其强调大腿抬送至胸下和小腿前送刀尖微翘起的动作（此时，应做到两腿、两刀尽量靠近，并将浮脚冰刀放于支撑脚刀前面，以准备用刀后部着冰）。

（二）动作要点

（1）膝盖领先，以大腿带动小腿作加速摆腿。

（2）向身体重心移动方向（前侧方）摆腿。

（3）臀部放松，大腿前抬置于胸下。

（4）膝部下垂，贴近支撑腿膝部做前摆动作。

（5）膝部展开，冰刀翘起完成着冰前的准备工作。

（三）常见的错误动作

（1）上体不能保持平稳，头与肩过早地移向浮腿。

（2）浮腿摆动与蹬冰动作不协调，摆腿和着冰过快而不能完成有效的蹬冰动作。

（3）摆腿方向不正确，形成侧跨摆动，过早着冰承担体重。

（4）摆腿时，两膝、两刀收靠得不紧。

（5）摆腿时，膝部做不出前提和展膝拍着冰准备动作。

（6）浮腿在后位有停顿动作，破坏了滑跑节奏并延误了着冰动作，使大腿难于控制在胸下，冰刀也不能向前做着冰动作。

六、双支撑蹬冰

双支撑蹬冰动作的分界时机是自浮腿冰刀着冰开始，到蹬冰腿冰刀蹬离冰面止。双支撑蹬冰阶段是蹬冰腿快速展腿的阶段，此阶段一个滑步的蹬冰将达到最大力量和最佳蹬冰效果，并达到最佳滑跑速度，可称之为蹬冰动作的关键阶段。如图4-6所示。

图 4-6

（一）动作要点

（1）随身体重心移动，达到适宜蹬冰角度，浮脚做着冰动作，同时蹬冰腿加快展膝向侧推蹬。

（2）重心置于冰刀中部，体重大部分仍控在蹬冰腿作加速侧蹬。

（3）在蹬冰过程中保持两肩放松和平稳，上体前倾，使肩和臀部与冰面平行。

（4）蹬冰结束时，要使踝关节快速伸展并富有弹性地蹬冰。

（二）常见的错误动作

（1）后蹬冰，重心偏前，用刀尖向后蹬冰。

（2）蹬冰时机不适宜，开始蹬冰的时间掌握不准，过早或过晚。

（3）浮脚冰刀过早承接体重，甚至在浮脚冰刀刚接触冰面时就完全承担体重，不能充分利用体重蹬冰。

（4）重心不能控制在蹬冰腿上，动态平衡不稳而形成短暂的蹬冰过程。

（5）蹬冰展腿不充分，膝盖不能完全展直，踝关节不能做出跖屈的蹬冰动作。

（6）蹬冰腿与浮腿动作不能做到同步协调配合。

（7）不能用刀刃中部向侧蹬冰。

七、着冰动作

着冰动作（亦称下刀动作）与双支撑蹬冰动作是同步协调完成的，其分界时机是从浮脚冰刀着冰起，到完全承接体重止。如图 4-7 所示。

图 4-7

（一）动作规范要求

（1）着冰前浮脚冰刀应尽量靠近支撑脚冰刀并领先二分之一刀长的部位，刀尖稍翘起朝着新的滑行方向做着冰准备。

（2）以冰刀的外刃（或平刃）和冰刀的后半部着冰。

（3）膝盖领先上抬，小腿积极前送，顺势做向前的快速着冰动作。

（4）尽量缩小着冰刀的出刀角度，接近直道方向着冰，使滑行方向能沿直线滑行。

（二）动作要点

（1）臀部放松，大腿前抬位于胸下，膝盖朝着前进方向。

（2）展膝关节，快速前送着冰脚，在支撑脚前着冰。

（3）以冰刀后半部先着冰，刀尖抬起。

（4）刀尖应尽可能朝着直道滑行方向。

八、摆臂动作

速滑运动员的摆臂动作既有着不同于其他运动项目的特点，也有着与其他项目相似的协调要求。两臂前后加速摆动，准确协调的配合是良好滑行技术的基础。摆臂的力量、幅度要与腿部动作及滑跑速度相一致。

（一）摆臂种类

摆臂动作分单摆臂、双摆臂和背手滑行（不摆臂）。通常，单摆臂多用于中、长距离，以保持滑行节奏和速度的均匀；双摆臂多用于起跑、短距离和终点冲刺，以提高速度；背手时间在每圈滑行中是很短的，主要在长距离项目出弯道后的直道中间段落，其目的在于利用弯道获得的较高速度，将手背后延长滑步，放松一下。

（二）摆臂方法

两臂摆动有三个位向点，即左（右）臂的前高点、两臂的下垂点和左（右）臂的后高点。前摆时，臂从后高点顺势下落经下垂点加速向前上方摆至前高点。然后，臂从前高点回摆下落经下垂点，接着加速向后方摆至后高点。

（三）动作要点

（1）臂的摆动应以肩为轴。摆臂不要影响两肩与上体的平稳性，以免引起肩部的紧张和多余动作。

（2）臂的摆动要贴近大腿作前后摆动。

（3）两手微屈或半握拳，腕部放松。手与腕部的紧张可传递给臂与肩部，从而影响动作的连贯性和速度。

（4）臂的摆动方向、力量、幅度和速度应与腿部动作协调一致，在获得高速滑跑之前，臂的摆动可稍领先腿部动作,以加快腿部动作节奏。

（5）短距离可采用屈肘摆动。中、长距离向后摆动时可将臂完全展直。在不同段落可采用单摆臂或背手滑行。

（四）常见的错误动作

（1）两臂紧张,无意识地胡乱摆动（常见于初学者）。

（2）整个动作散乱不协调,有时摆臂快而腿部动作跟不上,有时腿部动作快而臂的摆动停顿滞后。

（3）臂向两侧摆动,而不能紧贴腿部作前后摆动。

（4）两臂僵直作无定向摆动。

（5）臂摆动部位过高或过低,影响与腿、上体的协调关系和动作的平稳性。

（6）两臂摆动至二个位向点的动作,屈伸不连贯,动作不流畅,甚至有多余动作（过早屈肘、向里侧横摆等）。

九、全身配合

直道滑跑的全身配合是指在滑跑不同距离和不同速度的情况下,两腿、上体与摆臂达到准确协调的配合,表现出动作自动化、舒展、流畅的滑跑技术,并获得最佳滑跑速度。它包括三个方面的配合:两腿的配合、上体与腿的配合,以及臂与腿的配合。

第二节　弯道滑跑技术

一、滑跑特点

第一,滑跑弯道时,身体姿势始终保持向左倾斜状态,即保持上体、头、肩平行呈水平状态的左倾流线型姿势。左脚冰刀用外刃、右脚冰刀用内刃以交叉步方式向右侧蹬冰。

第二,滑跑弯道时,必须处理好左倾姿势、滑速和弯道半径三者的关系。身体倾斜度大小与滑跑速度的平方成反比,与弯道半径成正比（身体与冰面的夹角）。

第三,弯道滑跑中没有自由滑行阶段。弯道滑跑两腿始终处于交替蹬冰的滑行阶段,只有新手或在速度不是很高的弯道滑跑中,才可能看到像直道那样的自由滑行（无蹬冰动作）。弯道滑跑动作结构可以概括为两个滑步,即左脚蹬冰滑行和右脚蹬冰滑行,两个滑步技术有明显差异,一个滑步结构可由两个时期、两个阶段和四个动作构成。

第四,弯道滑跑的平均速度比直道快。其主要原因是:离心力作用使身体倾斜度比直道小（蹬冰角比直道小）而产生比直道大的动态压力,以及弯道滑跑无自由滑行的减速阶段。所以,蹬冰时间要大于直道。

第五,弯道的摆臂动作与直道的摆臂动作不同。摆臂的目的是增加向前的推进力并可与蹬冰动作协调配合,这是直、弯道摆臂的共同点。但在弯道滑跑中,右臂摆动可帮助身体沿正确的弧线滑行和增加冲力,而左臂起不到上述作用。因此,将左臂背起来,或贴近身体小幅度摆动,会起到提高滑跑速度的作用。

二、滑跑技术动作

(一)滑跑姿势

滑跑弯道与滑跑直道有着显著不同的滑跑姿势。在圆周运动中,运动员要想沿弯道快速有效地滑行,使滑跑姿势既能保持力的平衡,又能利用弯道(离心力)增加滑跑速度,则整个身体必须取较大幅度向左倾斜流线型滑跑姿势,并以交叉步方式完成弯道滑跑。

1. 上体动作

滑跑弯道时,上体前倾程度要比直道更接近水平状态。优秀选手上体前倾的水平角,男女分别为长距离16.5°和14.8°。中距离为15.7°和13.4°。上体放松、团身背弓,呈流线型并朝着滑行方向,身体成一线向左倾斜,保持平稳流线型状态,这对提高蹬冰效果、增加速度、减少前进阻力是十分重要的。

2. 头部、肩部与臀部动作

在弯道滑跑中,头部姿势正确与否是很重要的,它直接影响着弯道滑跑姿势、身体重心所处的位置、滑跑的平稳性和蹬冰的效果。头部要与身体其他部分成直线,并要始终处于整个身体的领先位置。两肩始终保持平行稳定状态,并与离心力方向成一直线(即两肩应处于半径延长线的平行位置)。这就使蹬冰方向与离心力方向趋于一致,有利于弯道的侧蹬冰。臀部动作要与肩部动作一样,始终保持与冰面平行。

3. 动作要点

(1)头、肩、上体成一线向左倾斜。
(2)体重落在冰刀的中后部,重心位于雪线里侧。
(3)两肩和臀部保持与冰面平行的稳定状态。
(4)左刀用外刃支撑,右刀用内刃支撑。
(5)两肩与臀部始终保持与离心力方向成一条直线。

4. 常见的错误动作

(1)左脚冰刀不能用外刃支撑,踝关节立不起来(倒踝)。
(2)左腿膝盖向右成X形支撑。
(3)低头或头向内、向外扭转,不能保持头在躯干的延长线上的领先位置。
(4)头向内、臀向外,或头向外、臀向内。
(5)姿势高,重心偏前。
(6)左肩低于右肩,左臀低于右臀。
(7)上体不能朝着弯道切线方向。
(8)上体过低或过高,不能保持流线型。

（二）单支撑左腿蹬冰动作

单支撑左腿蹬冰动作的分界时机是自右脚冰刀离开冰面起，到右腿摆动后重新着冰止。如图4-8所示。

图4-8

1.动作规范要求

（1）保持两肩、臀部与冰面平行稳定状态。

（2）保持大腿和膝部位于胸下，并以左刀外刃牢固咬住。

（3）保持后坐使身体重心位于冰刀中部。

（4）展腿方法：发展髋，与此同时深屈膝踝（压膝），当浮腿摆经蹬冰腿时，蹬冰腿膝关节开始积极加速伸展。

（5）沿弯道半径延长线向外侧蹬冰。

2.动作要点

（1）向侧蹬冰。

（2）保持两肩和臀部平行状态的左倾姿势。

（3）身体重心控制在冰刀中部。

（4）蹬冰展腿顺序是先展髋压膝，再加速展膝向侧推蹬。

3.常见的错误动作

（1）左脚冰刀不能用外刃支撑蹬冰（偏外刃甚至用内刃支撑）。

（2）膝盖向内成X腿支撑蹬冰。

（3）左脚冰刀外刃支撑平衡差而导致蹬冰短暂，或蹬不上冰。

（4）身体重心偏前、动作偏高，用刀尖蹬冰。

（5）后蹬冰。

（6）蹬冰过程中身体起伏过大，外刃咬不住冰，有滑脱现象。

（7）两肩和臀部不能保持平行移动，不能利用体重蹬冰。

（8）由于左脚支撑平衡差，两腿动作不协调，左脚支撑蹬冰短暂，形成跛脚式蹬冰。

（三）右腿摆腿动作

右腿摆腿动作的分界时机是自右腿蹬冰结束抬离冰面起，到右腿加速摆动与左腿交叉后至右腿冰刀着冰止。

1.动作规范要求

（1）屈膝以膝盖领先摆收右腿，在重力和屈髋、膝肌群内收的作用下，使腿部由外展动作变为内收和前跨动作。

（2）右腿向左腿右前方朝着支撑腿加速摆动。

（3）右腿交叉经过左腿时,右刀跟要贴近左刀尖做交叉跨越动作。这一动作可保证左脚侧蹬,并为右脚着冰动作做好准备。

（4）摆腿动作应做到与蹬冰腿动作协调、同步、流畅、放松。

2. 动作要点

（1）右腿摆动是加速的。

（2）冰刀要贴近冰面,保持低位摆收。

（3）摆腿与蹬冰动作要做到协调、同步、流畅、放松。

3. 常见的错误动作

（1）抬腿过高,摆动过快,不能完成有效的蹬冰动作(影响左腿蹬冰)。

（2）右腿冰刀和小腿领先摆动,形成向内收浮腿。

（3）右脚冰刀托着冰面摆收。

（4）右腿摆动离左腿过远(不能贴近冰刀而影响利用体重蹬冰)。

（5）摆腿肌肉紧张。

（6）摆腿与蹬冰动作不同步。

（四）双支撑左腿蹬冰动作

双支撑左腿蹬冰动作的分界时机是自摆动后的右脚冰刀着冰起,到左脚冰刀结束蹬冰离开冰面止。

1. 动作要点

（1）冰刀沿着弯道半径方向直接侧蹬。

（2）体重控制在冰刀中部蹬冰。

（3）左腿冰刀用外刃咬住冰面并最大限度地将腿展直(膝、踝和髋)。

（4）使用新式冰刀在蹬冰结束时,重心移至冰刀前半部,并使踝关节环屈蹬冰腿充分展直,完成侧蹬冰动作(此时刀跟脱离冰鞋)。

2. 常见的错误动作

（1）重心起伏大,不能保持平稳滑行姿势。

（2）用刀尖蹬冰。

（3）后蹬冰,蹬不上冰(蹬冰结束时出现滑脱现象)。

（4）浮脚冰刀着冰后承接体重过快,使左腿不能有效蹬冰。

（5）蹬冰结束时,左肩、左髋下沉,滚肩,破坏两肩和臀部的平稳性。

（6）左腿不能展直,蹬冰幅度很小,只起过渡性支撑滑行作用。

（五）右脚冰刀着冰动作

右脚冰刀着冰动作的分界时机是左腿蹬冰结束至冰刀离冰止。

1. 动作规范要求

（1）着冰点应在支撑脚冰刀左前方(靠近支撑脚冰刀),沿弯道滑行方向(贴近弯道切线方向），使着冰脚冰刀准确地落在重力与离心力的合力点上。

（2）刀尖抬起朝着切线方向，以刀跟内刃先着冰。

（3）右腿以前跨动作使膝部朝着弯道滑行方向，并保持右脚冰刀着冰后的小腿向左倾斜度，以轻捷、自然的动作顺势完成着冰动作。

2. 动作要点

（1）沿弯道滑行切线方向着冰。

（2）以刀跟内刃先着冰。

（3）保持左脚冰刀着冰后的小腿向左倾斜度（着冰脚应尽量靠近支撑脚冰刀）。

3. 常见的错误动作

（1）刀跟向里或刀尖向外着冰（不能沿着切线着冰方向）。

（2）着冰脚冰刀距离支撑冰刀过远（形成向内摆打式着冰）。

（3）着冰时，刀尖不能抬起，不是以刀跟先着冰。

（4）以冰刀前半部着冰。

（5）着冰后即承接体重，影响蹬冰效果。

（6）不是以内刃着冰，而是用平刃，甚者用外刃着冰，不能保持适宜的左倾姿势。

（六）单支撑右腿蹬冰动作

单支撑右腿蹬冰动作的分界时机是自左脚冰刀离开冰面起，到左腿摆动后重新着冰止。如图4-9所示。

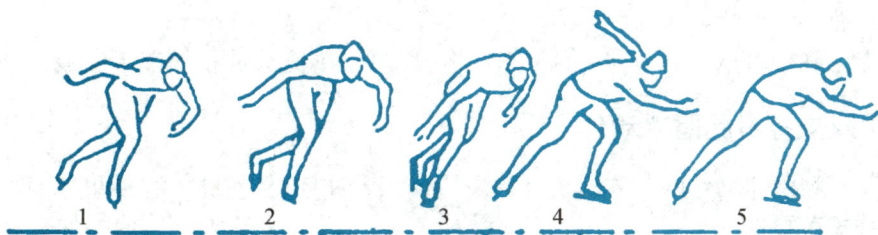

图4-9

1. 动作规范要求

（1）弯道的右腿蹬冰基本与直道相同。

（2）左腿蹬冰结束，右腿即刻蹬冰。

（3）整个身体成一线保持向左倾斜平移姿势（两肩、臀部与冰面平行），冰刀以内刃咬住冰面，沿切线方向滑行并沿弯道半径向侧蹬冰。

（4）利用冰刀内刃中部，加速完成侧蹬动作。

（5）蹬冰方法：左腿蹬冰结束时，右腿沿着弯道切线方向滑行开始蹬冰，并逐渐滑离雪线，此时身体重心却沿着另一切线方向移动（冰刀与重心运动方向不同），随右腿滑离雪线，腿部应弯曲（压膝、踝），当左腿摆收到与蹬冰腿成交叉部位时，蹬冰腿应积极展髋、展膝，向侧蹬冰。

2. 动作要点

（1）保持两肩和臀部平行向左倾斜姿势。

（2）以冰刀内刃咬住冰面，用冰刀中部向侧蹬冰。

（3）左腿摆收至与右腿成交叉部位时，蹬冰腿积极展髋、展膝，向侧推蹬。

3. 常见的错误动作

（1）蹬冰过早且时间短。

（2）重心偏前，姿势偏高，用刀尖而不是用冰刀的中部蹬冰。

（3）在蹬冰过程中两肩和臀部不能保持平行移动，身体起伏过大。

（4）向后蹬冰，冰刀刃咬不住冰面。

（5）成X形腿支撑蹬冰。

（七）左腿摆腿动作

左腿摆腿动作的分界时机是自左腿结束蹬冰冰刀蹬离冰面开始，到左腿冰刀着冰止。

1. 动作规范要求

（1）借助蹬冰结束时的反弹力和重力在股内收肌作用下摆收左腿。

（2）刀跟抬起，刀尖向下，冰刀几乎垂直于冰面，屈膝、屈髋，完成提刀动作。

（3）以膝盖领先大腿带动，沿身体重心移动方向加速摆收。

（4）在摆腿过程中，大腿做向上抬送动作，使刀尖由朝下变为与冰面平行动作。

2. 动作要点

（1）屈膝、屈髋以大腿带动摆收浮腿。

（2）加速摆动浮腿。

（3）充分利用蹬冰后的肌肉弹性和重力作用，在浮腿充分放松情况下完成摆腿动作。

（八）双支撑右腿蹬冰动作

双支撑右腿蹬冰动作的分界时机是自左脚冰刀着冰起，到右腿蹬冰结束冰刀离冰止。

1. 动作规范要求

（1）蹬冰全过程是加速完成的，此阶段展腿达最高速，右腿快速展直完成蹬冰动作。

（2）仍保持两肩、臀部与冰面平行移动，随蹬冰腿加速伸展，使蹬冰角达到最小角度。

（3）在蹬冰过程中，右脚冰刀内刃要牢牢地咬住冰面（严防在蹬冰结束阶段出现滑脱现象）。

（4）采用新式冰刀技术。当蹬冰结束时，重心移至冰刀前半部，使踝关节跖屈，充分展直蹬冰腿。此时正值刀跟脱离冰鞋，应使体重移至冰刀前部，快速完成蹬冰动作。采用新式冰刀技术的主要优点是：

第一，可以做到充分展直蹬冰腿，更好地发挥蹬冰腿肌肉的蹬冰效果。

第二，在蹬冰结束阶段，重心移至冰刀前半部（刀跟脱离冰鞋），可使体重继续控制在蹬冰脚冰刀，如同投掷选手最后用力使器械出手的动作一样，以最大功率快速完成蹬冰动作。

第三，由于在结束蹬冰时，刀跟脱离冰鞋使踝关节跖屈，可增加有效的做功距离。这种功能在于冰刀继续以内刃咬住冰面,刀尖不必外转,保持以侧蹬冰的动作方式结束蹬冰,这是传统式冰刀无法完成的技术动作。

2. 动作要点

(1)保持两肩和臀部平移,在蹬冰角不断缩小的情况下,继续完成快速侧蹬动作。

(2)以冰刀内刃牢牢咬住冰面完成蹬冰动作。

(3)采用新式冰刀技术,在踝关节跖屈的情况下,将体重控制在蹬冰脚的冰刀上,快速向侧推蹬。

3. 常见的错误动作

(1)在双支撑蹬冰阶段,右腿蹬冰时间极短的情况下即交移了重心。

(2)后蹬冰。

(3)用刀尖结束蹬冰。

(4)蹬冰结束时,右脚冰刀内刃咬不住冰,有滑脱现象。

(5)不能保持两肩和臀部平移,身体起伏过大。

(6)上体过早地移向新的滑行方向,形成肩向里、臀向外的错误姿势。

(九)左脚冰刀着冰动作

左脚冰刀着冰动作的分界时机是自左脚冰刀的外刃着冰起,到左脚冰刀完全承接体重,右腿蹬冰结束冰刀离冰止。

1. 动作规范要求

(1)左腿前送到位。要做到展膝屈踝,将刀尖抬起。

(2)左脚冰刀以外刃、冰刀的后部先着冰。

(3)沿着弯道标记的切线方向着冰,以便向贴近弯道标记滑进。这一技术可延长蹬冰距离。

(4)着冰动作要做到前冲、迅速,并与快速结束蹬冰动作配合,做到同步协调。

2. 动作要点

(1)左腿前送到位,做到展膝屈踝,刀尖抬起。

(2)左脚冰刀以外刃沿弯道切线方向,用冰刀的后部先着冰。

(3)着冰动作要做到前冲、迅速,与蹬冰动作同步协调。

3. 常见的错误动作

(1)左脚冰刀着冰即承接体重,致使右脚不能完成有效的蹬冰动作。

(2)以左脚冰刀前部先着冰。

(3)不是以外刃而是用平刃,甚至用内刃着冰。

(4)着冰点距右脚冰刀较远,降低了蹬冰效果。

(5)刀尖向外、刀跟向内,或刀尖向内、刀跟向外着冰。

(6)不是沿弯道标记的切线方向着冰。

(7)左腿膝盖向内成X形腿着冰(通常称为反支撑现象)。在初学者中,常出现踝关节立不起的"倒踝"着冰动作。

（十）摆臂动作

弯道摆臂可保持正确的滑行姿势,在抗衡离心力中起到应有的作用,并可协助腿部有效地完成蹬冰动作。弯道滑跑技术动作不同于直道,两腿动作是不对称的。因此,两臂的摆动也不尽相同。弯道右臂摆臂目的与直道基本相同,主要作用在于控制身体重心和增加前冲力,起到加强推进力作用。因此,在弯道滑跑中要始终摆右臂。左臂通常是贴近身体小幅度摆动或者背臂,主要起协调作用。

1. 动作规范要求

（1）前摆时要朝着弯道弧线方向（切线方向）,以便贴近雪线滑行。

（2）臂要贴近身体并经过髋部前摆,手要沿弯道弧线前摆。

（3）前摆至最高点时,要使手、鼻、膝、刀四点成一线位于左支撑腿膝盖的中线上。

（4）右臂摆至前高点的标志是:手摆至颌下,肘关节成150°—170°角。

（5）后摆时同前摆一样,要贴近身体经过髋部,与弯道弧线一致,不要向外摆臂。

（6）手臂摆至后高点时,臂要展直,手可摆至稍高于头部的位置。

（7）摆臂要与腿部协调配合,肩部要保持平稳。

2. 动作要点

（1）与左腿蹬冰协调配合,贴近身体前后摆动。

（2）摆至前高点时,手、鼻、膝、刀四点成一线,位于左支撑腿膝盖的中线上。

（3）摆至后高点时,臂要展直,手可摆至稍高于头部。

（4）保持肩部平稳,不要有任何翻、扭动作。

3. 常见的错误动作

（1）向侧摆臂而不是前后摆动。

（2）臂腿动作不协调,出现臂过于领先或滞后于腿动作,在摆动中有停顿现象。

（3）臂摆动方位不正确,手臂摆至前高点时过低或过高,超过身体中线。

（4）摆臂与蹬冰动作不协调而出现摆臂无力。

（5）臂部的肌肉紧张,屈臂或直臂摆动。

（6）出现向内摆时上体向内扭动,向外摆时翻肩、上体向外扭转现象。

4. 左臂摆动动作规范要求

（1）左臂贴近身体,前臂围绕肘关节作前后摆动,肩关节只做微小动作。

（2）前摆至最高点时,肘关节约成45°角,手不要超过身体中线,并位于颌下。

（3）后摆至最高点时,肘关节展直或微屈,手不要超过臀高。

（4）左臂摆动要与蹬冰动作协调配合。

（十一）全身配合

弯道滑行不同于直道,没有自由滑行阶段,要求两腿不间断地对冰面施加压力,并时时克服离心力。这就要求两腿、臂与腿、上体与腿协调配合,形成舒展、流畅、有节奏的全身配合动作,以完成弯道的核心技术——蹬冰动作。

（十二）进、出弯道技术

弯道滑跑是最重要的加速区段。正确地掌握进、出弯道技术和弯道滑行技术，可在滑出弯道时大大增加滑跑速度。进、出弯道技术的主要任务是：顺利地滑进和滑出弯道；充分利用弯道滑跑增加速度的因素（动态压力、离心力作用），处理好滑速、倾斜度和圆弧之间的合理关系，做到深入弯道、紧贴雪线、晚出弯道（滑足弯道距离），从而达到增加滑跑速度的目的。

1. 进弯道技术

1）动作规范要求

（1）作好进弯道准备。在进入弯道前的2—4个滑步开始摆右臂，以增加滑速，适应弯道滑行的动作节奏，目视弯道方向，做好团身动作，以利于身体向左倾斜。

（2）右腿滑入弯道。右腿在距弯道雪线0.5—1米（短距离1—2米）处朝前直接滑入弯道，右脚冰刀以内刃咬住冰面向弯道外侧蹬冰，将身体推向弯道雪线方向。

（3）左脚冰刀以外刃沿切线着冰。牢牢咬住冰面，使身体与腿成一线向左倾斜（上体、左膝、冰刀与弯道切线方向一致），并沿着弯道半径方向侧蹬，从而完成由直道转入弯道的滑行。

2）动作要点

（1）进弯道前。摆2—4次右臂以增加滑速。

（2）目视冰线。团身，上体左移。

（3）右腿入弯道。内刃咬住冰面向弯道外侧蹬冰。

（4）左膝朝向雪线方向。左脚刀贴近弯道，以外刃咬住冰面。

2. 出弯道技术

出弯道技术的任务是合理利用弯道滑行，提高惯性速度，顺势甩出弯道而滑入直道。进入直道后的最初几步有明显放慢节奏的变化，通常被视为运动员滑跑过程中的调整和憩息。

1）动作规范要求

（1）出弯道点。根据距离长短、速度快慢和内外弯道不同确定出弯道点。由内弯道滑出或滑跑短距离进入换道区时，可稍离雪线出弯道；由外弯道滑出而进入换道区里，均应贴近雪线出弯道。

（2）右腿先出弯道。右腿做最后一次克服离心力侧蹬冰动作滑入直道。

（3）左腿完成最后一次蹬冰后。要直接前提大腿，向着直道摆腿，并准备着冰承接体重，此时上体应与直道方向一致。

（4）滑出弯道后。右臂继续摆动2—4次。

（5）进入直道。最初几次蹬冰应长而流畅，以便利用惯性调整好直道滑行技术。

2）动作要点

（1）用右腿完成最后一次克服离心力的蹬冰动作滑出弯道。

（2）出弯道的最初2—3个滑步要长，并继续摆右臂2—4次（前后摆动）。

（3）左腿向着直道方向，以前提方式直接摆收腿。

（4）上体要充分放松且与直道方向一致。

第三节 起跑与终点冲刺

起跑是滑跑的开始，起跑的任务是使运动员在尽可能短的时间内，达到个人项目最高滑跑速度。起跑对于短距离500—1 500米项目尤为重要。因此，要求运动员快速地反应、有效地起动和尽快地获得最高速度。起跑技术是由起跑姿势、起动、疾跑和衔接四个部分构成的。

一、起跑姿势

起跑姿势按运动员站立姿势可分为正面起跑和侧面起跑，按运动项目距离可分为短距离起跑和长距离起跑。

正面起跑：包括正面点冰式起跑、丁字式起跑和蛙式起跑。

侧面起跑：两刀平行与起跑线成一定角度的侧向站立，这种姿势在20世纪五六十年代曾被广泛采用。

短距离与长距离起跑的主要区别：短距离需要第一步快速起动，具有很强的爆发力；长距离则需要较舒服的、第一步不必做爆发力很大的快速起动。然而两种起跑按规则要求都需要有一个稳定的起跑姿势，这样才能在鸣枪后做有效的起跑出发动作。

（一）正面点冰式起跑

（1）前脚冰刀与起跑线约成45°角，刀尖切入冰面，刀跟抬起保持稳定不动。

（2）后刀用平刃或内刃置于冰面，两刀间距略大于髋，两刀开角约在90°—120°，后刀刃应牢牢咬住冰面，以便起动时后脚冰刀快速发力。

（3）上体直立，两臂自然下垂，目视前方，体重大部分落在后腿上。如图4-10所示。

图4-10

（二）丁字式起跑

丁字式起跑方法与点冰式起跑基本相同，其主要区别在于丁字式起跑两冰刀是以平刃在冰上支撑站立,重心位于两冰刀中间,即体重较均匀地置于两腿;丁字式起跑的"预备"姿势,身体重心略有前移,但不能将体重大部分移至前脚冰刀,否则将因重心过分前移而出现冰刀滑动现象。目前,使用新式冰刀比赛时,通常采用丁字式起跑姿势。

（三）蛙式起跑

蛙式起跑又称为蹲踞式起跑,在国内比赛中有些人采用,但在国际大赛中已很少见。可是,自新式冰刀采用以来,在1998年日本长野第18届冬奥会上有的运动员采用了蛙式起跑,这与新式冰刀不宜采用点冰式起跑有关。蛙式起跑的主要技术特点是:在预备姿势中,有利于身体重心前移,能形成牢固的重心前冲的"预备"姿势。在今后的国际大赛中,可能会有更多人选用这种起跑姿势。

运动员在起跑线与预备线之间,两脚冰刀距离起跑线50—70厘米,与滑跑方向成55°—60°角,以外八字形直立站好,两刀跟相距约5—10厘米。

二、起动技术

起跑的第一步为起动,是指浮腿向前摆动迅速跨出着冰、后腿快速用力蹬离冰面而言。起动动作完成标志着起跑动作的结束和疾跑动作的开始。起动技术完成得好坏,直接决定起跑动作的效果。

（一）动作规范要求

（1）迅速向前上摆动浮腿,并使前脚冰刀尽量外转。

（2）身体重心偏前,呈前冲姿势,快速用力蹬直后腿间,两刀抬离冰面,身体有个腾空阶段。

（3）两臂配合腿的蹬踏动作,屈肘作小幅度快速摆臂。

（4）髋要随重心移动而前送,外转的前脚冰刀以内刃踏切动作迅速着冰,并使刀跟落于前进方向的中线上。

（5）采用蛙式起跑,直接向前摆动浮腿,浮脚冰刀无须做外转动作。

（6）采用蛙式起跑,两手迅速撑离冰面,两腿同时用力蹬冰,并快速前摆浮腿。

（二）动作要点

（1）起动前身体重必须前移,体重主要由前脚刀支撑,这种姿势有利于起动发力。

（2）后腿快速用最大力量蹬冰,鸣枪后要集中全力做出快速反应和起动动作。

（3）重心尽量前送,使躯干呈明显"倾射"状,以便发挥最大蹬冰力量。

三、疾跑技术

疾跑技术是起跑技术的重点,方法有三种:切跑法、滑跑法和扭滑法。在长距离比赛中多用滑跑法,中、短距离比赛多用切跑法和扭滑法。

疾跑段的距离以短为佳,一般为30—40米。疾跑段分为三个小阶段,即起速段、加速段和最大速阶段。

四、衔接技术

衔接技术是指疾跑之后,以3—4个滑步为过渡性滑跑段落,利用滑跑惯性将疾跑中已获得的速度转移到正常途中滑跑,同时也是运动员在疾跑转入途中滑跑后保持已获得的惯性滑速中的调整性休息。如图4-11所示。

图4-11

(一)动作规范要求

(1)在过渡性段落滑跑中,有一个明显的平刃滑行阶段,然后过渡到内刃支撑并形成稳固的支点,标志着转入了途中滑跑。

(2)明显地增加了滑行距离和滑行动作的幅度,完全向侧蹬冰并提高向水平方向的蹬冰力量。

(3)以自然协调流畅的动作完成由疾跑向途中滑跑的过渡阶段。

(二)动作要点

(1)增加滑行距离和动作幅度。

(2)在过渡滑行阶段,应以自然协调流畅的动作转入途中滑跑。

第五章

花样滑冰

第一节 概　述

在花样滑冰技术发展过程中，人们将生物力学、解剖学等科学知识运用于花样滑冰运动，使其技术得到不断的提高，科学地促进了这项运动的发展。

在我国花样滑冰技术训练中曾遇到过许多问题，经历了世界其他国家技术发展和认识的全过程。初期，我们的跳跃技术像冰上旋转一样，用旋转的技术做跳跃，因此动作无远度，落冰困难，仅能完成简单的跳跃，这与其他国家的初期发展过程是一样的。后来进入到一周半跳的难度时，仍带有旋转的技术概念，一周半跳的起跳阶段，两臂采用一前一后的准备动作，预先向跳跃的反方向用力摆动身体，认为如此就可获得较大的旋转力，同时对其他地跳也是抱着这种概念，起跳前必须先向旋转的反方向用力摆动，然后再起跳。当时跳跃技术训练的指导思想是"尽量向高处跳，只有跳得越高，才能获得越多的周数"，因此，当时我国运动员跳跃的起跳角度都在50°以上，水平速度低，空中飞行距离极短，动作难以完成。在点冰类的跳跃中，我们一直采用"夹腿"技术，也就是双腿同时用力起跳，对摆动腿和起跳腿认识不清，技术发展受阻。20世纪70年代前，我们的最高难度只能完成勾手（Lutz）两周跳，这是经过多年才完成的唯一点冰类型的跳跃动作，后外点冰和后内点冰两周跳则无人完成。本来后外点冰跳是跳跃中最简单、最易完成的动作，但受当时的技术和认识水平的限制，难以完成，因为"夹腿"技术无法使浮足向起跳方向摆出，也无法使身体预转。直到20世纪70年代初，这种认识还影响着我们，运动员完成后外点冰跳时，会出现落冰落在点冰点前面的怪现象。不但没向运动方向抛出，相反又向反方向跳了回来，转体和浮足摆动方向不一致。

任何一种专业技术必须有一套正确的理论作为基础，这样才能促进技术的发展，只有用正确的技术理论武装教练员及运动员的头脑，使其具有分辨正确与错误技术的能力，才能在世界花样滑冰技术发展进程中有我们自己的见解，不会盲从他人。用科学理论指导技术训练会达到事半功倍的效果，花样滑冰技术动作过去包括规定图形和自由滑（包括短节目）两大类。国际滑冰联盟作出决定：在世界比赛中，取消规定图形项目比赛。我国也随国际规则的规定，提前一年取消了这种比赛，因此，这类技术训练也从训练中消失。不过在步法训练中，在冰舞训练以及初级训练中，图形主要部分的技术训练还是不可缺少的，这是因为自由滑的步法是由图形的主要部分衍生出来的。

花样滑冰的技术动作主要是指自由滑和短节目中所包括的各种动作，有下列四类：跳跃、旋转、步法和姿态。

在自由滑中，跳跃动作占主导地位。另外，自由滑的难度总是以跳跃动作为指标，跳跃动作是自由滑技术动作的核心，因此，运动员和教练员对跳跃动作投入的精力和时间最多。

旋转在自由滑中占第二位，也是容易掌握的动作，但它最代表花样滑冰这项运动的特色，对花样滑冰的艺术表现有其独特的功能。目前，在世界比赛中，旋转向联合多变方向发展，包括姿势、足和刀刃的变化。

步法除连接自由滑的各种动作，使其形成有机整体之外，还有独特的表达音乐主题的功能,特别是连续步是表达音乐的有效手段,因此,步法是技术和艺术表现不可缺少的部分。

舞姿是用身体的姿态表达音乐主题和感情,它与跳跃、旋转和步法相结合以提高动作的艺术表现力,各种优美的舞姿还可以独立创造出各种优美的形象,增加艺术感染力。

从上述四大类动作看,其中最典型的技术就是空中和冰上的转体技术,因此在理论探讨中,主要解决以下几个问题:怎样能转起来? 怎样能转得快? 怎样能转得稳? 怎样能转得周数多? 这是我们在训练实践中所遇到的最普遍的问题。此外,对其他有关问题也进行简单的阐述,希望对读者有所裨益,也希望运动员和教练员重视理论方面的研究与探讨。

第二节　跳跃动作的原理与标准 ➡

一、跳跃动作的正确概念与原则

跳跃动作在自由滑中占主导地位,也是最难掌握的一类动作,运动员和教练员为了在比赛中能够取得胜利,不得不在这类动作上投入极大的精力和时间,尽管如此,有的运动员由于身体条件的限制,终其一生,也不能达到跳跃的最高难度水平。

一个好的跳跃动作应做到快速的助滑、稳定有力的起跳、合理的阶段技术、用刃清楚、一定的跳跃高度和远度、正确的空中旋转姿势、落冰稳定、滑出流畅、姿势优美。

为了达到上述要求,首先要对跳跃动作有个正确的认识和理解。

(一)花样滑冰跳跃动作的实质

花样滑冰的跳跃动作与陆地其他竞技项目的跳跃不同,陆地项目是以高度或远度为指标,而花样滑冰的跳跃动作却是以在空中旋转的周数作为难度指标,高度仅是完成空中转体周数的保证,也是表现一个动作的质量标准,但绝不是难度标准。实质上,花样滑冰的跳跃动作是跳与旋转的巧妙结合。运动员在跳的基础上获得合理的旋转冲力是花样滑冰技术训练的主要内容。

高度是由垂直向上起跳用力而获得,旋转冲力是另一种不同的力,因此,跳得高绝不意味着转体的周数多和旋转的速度快。空中停留时间的长短改变不了旋转的冲力和旋转的速度,无旋转冲力地跳就无空中旋转的周数,在训练中正确理解这两个力,对指导训练是非常有益处的。

为了理解上述问题,可用实例说明:在蹦床训练中出现下列有趣的现象。运动员认为,在蹦床上弹起比冰上多几倍的高度,一定能转更多的周数,可是事与愿违,提高的周数并不比冰上多。这充分表明,运动员所具备的旋转冲力决定空中旋转的周数,此力消耗掉之后,就不会继续转了,高度是无法帮忙的。

跳和转的结合要进行专门训练,在跳的基础上改进运动员绕纵轴旋转的技巧是练习跳跃动作的实质。练习中学会增加旋转冲力的技术,在获得足够的旋转冲力同时保证旋转轴的稳定性,这是花样滑冰跳跃动作的训练目的。

（二）正确理解水平速度和垂直速度在完成跳跃动作中的作用

垂直速度和水平速度是身体重心在空中移动的两个基本参数，垂直速度由运动员发挥腿部的弹跳力而获得，它与空中停留时间和高度有其一致性。因运动员获得了一定的垂直速度，人体可在空中停留一段时间，使跳跃具有了一定的高度，因此知道其中一个参数就会知道另外两个参数。由于人们腿部弹跳力具有一定的局限性，因此跳跃高度、空停时间、垂直速度也有一定的局限性。垂直速度的增加是以厘米计算的，潜力不是太大。水平速度随训练年限增加而技术不断提高（统计以米为单位），因此，提高水平速度比提高垂直速度的潜力大。由于起跳速度由垂直和水平速度构成，起跳速度大小直接涉及动作的质量，所以提高起跳速度的关键是水平速度。因为水平速度是极容易提高的数值，为了增加这个速度就必须首先提高滑行速度，提高水平速度是我们训练中重要的指导思想，一定要改变"只求高度"的训练观念。

水平速度是提高旋转冲力的重要保证，而垂直速度无法解决这个问题，只有努力提高水平速度，才能获得足够的旋转冲力完成高周跳跃。这就像我们平时开门一样，都是水平方向拉门把手，绕门轴旋转，这样才能把门打开。如果门把手向下或向上拉都不会使门转动起来。因为，水平冲力是旋转冲力的动能来源，所以日常训练中一定要记住：在弹跳力一定的情况下，应努力提高水平速度，以此获得较大的起跳速度和旋转速度（水平速度大，倾角大，可形成较大的旋转力矩，为空中旋转准备足够能量）。提高水平速度的前提条件是正确的跳跃技术，如果技术不正确，则速度越大，摔得越狠。

（三）跳跃动作的技术阶段性和节奏性

花样滑冰的跳跃动作是由不同的技术阶段和时期构成的，一名运动员如果想完成一个优美的动作，首先必须清楚地了解这个动作由哪几个技术阶段和时期构成、它的时空特点、各阶段的基本技术和各阶段的基本姿态。只有如此，训练才会有目的性，才会有具体的技术要求和教学方法，最后才能快速形成完美的动作技术，达到高质量的要求。研究发现，在跳跃动作的起跳阶段，必须分为两个时期——下摆期和上摆期，它们的技术内容是完全不同的，概念绝不能混淆。下摆期虽然动作简单，但很容易被侧摆代替，准确地向下摆动动作是很难掌握的，在训练中一定要重视这两个时期的技术要求和差别（这也是我们与国际流行技术要求不同的地方）。

动作各阶段和时期的技术内容不同，占有时间也不同，它们的时间比就形成了动作的合理节奏，因此动作的阶段性和时期与节奏性是统一的、有次序的，只有按次序完成各技术阶段的基本技术内容，保持正确的姿势，才会使动作有明显的节奏。在完成动作的过程中，缺少任何一个技术阶段和时期都会破坏动作的节奏，导致动作失误或质量不高，从外观看就是动作失去平衡和缺乏节奏或节奏不正确。因此，在训练中，一定要重视正确地完成各技术阶段的基本技术内容和要求，保持各阶段的正确姿势，以掌握各技术阶段的基本技术和基本姿态为训练的主要目标，改变过去只以单足落冰为训练指导思想的错误概念。

（四）技术动作的依次性和协调一致性

在跳跃动作中最复杂、最难的技术阶段是起跳阶段的下摆期和上摆期，提高对下摆期和上摆期技术的认识是动作成功的保证。

在刃类型跳跃的上摆期包括蹬、制动、摆、预转四项基本技术内容,在点冰类型跳跃动作的上摆期包括撑跳、上摆、预转三项基本技术内容,它的制动技术是在下摆期。在短暂的时间内清楚地完成上述几项内容是相当困难的,因此它们是完成跳跃的关键部分。虽然技术内容多,但必须要依序完成,使动作具有流畅性和稳定性,在训练过程中,必须明确这种依次性和协调性,如果脱节则不转,也易失去平衡,如果次序不对则会导致动作失败或无力。

关键部分的技术是这样,整个动作的各技术阶段的依次性和协调性也是如此,它们都是因果关系,如果某一部分出了问题,必须从前一阶段去寻找原因。

(五)四肢摆动的对称性和整齐性

花样滑冰跳跃动作的难点是受冰刀制约,必须在保持平衡的条件下,才能正确地完成跳跃动作平衡是完成跳跃的首要条件,只有在此条件下,运动员才能将力量用在刀刃上,否则即使用了极大的力量,也是无效的。为了满足平衡的要求,四肢摆动必须对称、整齐,保证重心的移动与冰刀的滑动方向相吻合。因此,每个动作的结构和完成方法都应符合对称、整齐的原则,两臂的摆动必须由后向前(或相反)对称、整齐地摆动,摆动的幅度小而快是高难跳跃动作的特点。两臂摆动要放松、伸直,保证摆动半径的一致性,这是摆动的基本技术要求。四肢下摆至最低点时由于离心力的作用而被拉直,只有放松摆动,身体的近端带动远端,才能保证鞭打技术达到上述要求。

(六)鞭打与小幅度摆动技术

在跳跃动作的发展过程中,曾一度错误地认为四肢摆的幅度越大,越有利于起跳,在空中转的周数就会越多。结果在起跳时,拼命地提高四肢摆动的幅度,到空中尽量展开四肢,这样不但容易破坏平衡,而且对空中增加转体周数也是无效的,因为展收四肢仅仅能改变身体的旋转速度,绝不能增加旋转的动量矩。在起跳瞬间所得的动量矩的大小是决定空中旋转周数的关键,因此在动量矩一定的情况下,四肢摆动的幅度越小越容易在短时间内将其收紧,进入高速转的时间就越早,完成多周跳就越容易。根据上述原理,在训练中不要采用大幅度摆四肢的技术,而应采用小幅度快速的摆动技术;但在低周数跳的技术中,完全可采用大幅度摆动技术。所谓大幅度摆动是指摆至空中充分展开四肢以后再收四肢。小幅度摆动技术的实质是摆中有收,依然要直臂摆,不要屈臂,摆幅不超过水平位。

跳跃的摆动包括起跳的摆动和预转的摆动,研究中发现,在跳跃技术中,"鞭打"技术是最有效的摆动。所谓"鞭打"技术就是用身体的近端带动远端,就像甩鞭子一样,为了完成此种技术,四肢在摆动过程中必须放松。一周半类型跳跃时的两臂和浮足摆动是此种技术的典型代表。

在所有跳跃动作的预转过程中也都采用"鞭打"技术,该动作是用躯干带动四肢,而不是摆动的四肢带动躯干。这就像货郎鼓一样,先捻动中间的小鼓,小鼓转动带起两侧的线锤击鼓。起跳预转时动作类似货郎鼓,先摆动的是身体,两臂和浮足随之摆起,摆开的同时,两臂尽快收向身体的转轴。

鞭打动作的快速而有效,有利于动作的平衡。鞭打过程要符合四肢的对称和整齐的要求,两臂要靠近身体摆动,摆起后两臂不要超过肩高。在高周跳跃中两臂摆起即开始收臂。

对初级训练来说,除正确的姿势之外,两臂与上体自然而放松的摆动练习是重要内容之一。

(七)跳跃动作的身体素质保证

为了满足各技术阶段的特殊姿势和动作结构的要求,必须要有一定的身体素质作保证,否则难以达到正确的技术要求。

身体素质的发展与技术的发展要相适应,一定的技术难度必须要有相应的身体素质作保证。

爆发力是完成跳跃动作的关键素质,爆发力的强弱,直接影响着跳跃的高度。世界优秀运动员的三周跳高度(冰上),男子平均为0.47米,女子为0.41米,为了完成优美的跳跃动作,必须达到这个指标。

在训练中应切记,身体素质和技术水平是密切相关的,不应单独追求某一方面。

二、跳跃动作的分类

(一)分类依据

跳跃动作是运动员在冰上用不同的方法跳起,在空中沿身体纵轴进行旋转,然后用单足落冰滑出的动作。空中转体从180°—1440°,从半周到四周,动作共有100多种,对这样繁杂多样的动作进行研究和训练会有很多困难,因此,科学分类才能更有效地进行研究和训练。

根据跳跃动作的技术分析,我们认为按起跳技术上的差别进行分类是科学的。依此可将当前世界流行的跳跃动作分为两大类,即刃类型跳和点冰类型跳。

按起跳技术进行分类,在基本技术上有共同的规律和特点,有利于教学和研究,这比按空中转体的角度分类更简单明了。

(二)各类跳跃的主要动作

1. 刃类型

1)向前滑行起跳

向前滑行起跳包括3字跳、一周半,两周半、三周半,上述动作也称阿克赛尔跳。如图5-1所示。

图5-1

2）向后滑行起跳

向后滑行起跳包括后内结环跳、后外结环跳、沃里跳、姿态跳（开腿跳、弓身跳、飞脚）。

2. 点冰类型

点冰类型跳包括勾手跳、后内点冰跳、后外点冰跳、特沃里跳、姿态跳（开腿跳、弓身跳、点冰小跳）。如图5-2所示。

右前刀齿点冰，左后外刃起跳　　　　旋转三周　　　　右后外刃落冰

图5-2

三、跳跃动作的技术阶段划分

（一）技术阶段划分的意义

跳跃动作的技术阶段划分在技术教学中有其重要意义，它是揭示动作规律的第一步。没有动作的技术阶段划分，也就失去了动作的节奏性和正确的基本技术概念，即会出现技术阶段混淆的错误动作，从而影响正确安排教学步骤。

我国在技术训练中，曾对准备阶段缺乏认识，老一代运动员跳跃的准备阶段时间很短，甚至没有，因此影响动作的完成和质量。典型的向前起跳动作——两周半跳（阿克赛尔跳），我国用了20多年的时间才完成，进展缓慢是由于对此动作的技术概念不明确，技术要求不准确而造成的。对世界优秀运动员跳跃动作分析和研究的结果表明，跳跃动作准备阶段十分清楚而明显，它在跳跃动作中占有相当长的时间，例如，两周半跳的准备时间为0.29秒。因此，科学划分技术阶段具有重要意义。另外，在研究中发现：第一，在助滑和准备阶段之间有一个过渡阶段。称为"引进阶段"，这是一个独立存在的技术阶段。第二，起跳阶段由两个时期构成——下摆期和上摆期。这是两个技术内容完全不同的时期，不能混为一谈。准确掌握下摆期的技术是完成上摆动作的基础，是完成跳跃动作的关键，这两点是我国的跳跃技术训练与世界流行的技术训练区别最大的地方。

（二）技术阶段的划分与界定

1. 技术阶段划分

根据研究结果，跳跃动作应具有以下几个技术阶段：助滑阶段、引进阶段、准备（缓冲）阶段、起跳阶段（下摆期和上摆期）、空中阶段和落冰阶段。

2. 技术阶段的界定

1）助滑阶段

跳跃前的加速滑行过程。

2）引进阶段

从助滑结束过渡到起跳用刃。

3）准备（缓冲）阶段

从引进完成,滑腿深屈,到身体重心降至最低点为止。

4）起跳（下摆期和上摆期）

身体重心从最低点开始,到刀齿离冰瞬间为止。

5）空中阶段

由刀齿离冰瞬间开始,在空中飞行,到刀齿触冰瞬间为止。

6）落冰阶段

从刀齿触冰瞬间开始,到身体重心降至最低点为止。

四、刃类型跳跃各技术阶段的基本技术内容及规律

（一）各技术阶段的基本技术内容

1. 助滑阶段

助滑是滑行的基本技术,是跳跃动作的主要动能来源。

2. 引进阶段

采用转体或非转体的滑行技术,从助滑过渡到起跳的滑行用刃。

3. 准备（缓冲）阶段

（1）滑腿深屈缓冲;

（2）四肢放松预摆;

（3）沿弧线滑行姿态。

4. 起跳阶段

（1）下摆期:浮足和两臂下摆、身体姿态;

（2）上摆期:浮足和两臂上摆、滑足蹬直、制动、预转、身体姿态。

5. 空中阶段

（1）重心转移;

（2）收四肢、展四肢;

（3）正确的开腿或反直立旋转姿态。

6. 落冰阶段

（1）垂直缓冲——踝、膝、髋深屈;

（2）旋转缓冲——展开臂与浮足;

（3）沿弧线滑行姿态。

（二）各技术阶段的基本技术规律

刃类型跳包括向前滑行和向后滑行起跳,目前世界流行的主要动作有一周半类型跳、后内结环跳、后外结环跳。下面以一周半跳为例进行技术分析。

1. 助滑阶段

助滑是跳跃动作的主要动能来源,助滑速度是完成跳跃动作的基本保证,也是提高动作质量和难度的关键要求。

从理论上讲,助滑速度越快越理想,但是不能无止境地快,它应符合两个基本要求:① 滑行的速度适应运动员的技术和素质水平;② 保证滑行的正确用刃和稳定的平衡,并能为下一阶段的技术动作创造稳定的有利条件。

助滑阶段,一般采用便于起速的步法。正确用刃能保证身体重心移动方向与滑行方向相吻合,避免刀齿刮冰,刀齿刮冰会失去所得到的动能,并破坏身体的平衡,滑行的噪声也会令人不快。

提高助滑速度是达到优质高难的第一步,因此,在训练中必须强调助滑速度。

2. 引进阶段

从助滑的最后一步进入引进阶段,它是由转体或非转体的滑行动作,从助滑过渡到起跳滑行用刃的。

引进阶段要求用刃准确、稳定,并保持原有的助滑速度。可用不同的引进步或直接过渡到起跳阶段的滑行用刃。在过渡前,有短暂的固定姿态,姿态要轻松优美,准备弧线不应滑得太长或太短,如果太长会给人一种没有信心和勉强感,太短会使动作匆忙无节奏。

一周半跳的引进步,一般采用后外刃变前外刃(外莫霍克步)过渡到准备(缓冲)阶段。

3. 准备(缓冲)阶段

从引进阶段过渡到准备阶段,滑腿深屈,身体重心降至最低点。

准备(缓冲)阶段在整个跳跃中占有一定的时间,如两周半跳的准备(缓冲)阶段时间为0.29秒,该时间几乎与起跳的总时间相等,这足以说明准备阶段是跳跃动作不可缺少的技术阶段之一,没有良好的准备(缓冲)就不会有稳定和高质量的起跳。因此在训练中,应提高对此阶段的认识,明确其训练的技术内容、手段和方法。

1)换足动作的平稳性

从引进阶段过渡到准备(缓冲)阶段,有一个换足过程,换足蹬冰时既要保证其效果,更重要的是保证平稳。为了达到这个目的,必须做到如下几点:

第一,采用推冰换足稳定滑出技术,不应采用激烈的蹬冰动作换足。

第二,换足时要选择好出刀角度,使身体重心的移动方向与滑行方向保持一致,刀的滑行方向是在助滑和蹬冰的合力方向上。

第三,冰刀的支点与身体重心要在一个垂直面上同时移动,支点在刀的后半部(向后滑时在冰刀的前半部),要紧靠滑足换足,不要跨步换足。

2)合理的角度

无论向前滑或向后滑,身体的倾角要合理(人体与垂直方向所成的角)。例如向前滑行起跳,上体倾角仅有5°,而滑腿(从髋到支点)倾角达25°,甚至更大,从外观看,上体是直立的,仅是滑腿倾倒。倾角决定用刃的深浅、动量矩的半径大小,以及起跳的效果和滑行的稳定性。优秀运动员用刃都很深。

滑腿充分的倾倒和深屈,上体基本保持直立状态,这是滑冰特有的姿势,因此,在日常训练中,要有意识地加强这种姿势结构的用力练习,否则在冰上就无法使这部分肌肉发挥更有效的作用。身体素质的练习要紧密结合专项动作的结构,结构决定功能。一般水平较低的运动员难达到较大的倾角,因此表现用刃浅,起跳效果不佳,易失去平衡。倾角越大,用刃越深,稳定性越好,这是优秀运动员最突出的表现。

3)两臂和浮足的摆动

准备(缓冲)时,起跳腿迅速稳定地下屈,髋、膝、踝构成相应的合理角度。此时两臂要伸直,同时对称的向后摆动,摆动路线要靠近身体,肩臂放松,这种对称的摆动方法有利于上体的稳定。目前,两臂后摆的技术(一周半类型)已被大家接受,代替了一前一后的两臂摆动技术。摆动幅度不要大,不要破坏滑行的平衡。直臂摆动技术是身体的近端带动远端的鞭打技术,因此要求两臂尽量放松。

换足后,蹬冰足成为浮足自然留后,准备(缓冲)结束的瞬间达最远点和最高点。为提高摆动的效果,浮足小腿自然留后,放松,并折叠,膝内转,保持在滑线上,只有充分完成弓步后,才可做折叠小腿的动作(大腿不动),这是两个动作,不可同时完成。这种姿势可为起跳的"鞭打"动作做好充分的准备,有利于提高起跳的摆动速度、增加起跳力量和掌握准确的起跳时间。

4)肩、髋的正确姿势

在准备(缓冲)弧线上滑行时,肩、髋要正对滑行方向,两肩基本保持水平,达到肩平、髋平、上体直立的姿态。为了能保证这一稳定的姿势,肩与髋的转动角速度和冰刀沿弧线滑行时的角速度要保持一致,这样不仅能保证滑行的稳定性,更重要的是保证了起跳方向的正确性和有效性。肩轴与滑行弧线切线成直角。

总之,在准备(缓冲)阶段肩、髋不要出现任何附加的扭转动作,浮足在滑线上,两臂在滑线上靠近身体并放松,保持稳定的平衡滑行,用刃纯正,身体重心的支点在冰刀的后方。

向后滑行起跳的跳跃,后内结环跳的准备(缓冲)动作与向前滑行起跳一周半、两周半一样,差别仅是用后内刃滑行。后外结环跳的准备(缓冲),浮足在身体前方的滑线上远伸,用后外刃滑行,其他技术阶段划分与要求与向前起跳相同。

4. 起跳阶段

起跳阶段是跳跃动作最复杂、最难掌握的阶段。以一周半跳类型为例,起跳是由下摆期和上摆期两部分构成的。下摆期只是两臂和浮足下摆,别无其他。上摆期由蹬直滑腿(蹬跳)、制动、两臂和浮足上摆、预转技术组成。

1)下摆期

两臂和浮足从身体的后方,用身体的近端带远端,放松下摆至重心投影线,此称为下摆期。

(1)两臂与浮足下摆的鞭打技术

准备(缓冲)阶段,已为两臂和浮足的下摆准备好了充分的条件,到下摆期,用身体的近端带远端,两臂与浮足积极主动地下摆至重心投影线,此时冰刀对冰面的压力达最大值。压力的大小与摆动的幅度和速度成正比,压力越大,腿部肌肉的紧张程度就越大,因而可以增加起跳的效果。采用鞭打技术会使运动员得到一个明确有力的起跳信号。

两臂和浮足下摆是一个连续快速的动作,不能有任何间断或消极的直接"拿"腿或臂,如果出现上述问题就会造成摆动缓慢无力,甚至失去平衡,影响起跳的以后阶段技术。为此,两臂和浮足要尽量放松做出像甩鞭子一样的摆动动作——"鞭打"技术,用身体的近端带动远端,将两臂和浮足摆至身体的垂直位置,此时由于离心力的作用将浮足和两臂拉直。在摆动过程中,两臂靠近身体摆动(因上体基本直立),浮足与滑足保持相应的距离(因滑腿倾斜),滑腿保持原有的滑行方向和曲度。这样,运动员可获得正确的起跳时间和方向。

（2）下摆期的上体姿势

下摆期,上体依然保持准备(缓冲)阶段的肩、髋平行于冰面直立的姿势(上体倾角约为5°),不能有任何转体动作。此时最易出现的问题是身体过早地开始预转,这是在想获得较大"转动力"的错误心理支配下而产生的,此时,运动员浮足与两臂易出现向体侧抢摆的错误,引起身体转动,造成起跳失去平衡或预转无力。

为了保持下摆时的平衡,滑腿的倾角要比准备(缓冲)阶段大一些,应大于30°以上(两周半跳)。四肢,尤其是浮足离制动所形成的转轴半径增大,动量矩增加。此时,最重要的是继续保持原有的滑行方向,保持缓冲时的肩和髋的姿态,没有任何转动,重心投影与支点距离达最大值。滑腿倾角越大,速度越大,则动量矩越大,稳定性越好。下摆结束时,浮足伸直与滑足保持相应的距离并平行(因滑腿倾倒),两臂紧靠身体(因身体是直立的),整个身体处于直立姿势,滑腿依然保持原有的曲度,这是下摆结束时最关键的姿势要求。

（3）下摆期的有关参数(两周半跳)

滑行速度:与准备(缓冲)阶段基本一致。为了两臂摆动与浮足摆动速度协调一致,待浮足开始做鞭打动作时,两臂同时直臂鞭打下摆,可达到起跳一致的目的,从而保持平衡。

后内结环跳的下摆期基本与向前滑行起跳动作规律相同,下摆结束时,依然滑较直弧线,滑腿保持原有的深屈,没有再次下蹲或站起动作(这是运动员最容易犯的毛病),身体无任何转动,浮足伸直与滑足保持相应的距离并平行,两臂紧靠身体并伸直,身体处在直立位置,这是下摆期的关键技术和姿态要求。后外结环跳浮足无下摆过程。其他要求与向前起跳是一致的。

2）上摆期

两臂和浮足从身体重心投影线开始,沿切线方向向上摆动,摆至水平位置,滑腿充分踏直、制动、预转,此称为上摆期。

上摆期是起跳阶段技术最复杂的部分,是水平力、垂直力和旋转力的结合点,在极短时间内需协调完成蹬直滑腿(蹬跳)、制动、两臂与浮足上摆、预转四项技术内容。

（1）蹬直滑腿

滑腿从深屈状态快速蹬直,快速地展髋、膝、踝,缩短蹬直腿的时间,提高功率,获得较高的垂直速度。蹬跳的效果与神经系统的作用、动作的正确性、肌肉力量和收缩速度有关。蹬直过程也是缩小半径进入转的过程。

（2）制动

蹬直腿的同时开始制动。跳跃动作的起跳制动有三种形式:刃制动、齿制动、刃和齿联合制动。

前起跳动作一般是刃和齿联合制动,主要是刃制动,只是在离冰的瞬间过渡到刀齿。因为在蹬直滑腿的过程中,身体预转,使冰刀与切线方向形成相应的角度而制动,身体由倾斜变直立,最后抛向起跳方向。制动动作要快速牢固,形成稳定的转轴,这样可提高起跳和预转的效果。制动力的大小要与运动员的腿部力量相适应,否则难以发挥起跳的速度。

（3）摆动浮足与两臂

两臂与浮足伸直通过垂直位置,在腿蹬直的过程中积极上摆和前摆,摆动方向与起跳弧线的切线方向一致,摆动的高度不要超过平行于冰面的位置。在高周跳中,上摆的同时就要开始有收臂的动作,从外观看摆臂的幅度较小,我们称此为小摆臂技术,只有如此,才能达到早收臂快收臂,提前进入高速转的目的。浮足摆动要大腿带动小腿,在两臂和浮足上摆的同时,由于身体预转带动四肢向旋转方向移动,因此两臂和浮足呈螺旋状上升,稍落后于身体的转动,也就是身体带动四肢的"货郎鼓"效应,这是正确的技术,如果用四肢带动身体易失去平衡和稳定性,旋转无力。

（4）身体预转

预转的本身是提高角速度的过程,这个过程是完成高周跳跃的关键。预转时,有两种转动,即身体随起跳弧线转动和制动时身体对制动足所形成的转轴的转动。如果制动快速而牢固,角速度就会增加的快,此时身体要主动配合绕旋转轴所形成的转动力矩,向旋转方向转动,动力矩形成的角速度与身体预转的角速度要一致,过早或过晚预转都会破坏旋转的效果和平衡。预转必须在上摆期完成,两臂和浮足要跟随身体预转,决不能先于身体向旋转方向摆动,要符合"货郎鼓"转动道理。在预转中采用"鞭打"技术——身体近端带动远端,有利于旋转轴稳定和增加转速。起跳足离开冰面的一瞬间,由于预转的结果使身体转过约90°,这是合理的技术,也是制动所必需的动作,只有具有预转的角速度,到空中才能有收臂加速转动,否则不可能提高转速。

上摆的主要目的是得到垂直速度（高度）和旋转的初角速度。高度与水平速度、制动效果和腿部爆发力有关,动量矩与浮足离制动轴的距离,以及身体预转和沿弧线滑行的角速度有关。这是体现跳跃动作与旋转巧妙结合的关键时期,蹬（蹬直滑腿）、摆、制动、预转各技术要相互协调配合,蹬是制动、摆、预转的基础。

5. 空中阶段

当运动员刀齿离开冰面的瞬间,就进入了空中飞行阶段。

1）身体总重心在空中移动的特点

（1）身体重心在空中移动的有关参数

在飞行中运动员身体重心移动的轨迹是一条抛物线,运动员可围绕身体重心做各种合理的动作,产生各种补偿运动,但重心轨迹不会改变。起跳时的重心位置到落冰时的重心位置之间的连线即为跳跃的距离,也称远度（身体在运动方向上有倾斜,因此重心的移动距离稍小于远度,在实践中可以忽略这个差别）。

由于运动员的身体素质水平和技术水平的提高,滑行的速度会有较大的变化,在花样滑冰的跳跃中,助滑速度可达7米/秒以上。因为水平速度比垂直速度更容易获得,所以在训练中,要努力提高水平速度,这是增加起跳速度的捷径,也是增加旋转力矩的关键因素。运动员和教练员在这方面多下些功夫,会收到事半功倍的效果。

在运动员达到一定高度的情况下,再想提高高度是极困难的事情。因此,在爆发力达到一定水平的基础上,应在水平速度和技术上多下功夫才是正确的训练方法,一定不要片面追求高度。

（2）起跳角度

一颗炮弹射出的角度为45°，则射程最远。由于运动员受弹跳力的限制，因此，垂直速度也受到限制，而水平速度却有较大的变化空间，在垂直速度基本一定的情况下，随着水平速度的增加，起跳角度会跟着降低，也就是说，在垂直速度充分发挥的情况下，起跳角会越来越小，这是正确而又合理的技术发展趋势。

应当注意，绝对不能盲目追求起跳角度，无论是用降低水平速度或垂直速度而单纯追求45°起跳角，或降低其一而去追求较小的角度都是不合理，不现实的。只有在增加起跳速度的前提下，达到合理的起跳角度才是正确的。

2）绕身体纵轴旋转的特点

增加这个参数就意味着动量矩增加，这是旋转能量来源的基础，是获得高周数的根本，这个数据的改变会影响跳跃的全局。初角速度是在起跳的上摆过程中获得的，此时，为了获得最大的角速度必须具有最大的水平速度。总之，增加离冰时的初角速度是提高空中旋转周数的首要保证，为此必须提高水平速度。

在低周跳跃中，高速转占的时间短。在高周跳中，高速转占的时间长，占整个飞行阶段近60%，起跳后迅速进入高转速阶段，在三周半跳中最高转速可达5周/秒，平均转速为4.3周/秒。根据动量矩守衡原理，在飞行过程中，在没有外力作用下，动量矩不变。角速度改变的唯一原因是收展四肢，收四肢角速度增加，展四肢角速度降低，动量矩不变。

3）空中旋转姿势与收臂

空中的旋转姿势必须有利于旋转和落冰的稳定性。

在一周半类型跳、后内结环跳、后外点冰跳中，跳起后，身体重心将过渡到摆动腿，起跳足落在旋转方向的后方，自然形成反直立转的姿势。在勾手跳、后内点冰跳和后外结环跳中，跳起后，身体重心直接通过起跳足，形成反直立转姿势，这种自然形成的姿势有利于旋转轴的稳定性，也是落冰缓冲的最佳准备姿势。旋转轴不是身体的纵轴空中反直立转的姿势有两种：一种是插足反直立转，一种是高抬腿的反直立转。采用其中任何一种都可以，各有优点。

收臂的动作应符合离心力的方向，两臂在空中不能向旋转方向再次用力，这样做不但不能增加转速，反而会破坏旋转的平衡性。收臂的位置要尽量低一些，低姿势收臂会增加身体中部的转动惯量，提高旋转的稳定性。

在空中旋转时，旋转轴通过落冰足。高抬浮腿，低收臂的空中姿势是可取的，在水平速度不断增加的现代跳跃中，采用上述技术是合理的。

6. 落冰阶段

落冰阶段包括缓冲和滑出两部分。缓冲部分包括有垂直方向和旋转方向的缓冲。

垂直方向主要依靠髋、膝、踝的弯曲进行缓冲，减轻对冰面的冲力。旋转缓冲主要依靠展开四肢减缓身体转动速度。

垂直方向的缓冲效果主要从增加缓冲距离来减小对冰面的作用力，因此，必须先用刀齿着冰，然后迅速弯曲髋、膝、踝，由刀齿快速过渡到刀刃。

当刀齿触冰时便有制动产生，因此，先制动（极短的时间），然后才有缓冲和滑出。制动时，为了维持平衡，必须使身体稍前来抵消向滑行方向所产生的力，因此落冰时，身体稍有前倾是合理技术。

旋转的缓冲是根据动量矩守恒的原理，因此，当落冰时伸展四肢要快，要尽量离转轴远，浮足和同侧臂要在落冰足和身体的前方伸出，沿圆摆向身体的侧方。落冰足的同侧臂在体侧展开，这样可形成较长的缓冰距离，有利于角速度的降低，形成稳定的滑出姿势。有些运动员直接向身体后方伸展浮足是错误的，尤其在陆地模仿训练中，浮足直接向后伸出是错误的技术要求和训练方法。

五、点冰类型跳跃各技术阶段的基本技术内容及规律

（一）各技术阶段的基本技术内容

1. 助滑阶段
助滑是跳跃动作的主要动能来源，滑行是助滑的基本技术。

2. 引进阶段
采用转体或非转体的滑行技术，从助滑过渡到起跳的滑行用刃。

3. 准备（缓冲）阶段
（1）滑足深屈（蹲），身体重心降至最低点；
（2）浮足后引（伸），两臂在滑线上；
（3）沿后外或后内弧线滑行（弓）。

4. 起跳阶段
1）下摆期
（1）浮足与两臂下摆（摆）；
（2）浮足点冰制动（点）；
（3）滑足向后滑向点冰足（滑）。
2）上摆期
（1）身体直立站在点冰足的刀尖上，向起跳方向撑跳（撑）；
（2）两臂与滑足向起跳方向摆出（摆）；
（3）身体预转（转）。

5. 空中阶段
（1）收臂与展臂；
（2）反直立转姿势；
（3）重心转移。

6. 落冰阶段
（1）直立缓冲；
（2）旋转缓冲；
（3）后外弧线滑行。

（二）各技术阶段的基本技术规律

点冰类型跳都是向后滑行的起跳动作，有后外刃和后内刃两种起跳。目前，世界流行

的点冰跳有勾手跳、后外点冰跳、后内点冰跳,还有一种很少使用的跳——特沃里跳。绝大部分跳跃的起跳和落冰都是在一个圆上,但勾手跳却是起跳在一个圆上,而落冰在另一个圆上。从起跳到落冰身体重心从一个圆转到另一个圆,因此难度增加。

此外,还有向前落冰的,各类点冰半周跳及开脚跳。

下面以勾手一周跳为例,说明点冰类型跳跃各技术阶段的基本技术规律。

1. 助滑阶段

助滑是跳跃动作的主要动能来源,是跳跃前的加速滑行过程。助滑速度是完成跳跃动作的基本保证,也是提高动作质量和难度的关键要求。滑行是助滑的基本技术。

从理论上讲,助滑速度越高越理想,但不是无止境的高,它应符合两个基本要求:① 滑行的速度适应运动员的技术和身体素质水平;② 保证滑行的正确用刃和稳定的平衡,并能为下一阶段的技术动作创造稳定的有利条件。

助滑阶段,一般采用便于起速的步法:正确地用刃保证身体重心移动方向与滑行方向相吻合,避免刀齿刮冰,刀齿刮冰会失去所得到的动能,并破坏身体的平衡,滑行的噪声也会令人不快。

2. 引进阶段

从助滑的最后一步进入引进阶段,它是由转体或非转体的滑行动作,从助滑过渡到起跳滑行用刃的,要求用刃准确、稳定,并保持原有的助滑速度。可由不同的引进步或直接过渡到起跳阶段的滑行用刃。勾手跳是直接用后外刃引进,在过渡前,有短暂的固定姿态,姿态要轻松优美,准备弧线不应滑的太长或太短,如果太长会给人一种没有信心和勉强感,太短会使动作匆忙无节奏。

3. 准备(缓冲)阶段

获得了稳定快速的单足后外刃滑行后,稳定地下屈滑足,膝正对滑足的足尖,浮足靠近滑足,右臂靠近身体,自然放松后引,左臂在滑线上,准备点冰。在滑足下屈,浮足和臂后引时,支点应稳定地落在冰刀的前半部,上体正直,肩、髋平行于冰面,背对滑行方向,无任何扭转,上体放松。简单地说,要充分做好弓步,弓步是花样滑冰最基本的姿势之一,也是跳跃和旋转的准备(缓冲)阶段的基本步。

准备时,滑足要蹲到位,屈到最低点(不要低于90°),为起跳做好准备。身体直立无任何扭转并放松。此时,如果向旋转反方向用力扭转,想借此获得更大的旋转力,提高转速,那是错误的做法。实际上,这个动作会严重破坏平衡和旋转的协调性。

总之,在准备阶段,上体不要有任何附加的扭摆动作,只要保持稳定的后外刃滑行即可。上体、两臂及浮足要自然放松,僵直会给起跳带来麻烦。两臂与浮足均在滑线上,弓步要到位。在准备阶段如总是先向旋转的反方向扭转,想借此获得更大的旋转力,然后再起跳,这样既影响起跳,也容易失去平衡和下摆的技术内容。

4. 起跳阶段

点冰类型跳的起跳阶段与刃类型跳相同,也是由下摆期和上摆期两个时期构成。

1)下摆期

下摆期是指一前一后的两臂从准备(缓冲)结束后的弓步位置,靠近身体向下摆至垂直位,简称为"摆",同时浮足下摆至点冰位,简称为"点",滑足沿滑行方向后滑至点冰足,此时，滑足决不能向上用力跳，只能沿滑行方向后滑，准备向起跳方向摆出，此阶段简称为"滑"。上体依然保持准备（缓冲）阶段的直立姿势，不能有任何的转动动作。此时最易出现的问题是身体开始预转，两臂不是向下摆，而是向体侧摆出，形成轮摆动作，失掉下摆的技术过程，破坏了平衡，并使预转和起跳无力。下摆结束时，滑足离冰，身体处在直立位置，站在点冰足的刀尖上，两臂与滑足摆至垂直位，准备上摆，这是所有跳跃动作起跳前的关键姿势——直立。下摆期的基本技术是浮足点冰、两臂下摆、滑足后滑，简称"点""摆""滑"。下摆期虽然动作简单，但也是最难掌握和控制的技术阶段，在此阶段出现过早的预转动作是最容易犯的错误。

在勾手跳中，容易出现身体重心过早过渡到另一个圆，形成后内刃起跳，造成动作变质。

点冰起跳的制动是在下摆期的点冰制动，刃起跳的制动是在上摆期的刃齿制动，这是两类跳的最大差别。一定要牢记两类跳的不同制动时期、制动方式和技术内容。

2）上摆期

下摆结束，是起跳上摆的开始，身体直立站在点冰足的刀尖上，点冰足撑跳，简称"撑"；两臂和滑足向起跳方向上摆，简称"摆"；身体预转，简称"转"。

（1）重心移动

浮足点冰后，点冰足静止不动，滑足迅速滑向点冰足，也就是在下摆结束时，身体重心由滑足过渡到点冰足。在水平速度的作用下，点冰腿产生弹性弯曲，当重心转移到点冰足上后，点冰足用力撑跳，滑足及两臂从垂直位向起跳方向摆出并预转。

总之，在点冰类型跳中，形成一只脚预先点冰固定，另一只脚向后滑动的起跳特点，只有身体重心通过点冰点，起跳才会稳定有效。在点冰跳中，类似撑竿跳，用点冰腿将身体撑起，并做出撑跳的动作。

在我国点冰跳的技术发展过程中，走了很大一段弯路。过去采用的是"夹腿起跳"的技术，我们的概念是两腿同时用力向上跳，同时离冰，按照这种技术要求，滑是不可能滑过点冰足，并向起跳方向摆出。由于技术概念的错误，因此，老一代运动员无法完成后外点冰跳，因为夹腿的结果，使浮足无法向旋转方向摆出，而是摆向旋转的反方向，造成原地起原地落，甚至落到了点冰点的前方。实际上，点冰类型跳是两足依次离冰，首先滑足滑向点冰足，然后向起跳方向摆出，形成摆动足，而点冰足的撑跳，形成起跳足，并有一个独立的撑跳和预转阶段。

（2）点冰足制动和撑跳

在下摆期，当滑足开始向后滑行，两臂靠近身体下摆时，浮足开始下摆用刀齿点冰制动，这是完全的齿制动。虽然运动员是直腿点冰，但由于水平速度的作用，使点冰腿产生弹性形变，出现相应的弯曲，而不是想象中的直腿。但运动员必须尽量用力伸直，主动迎接点冰动作，产生更有效的制动，更有效地发挥水平速度和起跳力量。当重心过渡到点冰足上时，点冰足做出撑跳动作，将身体和四肢抛向起跳方向。点冰足的撑跳和上体的预转会在冰上留下一个扭转出的"坑"，此"坑"是点冰和预转的结果。点冰足的撑跳技术是点冰类型跳最难掌握的技术。"点""摆""滑"和"撑""摆""转"是点冰类型跳起跳阶段下摆期和上摆期的基本技术。

初学者往往在准备（缓冲）阶段滑足下屈时就开始点冰制动，制动过早，结果将滑行速度"点死",出现原地跳原地落的现象。过去,我国运动员采用两腿同时用力上跳的"夹腿技术",没有点冰足的单独撑跳动作,也没有滑足向后滑的摆动技术,在上摆前,身体不能形成直立的姿势,滑足和身体难以向起跳方向抛出,难以形成合理的转轴和转速,结果飞行距离短,动作质量差。也就是说,起跳腿和摆动腿没有分清,没有清楚地认识到点冰足是起跳腿,而滑足是摆动腿。

（3）身体预转

在点冰跳的上摆过程中,身体要向起跳方向摆动并预转。预转是在点冰足撑跳时(上摆期)开始,不是在点冰的下摆期开始,过早预转会破坏滑行的平衡,预转是身体带动两臂和浮足,这样可形成稳定的转轴,预转的道理与刃类型跳的预转相同,为"货郎鼓"效应。

点冰跳的摆臂、收臂与刃类型跳的要求相同,要贯彻快摆、早收的原则。总之,在起跳的过程中,要依次而又协调地完成点、摆、滑和撑、摆、转的各种基本技术,要明确点冰足是起跳足,滑足在完成重心转移后就离冰成为浮足而摆向起跳方向,点冰跳不是两只脚同时跳,是滑足摆动,点冰足撑跳。

（4）关于点冰的位置（点冰点）

后外点冰跳的点冰点在滑行弧线的圆内。后内点冰跳的点冰点在滑行弧线的圆内。勾手跳的点冰点是在滑行弧线的圆外。过去普遍认为后外点冰的点冰位置应在滑行弧线的圆外,这是错误的,这样滑足就无法向起跳方向摆出,无法形成预转动作。

总之,对点冰类型跳的起跳阶段应明确下列几点:

第一,点冰类型跳的起跳是两足依次离冰,点冰制动的开始时间是在下摆期,点冰制动后,滑足沿滑行方向后滑,在下摆期要完成"点""摆""滑"的技术要求。第二,下摆结束后,滑足离冰,身体直立站在刀尖上,点冰足撑跳,滑足与两臂上摆,要用身体的预转带动两臂和滑足,不要用四肢带动身体。第三,滑足离冰后,即成摆动足,点冰足成为起跳足,此时要有最后的撑跳动作,身体、滑足与两臂积极摆过支点,向起跳方向摆出,完成"撑""摆""转"的技术要求。第四,"点""摆""滑"和"撑""摆""转",六者依次,也是相互协调的。注意它们的协调配合是正确完成起跳的关键。第五,合理的点冰位置是获得良好旋转效果的保证。

5. 空中阶段

运动员的刀齿离开冰面的瞬间即进入空中飞行阶段。空中的旋转姿势必须有利于旋转和落冰的稳定性。

在后外点冰跳中,跳起后身体重心将过渡到摆动腿,起跳足落在旋转方向的后方,自然形成反直立转的姿势。在勾手跳和后内点冰跳中,跳起后,身体重心直接通过起跳足,形成反直立转姿势,这种自然形成的姿势有利于旋转轴的稳定性,也是落冰缓冲的最佳准备姿势。注意,旋转轴不是身体的纵轴。

空中反直立转的姿势有两种,一种是插足反直立转,一种是高抬腿的反直立转。采用其中任何一种都可以,各有优点。

收臂的动作应符合离心力的方向,两臂在空中不能向旋转方向再次用力,这样做不但不能增加转速,反而会破坏旋转的平衡。收臂的位置要尽量低一些,低姿势收臂会增加身体中部的转动惯量,提高旋转的稳定性。

在空中旋转时,旋转轴通过落冰足。高抬腿,低收臂的空中姿势是可取的技术,在水平速度不断增加的现代跳跃中，采用上述技术是合理的。在高周跳中，采用快摆臂，早收臂的技术是合理的技术。

6.落冰阶段

落冰阶段包括缓冲和滑出两部分。缓冲部分包括有垂直方向和旋转方向的缓冲。

垂直方向的缓冲主要依靠髋、膝、踝的弯曲，减轻对冰面的冲力。旋转缓冲主要依靠展开四肢减缓身体转动。

垂直方向的缓冲效果主要从增加缓冲距离来减小对冰面的作用力，因此，必须先用刀齿着冰，然后迅速弯曲髋、膝、踝，由刀齿过渡到刀刃。

当刀齿触冰时便有制动产生，因此先制动，然后才有缓冲和滑出。制动时，为了维持平衡，必须使身体稍前倾来抵消向滑行方向所产生的力，因此落冰时身体稍有前倾是合理技术。

旋转的缓冲是根据动量矩守恒的原理，因此，当落冰时展四肢要快，要尽量离转轴远，浮足和同侧臂要在落冰足和身体的前方伸出，沿圆摆向身体的侧后方。落冰足的同侧臂在体侧展开，这样可形成较长的缓冰距离，有利于角速度的降低，形成稳定的滑出姿势。运动员应注意直接向身体后方伸展浮足是错误的，尤其在陆地模仿训练中，浮足直接向后伸出是错误的技术要求和练习。

第三节　旋转动作的原理与标准

一、概述

（一）旋转动作的地位与意义

现代自由滑基本由四部分组成——跳跃、旋转、步法和姿态。旋转是组成自由滑和短节目的重要内容之一，根据国际规则规定，旋转动作的比例占自由滑动作总量的25%左右。因此，旋转技术是花样滑冰的重要技术，掌握好旋转技术也就基本掌握了花样滑冰的核心技术。

花样滑冰的旋转动作丰富了自由滑和短节目内容，对自由滑的美感和表达音乐特点均起着重要的作用，如果一套自由滑缺少旋转那是不可想象的事情。

当前，在世界比赛中旋转是向联合多变的方向发展，在保证圈数的情况下，追求的是多变（速度变化、姿态变化、滑足变化及刃的变化）。

（二）旋转的分类

旋转的种类很多，如图5-3、5-4所示，除了单独旋转（双足转、单足直立转、反直立转、蹲转、反蹲转、燕式转、反燕式转、弓身转、蹲弓转、比里曼转等）之外，还有联合转、跳与转的联合（跳接燕式转、跳接蹲转、跳接反蹲转、跳接燕式转、落冰接反蹲转）、旋转与旋转的联合、旋转－跳跃旋转的联合、旋转与变刃联合。所有的联合转都是以单足转为基础的。

图 5-3

图 5-4

（三）旋转的概念与原则

第一，旋转必须要有节奏，只有充分而又合理地完成各技术阶段的任务，才能获得良好的节奏，节奏和阶段性是统一的。

第二，旋转必须依次完成各技术阶段。

第三，起转必须有力并控制得好，具有稳定的旋转中心，姿势正确，转速高，能圆滑稳定地滑出。

第四，四肢摆动离制动点要远，线速度要大，牢固而有力的制动是获得快速旋转的重要技术之一。

第五，旋转中四肢要尽量放在滑线上，要平而整齐，滑足是绕圆滑行，初学者要选好旋转方向。

二、旋转动作的技术阶段划分

（一）单旋转

（1）助滑；

（2）引进和准备（缓冲）；

（3）起转与制动；

（4）旋转；

（5）结束。

（二）跳接转

（1）助滑；
（2）引进和准备（缓冲）；
（3）起跳和制动；
（4）空中；
（5）旋转；
（6）结束。

（三）联合转

（1）助滑；
（2）准备；
（3）起转与制动；
（4）旋转（换姿态或换刃）；
（5）换足；
（6）旋转（换姿态或换刃）；
（7）结束。

三、旋转各技术阶段所占时间与节奏

上述各技术阶段有明显的技术界限，并占有各自的时间。阶段性和节奏性是统一的，每个阶段之间的时间比值即为动作的节奏。

四、旋转各技术阶段的基本技术内容、规律及标准

（一）助滑阶段

助滑是旋转的第一部分，它要求的是速度、稳定和造型，但对速度的要求并不严格，可高也可低，一般均低于跳跃动作的助滑速度，主要根据自由滑的编排需要而定。在一般情况下，速度稍大些会得到较大的动力，但要以美丽和稳定为前提。助滑最后一步的曲线大部分是用后内刃滑行，也可用任何刃做准备。要尽量避免刀齿刮冰，刀齿刮冰是运动员常犯的毛病，其心理特点是降速求稳。在最后一步曲线上，滑足必须有良好的弯曲才会使蹬冰动作具有良好的效果。

（二）引进和准备（缓冲）阶段

从助滑最后一步的准备曲线的后内蹬冰开始，过渡到起转用刃，这是旋转的引进阶段；滑足滑出，身体重心降至最低点，这是准备（缓冲）阶段。在引进和准备（缓冲）阶段，一般是用前外刃滑出，这是指正旋转，反旋转可用前内或后外刃。

准备（缓冲）阶段的任务是为起转做好准备，其主要特点是滑前外刃时，身体保持稳定的平衡，四肢尽量远离滑足的支点，为下一阶段获得最大的力矩创造条件，出刀的角度要与助滑和蹬冰的速度相适应，否则会失去平衡。

在准备（缓冲）过程中，上体正直，滑足下屈，重心下降，滑半径较大的前外曲线，浮足与同侧臂保持自然留后，滑足的同侧臂在前。滑腿做出有力的倾斜，重心落在冰刀的后半部，保持滑行的平衡。这个平衡不是整个身体倾倒，不是从上到下有相同的倾角，而是上体一个倾角，下肢一个倾角。

在准备（缓冲）阶段，上体基本是直立的，下肢有较大的倾角，与跳跃动作有相同的特点。上体的直立状态和下肢的较大倾斜，揭示了人体的特点和滑冰运动的特殊性。在一定速度下滑弧线，必须保持相应的倾角，上体直立有利于平衡的掌握和方向的控制，也有利于获得合理的倾角和用刀深度。这一阶段的关键是保持稳定的倾角和滑行方向。

（三）起转和制动阶段

这是旋转动作的最复杂的技术阶段，运动员从绕圆运动改变为绕制动点运动。为了获得有力的和快速的旋转，必须获得较大的旋转力矩，因此四肢的线速度要大，四肢摆动的半径离制动点要远。上体与一侧摆动的浮足和臂是以支点为轴，形成力偶的关系，浮足与臂随身体摆动得越有力，身体的重心就越倾向圆内，距离制动点越远，就会形成较大的力矩，因此，牢固而有力的瞬间制动和身体重心远离制动点是获得快速旋转的重要条件，快速牢固的制动，必须在保持平衡的条件下完成。在此条件下，首先形成稳定的转轴，此轴不应有向前或向后的倾斜，必须随支点平动，否则会失去起转和旋转的稳定性。由此可知为什么不要过早地进入旋转的姿势。制动是快速改变身体方向和旋转圆心的有利方法，开始制动时，身体重心由冰刀的后半部过渡到刀的前半部，可快速形成转轴，身体由绕大圆滑行变为绕小圆旋转，半径的改变带来转速的加快。在速度一定的情况下，半径变小，角速度增加，此时进入制动，是随身体摆浮足和臂的最佳时机，过早会形成拿浮足，使身体失去平衡，初学旋转的运动员极易出现过早摆浮足的问题。总之，在滑行弧线的半径由大变小，线速度增加时，浮足才开始随身体侧摆进行刃制动，转体半周，由前外刃滑行变为后内刃滑行，此时身体要直立。

制动后，身体平稳地进入旋转所要求的姿势（直立、蹲转、燕式转等）。

制动时，浮足与臂随身体侧摆，此时，下肢的倾角加大，这是为了进一步平衡浮足与臂侧摆所产生的离心力。髋向圆内倾倒是制动时较难掌握的技术动作。当浮足和臂由侧摆至体前时，身体由向前滑变为向后滑，在冰上留下一个"3"字形的线痕，此时就进入了旋转的阶段。

（四）旋转阶段

旋转的实质并不是绕身体轴拧动或做3字形转动，而是绕小圆在冰上滑动。在单足转中，一般是滑后内圆或后外圆（也可用前外刃或前内刃），这是完成旋转的标准技术要求。旋转绝不是在原地做一个点地拧动，无论何种旋转，无论使用何种刀刃，在旋转过程中，都是做滑圆的运动，而不是在一点拧动。假如在一点上拧动，就表明支点和身体重心的投影点重合，这样冰刀会切入冰面，形成冰刀的两端绕冰刀的中心转动，出现强烈的刮冰，这不但会产生相当大的阻力，而且也难以保持住稳定的转轴，高高在上的重心很容易离开支点，失去旋转的稳定。如果做滑圆运动，则运动的方向与冰刀的纵轴相吻合，阻力最小，只要重心落在所滑圆的面积内，就会保证旋转的稳定性。因此，旋转的实质是在滑行中完成的，由于绕圆滑行速度大，而所滑圆的半径又小，所以从外观上看，就形成了快速转动。

3字形的旋转线痕是错误的不稳定的技术表现，因为身体的运动方向时刻在改变，由后滑变为前滑，再由前滑变为后滑，这样不断地重复，滑行方向、身体重心和刀刃总在变化，因此旋转不稳定，重心也不好。

在一般的情况下，旋转时四肢放松，容易和离心力的方向保持一致，两臂有一种向外拉的感觉，有利于平衡。此外，浮足与两臂尽量放在所滑圆的滑线上，这是合理的位置。在基础训练中，应特别注意这个技术要求——四肢放松并在滑线上。

在旋转中，转速、姿势、用刃和滑足均可改变。一般采用收展四肢的办法改变转速，也可采用变换姿势和滑足的办法。姿势的变换有丰富的内容，如两臂的变化、浮足、上体、头部、滑足屈伸的变化等。总之，在旋转中身体的任何一个部位均可改变，但无论身体轴怎样改变，旋转轴是不变的，它只能平动。

在旋转中，根据脚的解剖学特点，用后内刃或后外刃旋转更有利于平衡。正旋转一般采用后内刃，反旋转大部分是用后外刃，因为采用这种刃旋转可使支点落在冰刀的前部，而力点在刀的后部，这样就可形成一个力矩，有利于滑行方向的改变和平衡。这也说明，为什么在花样滑冰的所有动作中，均采用向后滑行的结束动作，特别是跳跃的结束动作。为了提高旋转的难度也可变化刀刃，由后内变前外或后外变前内。

在跳接转中，空中要有明显的飞行时间和所要求的姿势，落冰首先是用刀齿，然后过渡到刀刃，按所要求的姿势进行圆滑稳定的旋转，落冰的缓冲动作是跳接转中的重要技术之一。

（五）结束阶段

结束旋转的要求是平稳流畅地滑出，滑出时可做各种优美的造型。

为了有利于滑出，必须做好两种缓冲，即旋转和垂直缓冲。用展开四肢，远离转轴，制止旋转，完成旋转的缓冲。用髋、膝、踝的下屈完成垂直的缓冲。

结束的姿势是花样滑冰中最常出现的一个基本动作，在一套自由滑中，出现十几次甚至更多。因此，对此动作的合理结构、稳定性和优美性，在训练中应给以特殊的注意，加强这个姿态的控制练习。

第四节 步法与舞姿

一、步法

（一）概述

步法是组成自由滑的四大要素之一，它是规定图形主要部分的引伸和自由滑简单动作的借用,由于滑行的速度和倾角比规定图形大,因此,步法具有完全不同的特点和风格。

步法是由规定图形的主要部分构成,如弧线、3字、双3字、变刃、括弧、勾手、结环,以及它们的联合动作。另外,还包含一部分简单的自由滑动作,如小跳、规尺、燕式、刀齿步等。

步法是动作与动作之间的桥梁,此外,还有改变速度、场地分配和表达音乐的功能,尤其是一套连续步已成为自由滑不可缺少的单独动作,大大超出了步法的辅助功能。连续步在表达音乐特点上有其独特的效果,是表达自由滑高潮的手段之一。

步法要求蹬冰具有连续性和流畅性,滑行中髋、膝、踝应富有弹性,浮足的摆动、身体的倾斜与舞姿的配合要有一致性,并与音乐特点和节奏相吻合,用刃准确、清晰、流畅。

(二)步法的分类

1. 无转体步
直线滑行、曲线滑行、蔓状步、交义步、压步、夏塞步、大一字步等。

2. 转体步
单足转体:3字步、双3字步、括弧步。
换足转体:莫霍克步(开式、闭式、摆式)。

3. 换向(转换滑行方向)
变刃步。

4. 转体+转换方向
单足转体+换向:勾手步。
单足换向+转体:变刃3字步、变刃双3字步、变刃括弧步。
换足转体+换向:乔克塔步(开式、闭式、摆式)。

5. 特点步
结环步、刀齿步、小跳步等。

6. 连续步
各种步法的组合:直线步、圆形步、蛇形步、燕式步。

(三)步法的基本技术

提高步法质量最可靠的方法是掌握正确的图形基本技术,在此基础上寻求合理的训练手段和教法,只有如此才能滑出高质量的步法。

步法的基本技术包括蹬冰、滑行、换足、转体、换向和姿态。

1. 蹬冰
蹬冰分为由静止开始蹬冰和滑行中的蹬冰,蹬冰是用刃而不是用刀齿,它是人体获得速度的唯一方式。

2. 滑行
滑行是完成步法的过程,分为内外刃滑行和向前、向后滑行,共有前内、前外、后内、后外四种滑行方式。

3. 换足
换足是在一定的滑行速度下,完成重心的转移和滑足与浮足的交换。换足同时也可伴随转体和换向,也是再次获得速度的方式。

4. 转体

身体沿顺时针或逆时针方向转动180°为转体。转体可改变滑行方向、身体方向和用刃方法。

5. 换向(转换滑行方向)

换向要做内外刃的转换,使身体重心和滑行方向改变(顺时针滑行变逆时针滑行或相反)。

6. 姿态

姿态是指在完成步法过程中所采用的姿势。

(四)步法的基本技术内容及要求

1. 蹬冰

蹬冰是花样滑冰运动员学习滑冰的第一步,它是获得滑行速度的主要来源。蹬冰无力或不正确,都会影响滑行的稳定性和速度。为了使重心移动平稳,不产生上下起伏,应采用先倒滑压冰,使刀、膝、踝预先进入蹬冰角,然后用力推冰的办法。

这种蹬冰的特点是柔和稳定,不应采用突发力的蹬冰方式。

在蹬冰的过程中,如果蹬冰角小于极限蹬冰角,则冰鞋擦冰,冰刀离开冰面,造成蹬空。

2. 滑行

滑行是完成步法的过程,转体、换向(变刃)、换足、姿势变换都是在滑行过程中完成的,因此,滑行技术是花样滑冰的基础。

滑行包括用刃的准确性、速度和姿势。用刃的准确性是指滑行的四种用刃:前外、前内、后外、后内,上下体的力矩平衡是保证冰刀原有滑行方向的前提。速度可提高步法的难度和用刃的深度,为完成动作贮备动能。姿势的主要功能是在维持平衡的条件下美化动作,或为下一个动作作准备,保证滑行的稳定。

运动员所滑弧线的半径大小与速度平方成正比,与身体倾角成反比。身体倾角是指运动员的下肢倾角,而上体的倾角很小,这是冰上滑行动作的特殊性。

滑行时,锐利的冰刀深深的切入冰面,实际上是"破冰前进",刀刃在冰上滑行就像船在水中行驶一样。向前滑行时,身体的重心在冰刀中部的后方;向后滑行时,在冰刀中部的前方,这样有利于冰刀方向的改变,减小破冰的阻力,也符合人体解剖的特点。在冰上留下清晰的线痕、无冰沫、无声音是正确的滑行标志。

3. 转体

在步法中,转体是重要的基本技术。转体分为单足转体和换足转体,一般在转体时伴随着变刃和改变滑行方向,在单足转体中,会在冰上留下转体的线痕——转动的尖端。转体用刃要纯,不要刮冰,尖端是滑出来的,不是扭出来的,转体前后的弧线要对称。在换足转体中,冰上不会留有尖端的痕迹。

转体的重要理论依据是上下体做相对转动,使上下体的转动力矩相等,保持冰刀的正确的滑行方向和用刃的质量。冰刀支点的位置与滑行的技术要求相同,前滑支点在后,后滑支点在前。

4. 换足

换足包括换足蹬冰、换足滑行、换足转体。

换足一般是从速度不等于零开始,身体重心从一只脚转换到另一只脚,伴随产生蹬冰、滑行、转体等动作,重心由蹬冰足过渡到滑足要平稳、流畅,用刃准确。蹬冰或滑行都不允许使用刀齿。

5. 换向(改变滑行方向)和姿态

换向是在单足或换足的滑行中产生,它只是改变滑行方向,从顺时针方向变到逆时针方向,或相反。从一个刃过渡到另一个刃(如从外刃过渡到内刃,或相反),单足换向不产生转体,换足换向伴随转体。

步法中的姿态是由蹬冰、转体、换向、换足等动作,配合四肢、头部和身体所处的位置而形成的,它应符合动作技术和美学的要求。在近代花样滑冰中,步法对提高整套自由滑的艺术水平和表达音乐主题具有重要作用。

二、舞姿

舞姿是构成自由滑的四大内容之一,无论跳跃、旋转或步法都离不开各种造型和姿态。一个单独的姿态只能表达美感,而无法表达情节,但通过不同舞姿的组合并配有一定的主题音乐,即可形成一定的情节,同时也可塑造典型形象。

舞姿在艺术表现方面有其重要的作用,形体语言是表达音乐的重要的手段,同时也具有缓冲体力,保证技术发挥的作用。

舞姿应具有流畅性和连续性,一个舞姿不是独立存在的,前一个舞姿的结束也是另一个舞姿的开始。在花样滑冰中,由于是在滑动中做出各种舞姿,因此流动感强,占有空间大,给人以愉悦感,再加上全身的表达方式(手、眼、身、法、步的配合),使得自由滑具有很高的艺术感染力。姿态也是动作质量的标志之一,无优美的姿态,也就无高质量的动作。

舞姿既然有如此重要的作用,因此在花样滑冰的训练中,舞蹈是必不可缺少的练习内容之一,它也是提高舞姿质量和艺术水平的重要训练手段,这种练习应贯彻全年始终。

另外,每个动作都有一定的姿态要求,因此要狠抓基本姿态的练习,基本技术和基本姿态(两基)是高质量动作的基础。

我们可以从民族舞蹈、芭蕾舞和现代舞中吸取其精华运用于花样滑冰中,丰富自由滑的内容,提高表演能力和质量。

第六章

冰壶运动

第一节 概 述 ➡

一、冰壶运动基本知识

（一）冰壶运动基本常识

冰壶运动的基本常识：① 要穿着干净无尘和安全的冰壶鞋上冰；② 要严格遵守禁止在冰上吃食物、喝饮料和吸烟等冰场管理规定；③ 要学会和遵守冰壶比赛前后基本礼仪，例如比赛前后双方队员握手等；④ 通过投壶硬币或猜拳两种方式决定投壶顺序的先手和后手；⑤ 运动员滑行投壶时，双方其他运动员的场上位置。各场上运动员基本作用,各位置运动员技术特长和投壶顺序；⑥ 运动员前卫线前的出手投壶技术；⑦ 有效投壶的基本概念,即壶体超过远端前卫线；⑧ 无效投壶的基本概念,即壶体接触冰道两侧挡板（边线）或未超越远端前卫线及壶体超越远端后卫线。

冰壶运动场地设置及队员位置示意如图6-1所示。

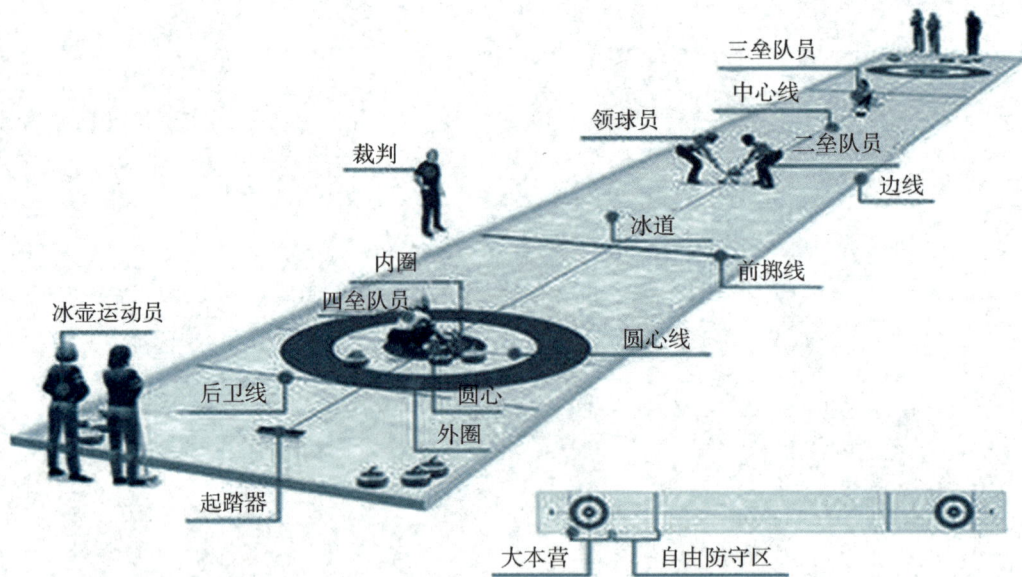

图6-1

我们在此重点介绍场上各运动员基本职能,各位置运动员技术特长和投壶顺序。

每队中各有4名场上运动员,按照投壶顺序分别为一垒、二垒、三垒和四垒运动员,由他们按顺序完成每局双方各8只壶体的投壶过程。

首先,双方一垒运动员交互先后投壶2只壶体,一垒运动员投壶结束后,他和本队三垒运动员共同擦冰；其次,由双方二垒运动员交互先后投壶2只壶体,二垒运动员第2投结束后，他和本队一垒运动员共同擦冰；然后是双方三垒运动员交互先后投壶2只壶体，三垒运动员投壶时，由本队一垒和二垒运动员共同擦冰；最后，双方四垒运动员（通常被称为场上队长）交互先后完成双方最后各2只壶体的投壶过程。四垒运动员投壶时，由其指定的副队长或称为代理队长（一般为三垒运动员）代行场上队长职能。四垒运动员在自己投壶以外时间，位于投壶运动员对面的圆形大本营内指挥其他运动员投壶。

在对方运动员滑行投壶时，己方队员要让开冰道，不能妨碍对方运动员的视线、身体动作及壶体滑行线路。在己方运动员不投壶时，四垒运动员要站在大本营后方，仔细观察对手壶体的旋转滑行线路。只有队内4名运动员通力沟通配合，才能赢得比赛胜利。如果任何一名运动员不能胜任自己的场上位置，将直接导致本队比赛失利。要赢得比赛胜利，还需要必要的战术组合，四垒运动员必须是队伍中技术和战术素养最成熟的运动员。

下面，我们将分类简单介绍4名场上运动员的作用。

一垒运动员：要求具备熟练的定点投壶和开放式击打投壶技术，因其要与二垒运动员共同为三垒和四垒运动员投壶擦冰，所以还要具备很强的爆发力、耐力和娴熟的擦冰技术，对冰面的观察能力也要求较高。

二垒运动员：具备熟练的双飞击打和传壶击打等击打投壶技术，以弥补一垒运动员可能出现的投壶失误。另外，还要具备在其接到场上队长指示后进行准确定点投壶的能力。一垒和二垒运动员要满足自身的场上位置要求，自觉服从场上队长的指挥。

三垒运动员：也被称为场上副队长或代理队长，通常在四垒运动员投壶时，代理场上队长的指挥职能，他/她是开启比赛胜负大门的钥匙。要求具备比较成熟、全面的技战术素养和熟练的擦冰技术，尽可能为四垒运动员最后两投创造较好的场上局面。

四垒运动员：指挥全队作战比赛的灵魂。用冰刷指示其他运动员的投壶位置，具备在关键时刻的精湛定点投壶技术、稳定的心理素质、自信心以及丰富的比赛经验和战术素养。

（二）冰壶比赛基本知识

冰壶比赛基本知识：① 比赛目标和得分方法；② 由三垒运动员（场上副队长）确认局分；③ 壶体位置的测量方法；④ 运动员和工作人员在比赛结束后移动壶体时的安全注意事项；⑤ 下一局比赛先手和后手投壶的确定方法；⑥ 比赛时间；⑦ 擦冰运动员的位置；⑧ 运动员擦冰时擦冰刷位置和擦冰时机的选择；⑨ 运动员在大本营丁字线后地擦冰要求；⑩ 对运动员触动滑行中壶体或静止壶体的判罚办法。

我们在此重点介绍比赛目标和得分方法。

冰壶队伍每队由4名运动员组成，一场比赛按时间段分割成赛局。在每局比赛中，双方队员按顺序每人交互先后投壶2只壶体，两队8名运动员总计投壶16只壶体。在各局比赛结束时，争取本队所投壶壶体的静止位置要比对手壶体更靠近大本营中心，这就是双方的比赛目标。通常一场比赛分为10局，但是也可以根据比赛水平和形式不同而缩短局数。

在各局比赛结束时，壶体静止位置距离大本营中心最近的一方将获得1分。根据本方壶体超过对方距离大本营中心最近的壶体个数，累计加分。双方任何壶体如果不与大本营圆圈接触，则将失去得分的可能性。在比分记录板上登记双方比分之前，必须经过双方场上副队长的确认。

当场上副队长对比分有争议时,必须由裁判员来判定。在场上副队长确认比分之前,双方其他运动员必须在大本营外等候。

二、场上队长的指挥手势

简洁明了是对场上队长的指挥手势的最基本要求。简单说,场上队长的指挥手势有壶体向内侧旋转、壶体向外侧旋转、大本营内定点布壶、后旋定点投壶、设置静止防守壶体、击打投壶、前粘壶和击打传壶等几种。

第二节 滑行投壶技术

本节主要为冰壶运动的初学者介绍和讲解冰壶运动滑行投壶的基本技术,并为初学者进行基本技术的原理分析,便于刚刚涉猎这个领域的运动爱好者尽快了解冰壶投壶操作的方式与技术原则。内容主要包括滑行投壶技术指导方法、技术要点和冰上练习方法等项目。

一、滑行投壶技术指导方法

冰壶运动滑行投壶技术是冰壶运动各项技术的关键性基础,其细节掌握熟练程度和准确与否,将直接决定初学者在之后能否真正掌握更复杂的冰壶运动进阶技术,以及将来能否成为一名优秀的冰壶运动员。俗话说,基础是一切的关键,将最根本的原理和技术了解到位,才能在此之上有所发挥和进步。

为使初学者更好更快地学习掌握这项技术,教练员应该按照以下指导方法来进行。

(一)技术指导顺序

对全体初学者辅导,通过教练员或专业运动员向全体初学者进行实际技术动作示范,并辅助观看技术视频的方式,使全体初学者对冰壶运动滑行投壶技术形成正确、直接及全面的印象和理解。

分组辅导各专项技术动作,将滑行投壶技术动作进行阶段性细分拆解,然后分组指导初学者按阶段循序渐进地进行练习。

对全体初学者整体辅导,指导全体初学者进行合成滑行投壶技术动作练习。

(二)技术指导方法和注意事项

冰壶运动滑行投壶动作是一项复杂的技术动作,如果想要壶投得在速度、角度和力量上完全符合要求,不能仅仅依靠手臂,同时需要我们身体上很多部分的肌肉和关节共同协调运动,这是一个复杂的过程,需要经过长时间的熟悉和尝试组织才能做到顺畅,继而才能做到充分的准确。为便于理解学习和掌握,同时也为了尽快让运动员得以付诸运用,需要教练员将这项复杂的技术动作拆解成若干部分的简单技术动作,来分步骤、分阶段进行系统性的指导。首先,教练员要在陆地上,以模拟的方式向初学者简单讲解滑行投壶动作的整个操作过程,以此来让运动员先进行练习,让身体形成固有的肌肉记忆,熟悉了整个过程,然后才能前往冰上场地进行具体技术体验。具体技术指导,可以分为以下三个阶段:

第一阶段,初学者要保持良好的身体平衡,空手练习从起踏器蹬踏向前滑行投递的技术动作,这个练习,主要是为了保证投递冰壶时身体姿态的正确。主要讲解内容包括初学者进入起踏器的站立(准备)姿势、提腰动作和滑行动作这几项。冰上指导时,教练员要通过节奏号令,要求初学者一起从起踏器出发向前滑行。过程中,教练员要鼓励初学者,以增强初学者信心。因为在寒冷的冰上环境中大幅度伸展身体运动比较消耗体力,教练员要注意合理控制冰上指导时间,防止初学者过度疲劳,以免因为劳累而产生反效果。在指导结束时,要让全体初学者再将所学内容重复一次,以便于教练员判断各初学者的具体掌握程度。

第二阶段,初学者结合刚刚学习的向前滑行的技术动作,先进行空手状态下的姿态训练,熟悉肢体运用的方式,然后再使用冰壶,以持壶状态练习向后引壶和向前送壶的技术动作。本阶段指导要点是加强初学者对滑行、引壶和送壶这三个连续技术动作的协调和控制,因此需要进行反复练习,形成顺畅自然的投壶出手过程。

第三阶段,初学者结合第二阶段技术动作,学习持壶和持擦冰刷时身体分别在冰面进行的相应滑行动作,以及在投壶时手臂向壶体施加旋转的幅度控制和出手投壶时对冰壶投出的动作与滑动方向的控制。

在指导过程中,教练员要注意根据初学者各自具体的年龄、性别、体重和身高的不同而采用相应的指导方法,确保最终效果。为便于初学者迅速理解体会和掌握滑行技术动作要领,增强上冰自信心,教练员可以让初学者先穿着厚线袜在地板上反复练习模仿冰上滑行脚的技术动作。但是和在冰上进行操作的时候一样要注意安全,而且因为摩擦力系数上以及临场环境上的差别,无论从选手的身体感受还是心理适应性上来讲,这种练习都不能完全代替在冰上进行的实地训练。因此,即便是条件不佳致使上冰机会不多的队伍,为了保证选手的状态和对冰场环境的认知度,最好也要保证定期上冰进行练习。

二、滑行投壶技术详解

(一)保持良好身体平衡下的蹬踏和滑行

本部分主要讲解在场地内担任投壶者职位时的各个运动步骤和技术动作细节,具体的内容包括进入起踏器时身体站立(准备)姿势、向上提腰、蹬踏和滑行等。

1. 进入起踏器时身体站立(准备)姿势

这是学习掌握滑行投壶技术动作前最基础和最重要的技术动作。其技术动作要点如下:
(1)蹬踏脚和滑行脚位置的控制;
(2)膝关节、腰部和大腿位置的控制;
(3)投壶手臂和持擦冰刷手臂的伸展;
(4)放松身体,头部和上半身的直立。
初学者进入起踏器直立身体时,要先深呼吸,然后放松身体各部肌肉并集中注意力,眼

图6-2

睛不要只盯着冰壶滑行的目标区域,也要养成留意观察整条自身所在位置和目标区域之间的冰面状态、左右一定范围内环境的习惯,以便于在任何时候都能够准确依据当前的实际情况来作出判断,并在投放动作细节上作出相应的调整。如图6-2所示。

2. 蹬踏脚

蹬踏脚是运动员在进行投壶时身体的发力脚,初学者进入起踏器后,要依靠这只脚在站立姿势和投壶姿态下使身体保持平衡,在初学者向后引壶和向前送壶时由蹬踏脚支撑大部分体重。将蹬踏脚的脚趾与脚掌连接处的突起骨关节部分与踏板中部成直角稳固地蹬踩在踏板上,脚趾尖对准滑行方向。这样比较有利于养成以这只脚作为标准进行参考的习惯,在正式投壶时能够更快地做出行动。

3. 滑行脚

滑行脚在站立姿态下应与蹬踏脚平行放置,并水平放置在较之略向前方的冰面上。滑行脚的脚跟与蹬踏脚趾尖大致位于同一水平线。动作过程中,滑行脚几乎不支撑体重,以满足在冰面滑行的状态不受到体重的干扰,进而影响到投出冰壶的效果。

4. 滑行脚的膝关节和大腿

当身体进入起踏器之后,因蹬踏脚和滑行线路呈平行状态,身体也自然面向滑行投壶线路;动作过程中,膝关节和大腿的朝向也基本保持与滑行线路平行的姿态,使腰部自然与滑行线路成直角。运动员可以在心中将前方的投壶目标位置和自身之间建立一条垂直于自身肩部左右延长线中点的虚拟线,在正式比赛中可以通过参照这两点之间的关系,对照修正自己出手时方向的细微误差。

5. 上半身

当滑行脚的膝关节离开冰面时,将上半身和肩部沿冰面垂直方向向上方挺起,抬头并将视线对准滑行投壶线路。

6. 投壶手臂

投壶的手臂在整个投出的过程中扮演着非常特殊的角色,它是蹬踏脚发力的传递工具,同时又担负有调整冰壶滑出方向和旋转角度细微偏差的重任。在持壶时,要放松投壶手臂肌肉,保持不发力状态并轻轻略前伸。初学者持壶时,在手臂放松、不发力略前伸状态下,壶体应自然放置在身体前方的冰面位置上,不要形成紧握或刻意上提或下压的发力状态,但是也不要让冰壶的握把可以在手套中滑动,应当对其保持一定的控制力。

7. 持擦冰刷手臂(平衡手臂)

持擦冰刷手臂(平衡手臂),是滑行中身体保持平衡的关键之一。作为投壶者持握擦冰刷的姿态有两个技巧要点:① 手臂肌肉放松前伸,将擦冰刷握压在手臂下方,刷杆插向初学者背部;② 向前滑行时,如初学者感觉向背部握压刷杆有困难,可将膝关节稍弯曲后,利用上臂力量向背部握压刷杆。

整个动作中,初学者要注意将刷头放置在略超过滑行脚前方的冰面上。但是此时因为冰刷并不需要进行冰面擦刷，因此应当将刷头反置，将粘贴鬃毛或覆盖纤维布的一侧向上，用刷头与刷杆之间固定的部分接触冰面，以减少冰刷和冰面的摩擦，避免对冰面和刷毛造成不必要的磨损。握刷手握于刷头上方40—50厘米处。

8. 向前滑行的技术动作

本部分重点讲解滑行过程中的滑行脚的正确位置和移动方式、平衡手臂的动作以及身体的伸展方法等内容。完成了上一阶段的静态动作练习之后，初学者就可以进入到完整的动作流程练习中来，对投壶过程进行动态模拟，并聆听讲解，寻找细节上的技巧和自身不足。

9. 滑行脚技术要点

身体向前滑行时，要将滑行脚掌的底面尽可能平均地全部踩在冰面上，让光滑的鞋底完整接触冰面，不要小看这一个技术细节，滑行脚是冰壶投出时身体的主要支撑者，它负担的是身体的绝大部分重量，对冰面形成的压强很大，摩擦力也自然随之而增大。让脚底平面与冰面平均接触，可以使体重不至于全部压在滑行脚的脚趾尖上，造成压强进一步增大影响滑行效果并且加速脚部的疲劳。同时，将全身的体重平均分配在滑行脚的整个脚掌上，便于初学者尽快学会在滑行中掌握好身体的平衡并减轻对膝关节形成的压力。在滑行时，可以适当将滑行脚的脚趾尖稍向外翻，扩大滑行面的宽幅，从而更有利于保持身体平衡，对于一些熟练的选手来说，脚掌偏转的幅度也是控制身体滑行速度和姿态的一种可利用的因素。

10. 提腰技术动作要点

在滑出时，投壶者要将上半身抬起，因此初学者在滑出前要边向上提腰边将身体进入滑行姿势状态。为给向后引壶留出足够的空间，要同时向上提引腰部和下半身，肩部和上半身保持在彼此与冰面之间相同高度的位置上。

11. 滑行脚位置要点

保持良好身体平衡的同时，流畅的滑行过程是投壶成功的关键，而保持身体平衡的关键是滑行脚的位置。初学者蹬出起踏器的瞬间，重心将会转移到前踏的滑行脚上来。开始滑行的整个过程中，滑行脚位于身体纵轴正下方的胸部和腹部之间，脚趾尖略向外撇，脚掌全部平置在冰面上并支撑体重在冰面上滑行。对于初学者来说，平衡的支撑是关键中的关键，先把握好这一点，让身体形成一定的动作熟练度，进而才能更从容地发挥投壶技巧。

12. 平衡手臂位置要点

持刷杆的手臂作为平衡手臂，具有调整身体重心在左右两侧之间横向定位的作用，身体从起踏器出发的同时，刷杆向腰偏下的方向伸展出去，刷头支撑并位于比滑行脚靠前方或平行的冰面上。利用擦冰刷保持滑行中身体平衡，是初学者常用的技术，不过一般来讲，不要将擦冰刷作为一种可以依靠的平衡结构，主要还是应当尽量把平衡维系于滑行脚上，因为重心较低，手臂在擦冰刷上施加的力量比较容易影响重心的状态，进而干扰另一侧手臂的姿态，破坏出手的路线准确性，因此不能太过依赖擦冰刷的支撑作用。

13. 投壶手臂位置要点

身体开始滑行的瞬间，投壶手臂和手部从冰面离开，放松肌肉并略前伸放置，用它来保持冰壶和身体滑动走向的一致。需要注意的是，尽管手臂不用力，但是手腕需要在滑行过程的开端对冰壶的姿态进行持续的调整维持，所以要让手臂保持在一个可以令手腕灵活转动的姿势。

14. 蹬踏脚位置要点

身体滑行过程中,蹬踏脚及其脚趾尖在脱离起踏器后应尽可能向身体后方伸展,不要太过用力绷紧腿部肌肉,因为这不仅对保持姿态没有太大的帮助,而且也比较容易让大腿和小腿发生痉挛现象,应当让蹬踏脚和腿部呈半放松的自然伸展状态。从起踏器蹬出的瞬间,蹬踏脚趾尖向起踏器内卷是其最初姿势,然后开始伸展,朝脚心方向微勾。通常,初学者可将蹬踏脚放置在自己习惯和喜好的位置上。当身体重心完全移向滑行脚后,蹬踏脚也自然沿着身体滑行路线被拖带着向前滑行,因此只要保证此时的蹬踏脚不会在不受控制的状态下干扰身体滑行的速度就已经足够了。以下是三种蹬踏脚在身体滑行过程中经常放置的位置。

(1)蹬踏脚慢慢向身体后方内侧内卷;

(2)蹬踏脚对准身体滑行路线;

(3)蹬踏脚稍向外翻、不向脚后跟施压体重。

15. 上半身位置要点

初学者只有使胸部及以上的上半身尽量保持和冰面垂直的状态,才能准确掌握出手投壶滑行过程中正确的握壶姿势。因为在这种姿态下,肩部的负担会相对较小,壶的控制也会比较容易被观察到。动作中,要适当提高手腕的位置,保持稳定一致的出手投壶动作。壶体出手后,再逐渐压低身体位置,双肩保持水平,放低重心,并与场上队长指示冰刷成直角状态。

16. 保持滑行过程中身体姿势要点

从起踏器蹬踏出发后,身体重心应由蹬踏脚向滑行脚移动,保持姿态平衡的同时,身体滑行速度会不断加快。这对于不熟悉冰面滑行速度与目标距离之间搭配的初学者来说,由于冰壶并不依靠手臂力量投出,而是完全要凭借身体滑动产生的惯性带其向前滑出,让初涉冰壶的学员比较难以马上就找到适合的投出点位,同时在不熟悉长距离低重心滑行的情况下也不易保持身体重心的稳定。因此在学习初始阶段应先用较小的蹬踏力量,待熟练掌握能保持身体良好平衡性后,再逐渐增加蹬踏出发的力量。

(二)初学者的冰上练习

1. 上冰前的热身准备活动

和其他冰上体育运动一样,冰壶运动的训练和比赛同样也属于一种对体力消耗幅度较大的运动类型,身体活动的幅度与强度不低,加上在冰面的低温环境下进行比赛和训练,如果运动方式不适当的话有可能对运动员的身体造成一些损害。因此,初学者要在上冰前进行适当热身准备活动,这样可以使身体各器官、各关节和各部肌肉活动效率得到有效的提升,防止训练和比赛中意外受伤。同时,热身活动也可以事先调整衣物与身体之间的松紧状态,以免马上正式开始运动时身体受到衣物牵绊造成的不适感而影响发挥。如图6-3所示。

2. 指导初学者尽快适应冰面

在专业场地打磨出的平整冰面的质感和日常我们行走的干燥地面在质感与摩擦力上差别很大,运动员需要借助起踏器与蹬踏鞋的反作用力让自己在冰上进行移动,同时要控制穿着滑行鞋的一侧脚的滑动距离和速度,这就需要大量的反复练习来熟悉。事实上,对于冰壶

图6-3

运动初学者来说，最重要的是记住穿着滑行鞋在冰面上滑行时的感受和身体重量对滑行造成的阻力，只要抓住这一点，就能较快地掌握滑行的行动。在冰壶运动员上冰练习前，教练员要检查和确认所有学员是否都穿着了粘贴专用底面的冰壶专用鞋。

为防止将场外灰尘和杂质带入冰面和保持冰面清洁，初学者要穿着干净的冰壶专用鞋；上下冰时，都必须随时换鞋。这是因为外来的尘埃和脏物很容易被冻结并遗留在冰面上，不仅影响美观卫生，一些体积较大且在冻结之后质地较硬的杂物还可能对冰壶运动员的鞋底、各种器械造成损伤，而在一些多种冰上运动共用场地，这种遗留物如果没有得到及时清理，诸如速滑和花样滑冰的运动员还容易发生意外。

在进入场地的时候，练习者要先将穿着蹬踏鞋一侧的脚踏入冰面，这样比较容易在冰上固定身形，如果先放上滑行鞋，则可能会因为摩擦力较小而使脚下打滑，发生脚底滑离重心下方、失去平衡的情况。

全体人员上冰之后，教练员需要将初学者编成一组，对向来回反复练习站立滑行。教练员随时确认初学者的滑行脚是否朝向滑行方向。这个阶段的动作很好理解，双脚分工合作，以蹬踏脚为支撑发力，滑行脚只在重心的控制下维持姿态。

在初学者初步适应冰面后，教练员要在初学者面前具体示范蹬踏滑行技术动作。下冰后，可通过采用观看技术动作图片或视频演示的方式来辅助加深初学者对冰上姿态与动作细节的印象。

3. 滑行技术动作基础练习

进行这一项练习之前，和所有的动作一样要进行分解教学，教练员首先在全体学员面前示范演示身体在起踏器上地站立动作、提腰动作和向前滑行动作。然后，让初学者沿冰道两侧边挡板或边线面向排列成两排，爬卧在冰面上并将擦冰刷横置在身体前方，保持好自己的身体平衡，同时模仿滑行过程最后阶段的动作，并缓慢向前伸展身体，以此来体验在实际操作中身体的感受与姿态变化过程。教练员要检查并纠正初学者在姿态上的错误，并监督学员在保持身体平衡状态下的动作过程中滑行脚和蹬踏脚的位置；检查初学者在提高手臂时的身体平衡性,并保持状态15—20秒。初学者双手抓住挡板,双臂交替收缩伸展反复4—5次,体验滑行脚在冰面支撑和滑行时的感觉。

在完成这项训练之后,接下来学员们要拿上擦冰刷,背向边线挡板,采用身体进入起踏器时的半立姿势,教练员在旁边随时检查并纠正其可能出现的技术动作失误。这个姿态是在蹬出之前的准备动作,保持的时间在单次投出的过程中所占据的比例并不大,但是对身体滑出和整体方向的决定却有着非常重要的作用,所有的路线校准、距离确认都是在这个阶段进行的。

通过以上练习,初学者已经体验了身体进入起踏器和滑行过程最后阶段动作的感觉。接下来,教练员要指导学员们学习掌握滑行中身体各部位的动作标准。

进入这个阶段,首先保持进入起踏器时状态,然后慢慢向上提腰,最后只模仿滑行动作伸展身体,过程中要注意在练习开始阶段不要加入蹬踏动作,如何保持良好的身体平衡是这部分练习的重点。如果个别人已经具备了一定冰面滑行基础,可以跨越此动作练习阶段直接进入下步练习。

初学者沿冰道两侧边挡板或边线对向排列成两排,教练员通过号令指导练习,并根据初学者身体平衡性和自信程度适当改变号令语言进行分别指导。教练员要在指导过程中使初学者始终保持自信,决不能让他们形成边练习边有意识观看自己动作的坏习惯。

为使初学者尽快掌握滑行脚滑行技术动作,教练员可在冰面上设置一些明显的标记。第一个标记设置在距离蹬踏脚一个臂长的前方冰面上,之后每隔30厘米设置一个标记。对于平衡性较差的初学者,可以采用使其滑行脚在未蹬踏状态时慢慢前移到达第一个冰面标记的办法来指导。

初学者应保持身体平衡状态,在滑行准备结束动作中,慢慢提高、前伸投壶手臂,将平衡手臂(持冰刷手臂)位于身体横向位置。此练习过程中,教练员提醒初学者时刻注意每一个分解动作。如果初学者能保持滑行脚的准确位置,就可进入蹬踏脚—投壶手臂—平衡手臂技术动作练习。

经过以上反复练习后,教练员带领初学者进入冰道起踏器,在保持良好的身体平衡状态下,逐渐增加蹬踏力量,从脚踏板出发。

(三)向后引壶和向前送壶技术动作要点

完成了以上练习之后,下一步教练的工作是继续讲解指导蹬踏滑行、向后引壶和向前送壶技术动作的要点,中心问题是这几项技术分解动作的连接和控制,指导顺序是从空手(无壶)状态至持壶状态。不要小看这两种状态之间的差别,单个冰壶的重量约为20千克,对身体动作的顺畅程度和姿态有不小的影响,空手和持壶状态下的身体动作差别是很明显的,只有当学员亲身体会对比之后才能准确地感受到,因此,空手训练是不能替代持壶训练的。

1. 向前送壶技术动作

向前送壶技术动作,是上半身和手臂(壶体)沿滑行投壶(滑行)线路稍向前送的动作,是向后引壶的开始动作。在这个动作进行的过程中,身体重心首先从蹬踏脚稍向滑行脚倾移,双腿支撑发力并向上提腰,整体重心前倾;也可将滑行脚稍向前移或者静止原地不动。借助向前送壶动作来调整身体姿态,使向后引壶动作变得更加轻松和流畅。

2. 向后引壶技术动作

当双腿支撑发力、向上提腰动作开始的瞬间,壶体会随身体的动作向后移动。伴随向上提腰的过程,逐渐加大双腿支撑身体力量。壶体离开冰面、向后方提—拉—引壶时,用蹬踏脚(以右足为蹬踏脚为例)脚趾和脚掌连接处关节突起部位支撑整个身重。通常,壶体后提高度低于膝关节,这是为了让壶体的滑道重新与冰面发生接触的时候可以变得更加顺畅平滑,如果壶身拉起太高,在落下时速度控制容易影响重心的稳定,造成发挥上的不良效果。

3. 上半身动作

在向后引壶整个动作过程中,上半身高度基本保持不变。保持提腰动作状态过程中,肩部和上半身与冰面之间的高度保持稳定不变。

4. 向后引壶动作中滑行脚的移动动作

当向后引壶而壶体离开冰面时,滑行脚开始向身体的正后方移动,同时壶体也开始向直后方提—拉—引,在此动作过程中,腰部始终端正,与投壶路线保持直角状态。因为运动员的身材特点各不相同,壶体后引的最高位置设定也要因人而异。当滑行脚后移到终点时,壶体也同时后引至顶点。以上整个技术动作的要点是滑行脚底面始终保持和冰面的接触。

5. 向后引壶动作后向前送壶技术动作

壶体后引至顶点时,身体各部会因为惯性的因素而处于瞬间的静止状态。然后依靠壶体自身重量引起的自由落体运动并伴随手臂发力,向身体的前下方加速送出壶体。壶体因为受力较多,也处于主动的运动当中,因此通常比滑行脚先行。

6. 向前送壶动作中滑行脚的移动动作

壶体后引至顶点后前送时,壶体比滑行脚先行,滑行脚有意识在其之后移动,形同在壶体的惯性带动之下发生前移。壶体接触冰面的同时,滑行脚就应当开始向前移动了,投壶手臂沿投壶(滑行)的线路自然前伸,控制投壶的行进方向,但是不要太过干扰和拦阻壶的前进。随着滑行脚向壶体后方慢慢跟随插入,蹬踏脚要用力向后蹬出,身体重心也正是从此时开始从蹬踏脚向滑行脚移动。至身体重心完全移至滑行脚动作结束为止,上半身基本保持和向后引壶时同样位置。如果整个动作连接控制良好,在身体重心移动到滑行脚上时,滑行脚应该位于壶体后方20—30厘米处。动作过程的关键是确保滑行脚在身体中心正下方以适当速度向前进行滑行。如果在向后引壶和向前送壶过程中,滑行脚发生了横向移动,将容易带动整个身体和动作侧向偏移,继而影响对路线的观察效果。只有有效控制滑行脚的动作连接和移动时机,才能使身体沿准确的滑行(投壶)线路运动。

(四)向后引壶和向前送壶技术动作的冰上练习

1. 空手状态向后引壶和向前送壶技术动作的冰上练习

教练员在冰上指导初学者时,要在分解练习之后,将预备滑行动作和向后引壶动作进行连续而有节奏的顺接技术动作演示,继而按照壶体—脚—壶体—脚的顺序来指导学员们进行训练。具体描述起来,首先就是向后引壶动作中壶体后移,其次是滑行脚后移,再次是向前送壶动作中壶体前送,最后是滑行脚慢慢跟随插入壶体后方。教练员先向初学者做出分解示范动作,然后再用较慢滑行速度进行组合动作示范。初学者刚刚开始在冰上练习时,要边想象握壶状态边采用空手(无壶状态)方式进行练习。为了方便练习起见,教练员需要将学员们沿冰道边挡板（或边线）以较大间隔排列，采取进入起踏器的站立预备姿势，根据教练员号令（送壶引壶—脚后移—前送壶—脚前移），学员们要加入身体重心移动—投壶手臂前伸—滑行脚前移技术动作进行反复练习。之后，初学者从边挡板向前一步，采取进入起踏器的站立预备姿势，根据教练员号令（送壶引壶—脚后移—前送壶—脚前移），加入向上提腰—向后引壶—向前送壶技术动作反复练习。其后，初学者进入冰道两端起踏器重复进行以上动作练习，体会在实地器材的环境下进行动作的感受。整个过程中，教练员要严格检查初学者滑行脚动作的准确性，是否会出现小幅度向直后方移动的动作。

2. 将壶体擦拭干净

冰壶虽然是用实心的岩石制作而成的，但是表面滑道的精细度标准却非常高，为保持冰壶的触地质感均衡正常，使壶体在冰面上保持稳定的滑行状态，就必须在滑行投壶动作前将壶体底面擦拭干净。擦拭的标准如下：首先要将壶体翻转，用擦冰刷将壶体底面环形滑道擦拭干净后，再用手指沿滑道拂拭一圈，检查是否还有附着的肉眼难以分辨的细沙等杂质。因为冰壶底部滑道经常接触低温的冰面，天长日久，在热胀冷缩的作用下，表面的石质多少都会有一些轻微的损坏脱落，而在场外存放冰壶的库房中也有可能会因为人员进出在鞋底夹带的缘故而沾上一些沙尘。如果壶体滑道上附着了这些杂质，即便是不起眼的微粒，因为滑道接触冰面的面积本身就很小，它们很容易就会对壶体旋转和滑行方向产生较大的影响。其次，检查身体滑行线路和壶体滑行通过线路上是否有杂质存在。

3. 持壶状态向后引壶和向前送壶技术动作的冰上练习

初学者持壶练习之前，教练员必须事先指导简单握壶方法。具体动作要点是用大拇指和食指稳固握住壶柄横向的根部。抬高手腕，将壶柄卡在手指的第二指节内。后面对此专门进行详细讲解。

初学者持壶练习时，握住壶体反复练习向后引壶和向前送壶技术动作。动作要点是壶体和脚移动的关系，即壶体在脚之前先行移动。

（五）握壶、旋转壶体、出手投壶技术

1. 握壶技术动作要点

初学者食指和中指稳固握住靠近壶体根部的壶柄横向位置上，大拇指压在壶柄侧面且与食指和中指配合组成握壶手势并控制壶体。大拇指和食指成倒V形，斜指向平衡手臂上方肩部（右手投壶者的左肩）。剩余两指插入壶柄后方下侧，壶柄卡在手指第二关节处。手腕位于壶柄正上方是握壶技术动作的要点。

2. 壶体向前移动技术动作要点

壶体向前移动由投壶手臂加速动作和壶体自由落体运动结合而成，从向后引壶至膝关节高度以下开始。身体向前滑行速度来源于脚部蹬踏力量，壶体速度来源于向后引壶至最高点后自由落体和投壶手臂加速力量。后面对此专门进行详细讲解。

3. 内向旋转壶体和出手投壶技术动作要点

身体进入起踏器状态开始，将壶柄逆时针方向旋转30°（以右手投壶为例）的壶体置于冰面上，这是给壶体施加旋转的准备动作阶段。壶柄逆时针旋转30°状态一直保持到向后引壶后的前送壶动作结束。在出手投壶前1米处，向内侧（顺时针）旋拧手腕和上臂，在壶柄

正上方手部成"握手"手形后出手投出壶体。固定的"握手"手形出手投壶动作是整个出手投壶技术的关键点。

对于初学者来说，可能很难理解旋转的相对角度。我们可以把壶柄假设成钟表的时针，壶柄正对前方时，为12点方向。右手投壶为例，身体进入起踏器状态开始，将壶柄指向10点方向，并一直保持到向后引壶后的前送壶动作结束。在出手投壶前1米处，向12点方向旋拧手腕和上臂，将壶柄调整到12点方向后出手投出壶体。

4. 外向旋转壶体和出手投壶技术动作要点

身体进入起踏器状态开始，将壶柄顺时针方向旋转30°（以右手投壶为例）的壶体置于冰面上，这是给壶体施加旋转的准备动作阶段。壶柄逆时针旋转30°状态一直保持到向后引壶后的前送壶动作结束。在出手投壶前1米处，向外侧（顺时针）旋拧手腕和上臂，在壶柄正上方手部成"握手"手形后出手投出壶体。固定的"握手"手形出手投壶动作是整个投壶技术的关键点。

右手投壶为例，身体进入起踏器状态开始，将壶柄指向2点方向，并一直保持到向后引壶后的前送壶动作结束。在出手投壶前1米处，向12点方向旋拧手腕和上臂，将壶柄调整到12点方向后出手投出壶体。

5. 控制投壶手臂位置的要点

身体前倾动作开始时，放松投壶手臂肌肉，微微自然前伸；随着身体从起踏器出发，至出手投壶动作前一直保持肘部呈略弯曲状态。出手投壶动作时，手臂对准场上队长指示冰刷自然前伸，直至壶体离开手部。需要强调的是，所说的手臂自然前伸动作，是一种随着身体向前滑行时顺其自然的前伸动作，而不是有意识发力将壶体向前推送动作。如图6-4所示。

图6-4

6. 控制出手投壶时身体位置的要点

至出手投壶动作前，保持手腕部位于壶柄正上方状态的同时，始终保持身体较高姿势，要防止身体位置过低；在出手投壶的瞬间，开始慢慢自然压低上半身位置。需要特殊说明的是，出手投壶的点是指壶体离开手部瞬间壶体在冰面的位置，而通常情况下，指壶体从向中轴回转开始到壶体离开手部时壶体所经过将近1米的距离区间。出手投壶点不能根据蹬踏滑行力度而发生变化。对任何运动员来说，将出手投壶点控制在冰道上大致相同的区域内极其关键。与运动员控制出手投壶点相比，每次都在相同的区间内出手投壶是更关键的技术要点。包括很多专业运动员认为，大本营内定点投壶时，出手投壶点要控制在前卫线附近；击打投壶时，出手投壶点要控制在丁字线附近，这实际上是不正确的看法。不同的蹬踏力度，决定不同的投壶方式，但是，我们要切记出手投壶点应该始终控制在大致相同的区间内。

7. 出手投壶后的延续动作技术要点

出手投壶动作后，投壶手臂、手部和手指要对向目标冰刷且在滑行投壶线路上保持原有动作姿势再滑行1米左右的距离。如果出手投壶后的延续动作不正确，例如出手投壶瞬间后手掌立刻扶向冰面，或在出手投壶动作瞬间上体马上直立，都将直接影响投壶的准确性。出手投壶瞬间后，手掌立刻扶向冰面是身体平衡性方面有问题，出手投壶动作瞬间前后上体马上直立或有其他动作，将直接影响出手投壶动作的稳定性。

8. 壶体旋转技术要点

通过稳定的出手投壶动作，壶体从出手点到大本营之间应该旋转2—3圈，壶体在滑行旋转中保持稳定的状态，几乎没有中途停止旋转的异常情况出现。如果壶体从出手点到大本营之间旋转1—1.5圈或更少的圈数，壶体在滑行旋转中将无法保持稳定的状态；假如壶体旋转过度缓慢，滑行途中壶体可能突然失去旋转或反向旋转。

9. 滑行投壶路线技术要点

滑行投壶路线是左右起踏器中间点和目标指示冰刷之间连接而成的一条"直线"。只有目标指示冰刷置于中线上时，中线才是滑行投壶路线，这种情况是很少出现的。初学者要在头脑中画出一条从起踏器中间点到目标指示冰刷之间的"直线"，并沿此"直线"滑行投壶。其中，控制身体方向和壶体位置是技术关键点。

10. 控制身体方向技术要点

初学者将蹬踏脚尖对准目标冰刷后进入起踏器，腰部和肩部自然与滑行投壶路线成直角。准备蹬踏动作时，始终保持蹬踏脚侧膝盖与大腿对准目标指示冰刷和腰部及肩部，并与目标指示冰刷成直角状态。滑行脚与最初滑行投壶线路平行。

11. 壶体位置技术要点

很关键而又经常容易被初学者忘记的要点是，初学者改变本应该始终对准目标指示冰刷的壶体位置。在滑行投壶过程中，身体和壶体应该始终位于正确的滑行投壶线路上并正对目标冰刷。无论目标冰刷位于何处，滑行投壶路线都是起踏器中间点和目标指示冰刷之间连接而成的"直线"。

为便于初学者理解，第一，我们假设目标指示冰刷置于大本营丁字线中心，初学者将直接沿冰道中线滑行投壶，起踏器出发前壶体恰好置于中线上，中线两侧各露出1/2壶体部分；第二，目标指示冰刷置于大本营圆圈最外沿处，从投壶方看，初学者将向最右侧滑行投壶，从起踏器出发前壶体1/3部分置于中线左侧，壶体2/3部分置于中线右侧。随着目标指示冰刷向大本营中心移动，从起踏器出发前置于中线右侧2/3部分的壶体将逐渐减少，直至目标指示冰刷置于大本营中心时，中线两侧将各露出1/2壶体部分；第三，当初学者向最左侧滑行投壶时同理。

（六）握壶、旋转壶体、出手投壶技术动作

1. 教练员的示范

初学者排成一排站在冰道两端丁字线和前卫线之间，观看教练员利用中线作为滑行投壶路线具体示范壶体内旋和外旋技术动作。指导时，可用手套在教练员开始旋转壶体的冰面位置上轻轻压上第一个痕迹，在教练员手部明显离开壶体的冰面位置上轻轻压上第二个痕迹，两个痕迹之间相距大约1米。在此区间内，要缓慢给壶体加转，切忌快速加转。如果教练员选择在稍过大本营前方处作为出手投壶点，初学者也要以相同位置作为出手投壶点。

另外,初学者不要忘记出手投壶后的延续技术动作。

2. 壶体的旋转技术练习

初学者分成两排面对面站在冰道边线两侧。一侧的初学者保持身体进入起踏器姿势,手握壶体。教练员检查每一个人的握壶手形动作是否准确,并指导初学者将壶体调整到内旋状态。初学者通过送壶—引壶—送壶动作将壶体内旋出手投到对侧初学者处。对侧初学者充当场上队长,根据投壶方初学者壶体旋转方向要求,用冰刷设定目标。初学者把握出手投壶时"握手"手形和投壶后延续动作来反复练习内旋和外旋投壶。

3. 非出手投壶状态下的滑行练习

一名初学者站在起踏器上,另一名初学者以冰道中线为投壶滑行路线,将冰刷置于前卫线上作为目标,将壶体调整为外旋和内旋方向反复滑行做动作。滑行中,壶柄始终保持10点或2点方向不变,同时保持非出手投壶状态。

4. 熟悉滑行投壶线路的练习

初学者全体集中在大本营内,教练员通过细绳来具体示范滑行投壶路线。一名教练员手持细绳一端站在起踏器中间点上,另一名教练员将细绳另一端系在冰刷头上,站在远端大本营内,并沿丁字线左右移动至大本营外圈两侧最外端,使初学者可以清晰地观察到滑行投壶路线的变化。之后,将初学者全体集中到近端前卫线后,观察细绳与前卫线交点的变化情况。需要特别强调的是,无论滑行投壶线路如何变化,投壶者身体和壶体始终保持面对目标指示冰刷的状态。

5. 掌握滑行脚方向的练习

在起踏器中间点、目标指示冰刷连线与近端前卫线交点上的从左右两侧最远点开始,放置若干类似铅笔的小物体作为标识。初学者按顺序从起踏器出发,面对目标指示冰刷向前滑行,使滑行脚踢到近端前卫线上放置的物体目标。练习时,初学者要注意空手状态下后引壶动作后再连接滑行动作;按顺序从前卫线中间交点分别向左右两侧最远交点练习。

6. 掌握滑行线路连带出手投壶的练习

初学者在头脑中画出一条沿着目标路线的滑行线路,逐次练习内旋和外旋出手投壶技术动作。教练员将擦冰刷沿近端前卫线上在目标线路左右最大范围内变换位置,指导初学者反复练习。

7. 控制出手投壶速度(力度)的练习

对于初学者来说,按照投壶要求,培养有效控制壶体出手速度(力度)的感觉和技术是极其重要的。初学者在掌握滑行投壶线路和内外旋转出手投壶技术后,将进入细细研磨控制出手投壶速度(力度)技术阶段。教练员要强调,把握固定出手投壶点(区间)和保持壶体出手后身体延续动作,是控制出手投壶速度的技术关键点。在冰道中间画一条横线,以此为基准线至远端后卫线,每隔3米再画一条横线,作为各目标区域。随着出手投壶点离各目标区域距离增加,初学者必须逐渐增加后引壶量和投壶手臂的加速度。在初学者练习过程中,教练员要随时检查初学者身体平衡性、滑行投壶方向和出投壶技术动作的控制和掌握。

很多身体柔韧性较好的初学者在练习时,容易将身体重心过快地从蹬踏脚向滑行脚转移,导致快速压低身体姿势和位置,这容易产生以下一些技术问题:

（1）投壶手臂过度前伸,肌肉僵硬;

（2）手腕部过低,严重影响出手投壶动作稳定性;

（3）由于身体和上臂过度前伸,出手投壶时难以微调速度（力度）和方向;

（4）滑行脚过快和过度插入身体下方,使身体横向偏移。

初学者一定要记住：在身体向前滑行时,保持上半身足够的高度,投壶手臂的肘部微微弯曲,手腕部位于壶柄正上方较高的位置上,由此,更容易向壶体中轴施加旋转,也更容易保持出手投壶动作稳定性。在出手投壶动作最后阶段,投壶手臂略前伸展结束整个动作。还要强调一点,在出手投壶动作最后阶段,在投壶手臂略前伸展动作中,发力自然而轻微,不应该是有意识发力的推送动作。

如果利用擦冰刷或擦冰扫帚进行有效擦冰,可以使壶体保持较长时间的滑行状态,延长壶体滑行距离,提高壶体滑行速度,比不进行擦冰时提前到达目标点。由于壶体旋转滑行宽幅由旋转滑行时间长短决定,时间越短,其旋转滑行宽幅越小,壶体呈接近直线滑行状态;时间越长,其旋转滑行宽幅越大,壶体呈弧线滑行状态。

第三节　擦冰技术　⟹

本节主要初步讲解擦冰技术理论基础、擦冰刷或擦冰扫帚擦冰规则、擦冰技术要点和练习方法等内容。

一、擦冰效果

针对通过擦冰动作所产生的效果和其他实际影响,至今为止有各种各样的看法和阐述理论。从理论角度来说,通过擦冰可减少壶体和冰面之间的摩擦,使壶体保持较长时间的滑行状态。具体来说,有以下三个方面效果：

（1）增加冰点"滑度";

（2）清除冰面上的霜和杂质;

（3）瞬间溶解部分冰点,在壶体和冰面之间形成融化的薄薄水层,减少两者间摩擦。

成为一名优秀的擦冰运动员,需要具有足够的身体耐力、爆发力和动作速度。只有具备足够的身体耐力,才能做出流畅而有节奏的擦冰技术动作;只有具备足够的身体爆发力,才能通过擦冰刷和擦冰扫帚对冰面施加足够的压力;擦冰时,需要擦冰运动员在壶体滑行线路上使用擦冰刷和擦冰扫帚快速横切,这就需要其具备足够的动作移动速度。

二、擦冰技术讲解方法

使用擦冰刷和擦冰扫帚进行擦冰,是一项看似简单而实际非常重要和复杂的技术,教练员在讲解擦冰技术时,为便于初学者容易理解,需要将技术分成几个部分分阶段进行讲解。

从大的方面说,可分为地上(室内)技术讲解和冰上技术讲解及练习等两部分。具体来说,可分为以下两部分:

第一部分,预备姿势、手握刷杆方法、步法,以及刷杆与身体的移动方法。教练员可先在地上(室内)简单讲解预备姿势、手握刷杆方法和步法技术动作,然后在冰上按照动作示范和练习,待初学者熟练掌握步法移动技术并有一定信心后,再讲解刷杆与身体的移动方法。

第二部分,刷杆与身体的移动方法冰上练习、2人相互配合地擦冰技术动作和方法。初学者在确实熟练掌握刷杆与身体的移动方法后,再进入学习2人相互配合地擦冰技术动作和方法阶段。

三、使用擦冰刷的擦冰技术

过去十几年中,产生了多种技术类型的使用擦冰刷的擦冰技术动作,随着冰壶器材及技术的不断发展,擦冰技术也在不断完善之中。本书主要针对初学者讲解使用擦冰刷时比较简单和实用的基础擦冰技术,包括预备姿势、手握刷杆方法、步法,以及刷杆与身体的移动方法等内容。初学者在擦冰时,不需要将体重完全施压在刷头上,这将使其容易控制身体平衡,同时也保证了初学者的安全。

(一)擦冰技术动作要点

1. 预备姿势动作

根据初学者的滑行脚是右脚或左脚决定初学者在壶体左侧或右侧进行擦冰。如果初学者的滑行脚是左脚,应该选择在壶体左侧擦冰。

腰部面对壶体滑行线路成45°角,上半身稍微前倾,两脚分开略超过肩宽,自然对向前方,膝关节微弯,将几乎所有体重压在滑行脚上。此动作状态下,因双肩面对壶体滑行线路,所以能清晰地看到壶体滑行静止位置。

2. 手握刷杆方法

擦冰刷置于身体前方,与滑行脚同侧。刷杆下方手的手心向下,握在刷杆2/3处;刷杆上方手的手心向上,大致握在刷杆1/3处,也可根据个人习惯而微调握杆位置。上半身稍微前倾,双手握住冰刷并压向冰面,将部分体重施压在刷头上。虽然上半身前倾程度可能不同,但刷杆尽可能与冰面成60°角。角度越小,向刷头上施加的压力越小。如果身体姿势正确,刷杆与目标线路接近直角,有利于擦冰运动员清晰观察和判断壶体滑行静止位置。

3. 步法

教练员在指导初学者学习擦冰技术时,要考虑擦冰效果和初学者安全两方面因素。通过教练员的指导,使初学者在熟练做出擦冰动作的同时,使身体的移动同滑行壶体的移动保持一致。基础步法技术分为两种:

(1)单足蹬冰式步法。这是擦冰技术中最基本和最常用的一种步法。沿壶体滑行方向,滑行脚在前,套着防滑鞋套的蹬踏脚在后,向刷头施加压力。滑行脚踝关节微弯,与壶体滑行方向成45°角,支撑几乎所有的体重。当需要身体向前移动时,蹬踏脚后方自由蹬冰。在壶体前开始擦冰时,可确保利用双足和擦冰刷保持身体平衡。

（2）双足蹬冰式步法。这是擦冰技术中简单和安全的一种步法。当初学者在壶体另一侧擦冰时，在双脚上都套着防滑鞋套。擦冰时，身体与壶体滑行方向成45°角，初学者可以很容易地在冰面上步行，慢速跑或边蹬冰边进行擦冰动作。

4. 擦冰基本技术初步连接

在上面部分，我们学习了手握刷杆的方法。要求刷杆上部手臂弯曲，下部手臂几乎笔直，刷头在肩部前下方冰面上短距离快速前后移动。为更方便、更好地擦冰，动作中可根据实际情况，双臂同时微弯或同时伸展。

（二）擦冰技术的冰上讲解和练习

通过学习准备动作、握杆方法和步法以及冰面上的讲解和练习，要切实增强初学者对掌握擦冰技术的自信心。冰上讲解和练习时，在每条冰道上最少配备一名教练员，初学者沿冰道边线（边挡板）站列一排。首先由教练员在冰道中间横切中线示范擦冰技术动作，然后分以下四步讲解和练习。

1. 步法练习

初学者（8人左右）沿边线挡板站成一排，手握擦冰刷采用单足蹬冰式步法横切中线向前缓慢移动。动作过程中，保持刷杆静止，集中练习准备动作和步法。第一组初学者出发3—4.5米后，下一组初学者（8人左右）进入冰道相同位置采用同样方法练习，教练员要一对一进行指导。待初学者熟练掌握步法和有一定信心后，提高其移动速度。如果初学者人数较多，可采取分成两组排列在边挡板（或边线）两侧分别练习的方式。

2. 步法和刷杆移动练习

待初学者熟练掌握准备姿势和步法后，全员集中排成一排，在双足移动同时练习刷杆前后轻轻横切中线动作，向前缓慢移动。如此反复练习后，逐渐加快刷头前后移动速度和增加向刷头的压力。

3. 壶体前擦冰技术动作练习

一名初学者用擦冰刷向前慢慢推送壶体，另一名初学者进行步法练习。推壶方逐渐增加壶体移动速度，让擦冰方体会比赛中在移动壶体前擦冰的感觉，同时观察擦冰方的步法动作。在壶体移动到冰道另一端后，双方交换位置返回。

（三）2人配合擦冰技术要点

本部分主要讲解2人配合擦冰技术和移动壶体前的擦冰技术要点。

对一般刚刚学习单足蹬冰式步法技术的初学者来说，如果2人配合擦冰时，建议采用2人位于壶体同侧进行擦冰的方式（见图6-5）。随着擦冰技术的熟练，再采用壶体异侧进行擦冰的方式。

靠近壶体近端的擦冰运动员为内侧擦冰运动员，

图6-5

负责判断壶体滑行速度和确认壶体与目标点之间的距离,要尽可能接近壶体前切面擦冰。位于壶体远端的擦冰运动员为外侧擦冰运动员,在不妨碍内侧擦冰运动员前提下,尽可能靠近壶体前切面擦冰。其手臂动作较直,负责协助内侧擦冰运动员观察壶体滑行线路并进行擦冰。

在投壶运动员进入起踏器后,2名擦冰运动员站在后卫线和丁字线之间;投壶运动员向后引壶动作开始,2人慢慢靠近投壶线路;壶体出手瞬间,2人进入擦冰准备动作状态。归根到底,2人要尽可能靠近壶体前切面并随时准备做擦冰动作。

(四)2人配合擦冰技术的冰上练习

本部分练习以提高初学者2人配合擦冰技术和步法移动熟练程度为主要目的。练习过程中,在每条冰道至少要配备一名教练员。练习分为以下三部分。

初学者2人一组,采取同侧或异侧站立姿势。2人用冰刷边轻轻横切中线边从冰道一端慢慢向另一端移动。到冰道另一端后,2人交换位置,从旁边冰道重复动作返回。初学者每组间隔6—8米。待其较熟练掌握步法移动动作后,逐渐增加擦冰和速度,增加向刷头的压力,同时让另一名初学者用冰刷沿中线向前推送壶体,2人做壶体前擦冰动作。到达冰道另一端后,3人交换位置重复练习。

初学者2人(同侧或异侧)站在后卫线附近,面向远端大本营做好擦冰准备动作。2人根据教练员"蹬冰脚—滑行脚—蹬冰脚—蹬冰脚"号令,同时向中线靠近,动作顺序是先迈出握杆侧脚后前进三步。三步后到达中线时,初学者充分做好与壶体同时向前移动的准备动作。2人擦冰距离约为10米后,返回起点重新练习。过程中,2人交换位置,从旁边冰道重复练习返回。为培养初学者比赛实际感觉,在练习中间穿插教练员或第三名初学者空手投壶滑行练习。

待初学者较熟练掌握滑行壶体前2人配合擦冰技术后,再以3人一组,1人用使壶体到达冰道中间点力度投壶,另2人进行擦冰练习,并逐渐增加投壶力度,擦冰动作到冰道另一端后,3人交换位置,从旁边冰道重复练习返回。

四、使用擦冰扫帚的擦冰技术

本部分主要讲解使用擦冰扫帚擦冰技术中的准备姿势、手握杆方法和扫帚杆及步法移动等技术动作要点,以及冰上讲解练习方法等内容。

(一)擦冰动作技术要点

做准备姿势首先要考虑适应壶体滑行方向擦冰扫帚的位置。扫杆对向场上队长决定了身体和擦冰扫帚的方向。也就是说,左手在扫杆下方的初学者在壶体左侧、右手在扫杆下方的初学者在壶体右侧擦冰。左脚是滑行脚的初学者在冰道左侧、右脚是滑行脚的初学者在冰道右侧擦冰。

擦冰时,身体与壶体滑行方向成45°角,膝关节微弯,双足以略超过肩宽分开站立在冰面上。将几乎全部体重压在靠近擦冰扫帚的前脚(滑行脚)上、略对向壶体滑行方向。腰部微弯,身体略前倾,重心偏向壶体滑行方向。

1. 手握杆方法

擦冰扫帚和冰面成60°角。下方手握住扫杆中部,上方手握住扫杆上部偏下一点的地方。如果擦冰扫帚和冰面超过60°角,可以更有效提高擦冰时扫杆的移动速度。

有下方手掌心向下的握杆和下方手掌心向上的握杆两种方法。只要擦冰者掌握正确的手、手腕和手臂动作,两种握杆方法都可以产生很好的擦冰效果,其技术动作关键点就是下方手握住扫杆中部,合理利用力量使弯曲的扫帚变直、再弯曲、再变直、再弯曲而发出"啪嗒啪嗒"声的往复过程。一般情况下,下方手掌心向下的握杆方法相对容易被初学者掌握。

2. 刷杆挥动基本技术

上方手臂肘关节微弯,以下方手为支点,两手臂同时快速、短促发力,通过上方手反复靠近和远离下方手臂动作,使扫杆在冰面上前后移动。

3. 步法技术

教练员在指导初学者学习步法技术时,要考虑初学者技术细节和安全性两方面因素。通过学习和练习,教练员要培养初学者对熟练做出擦冰动作的同时身体跟上壶体快速滑行的移动步法技术的信心。

4. 单足蹬冰式步法

这是对初学者来说最重要和最需要学习掌握的步法技术。擦冰时,初学者以前脚为滑行脚,以套着防滑鞋套的后脚为蹬冰脚。滑行脚踝关节微弯,与壶体滑行线路成45°角,并支撑几乎所有体重,在需要身体向前移动时,后脚靠近滑行脚并后伸在后方蹬冰。一般情况下,右手投壶初学者在冰道左侧,左手投壶初学者在冰道右侧擦冰。

5. 双足蹬冰式步法

这是在双脚上都套着防滑鞋套的一种步法技术,对初学者来说比较安全。

(二)冰上讲解和练习

教练员在冰上讲解和指导初学者练习时,首先要进行擦冰组合技术示范,然后按照准备姿势—步法和准备姿势—步法—挥杆动作的顺序指导初学者进行练习。

1. 握杆动作练习

上方手握住扫杆上部偏下一点的地方,进行反复靠近和远离下方手臂的挥动动作。下方手食指和大拇指交汇成圆环状握住扫杆中部。以下方手为扫杆挥动支点,上方手进行反复靠近和远离下方手臂的挥动动作。

2. 挥杆动作练习

为增加擦冰动作速度和力度,要有效发挥下方手的作用。双手握住扫杆,上方手将扫杆上端部向下方手臂带引同时,下方手将扫杆向下发力施压。上方手离开下方手臂时,下方手向上拉引扫杆,整个动作过程需要通过手臂的弯曲和伸直动作来完成。对初学者来说,先空手练习再持杆练习较好。在提高擦冰速度时,要时刻注意技术动作细节和频率。

(三)2人配合擦冰练习

2人使用擦冰扫帚互相配合进行擦冰技术动作练习的顺序和方法与使用擦冰刷的练习

相同。可参考上节内容进行学习。

（四）其他技术动作关键点

初学者在学习使用擦冰扫帚进行擦冰技术动作练习时，还要牢记以下技术关键点。

（1）练习时，尽可能从冰道一端丁字线到另一端丁字线进行完整擦冰练习；通过场上队长指挥，知晓壶体滑行所需要的速度。

（2）投壶前，查看并清洁壶体滑行可能通过的路线，特别是从投壶端后卫线到前卫线之间的冰面。

（3）内侧擦冰运动员在尽可能靠近壶体前切面擦冰，外侧擦冰运动员尽可能靠近内侧擦冰运动员擦冰。

（4）注意和场上队长随时保持沟通联系。

（5）在整个擦冰动作过程中，时刻保持自然呼吸状态。

第七章
穿滑雪板登山坡与滑雪转弯技术

第一节 穿滑雪板登山坡技术

一、穿滑雪板登山坡的含义与范围

（一）穿滑雪板登山的含义

高山滑雪的登山坡是指从山下向山上穿着滑雪板移动，如图7-1所示。

图7-1

（二）应用范围

（1）初学者上山的手段之一。

（2）短距离随时登坡可避免脱卸滑雪板的不便。

二、穿滑雪板登山坡的技术分类及要领

（一）穿滑雪板登山坡的种类

1. 以登山坡方向分类

（1）直登山：所运用的技术有（双板平行）横登山、八字登山。

（2）斜登山：所运用的技术有双板平行斜登山、半八字登山。

（3）曲折登山：曲折登山是由两个以上斜登山组成的，折拐处采用原地变向技术。

2. 以技术动作分类

（1）横板（梯状）登山；

（2）八字登山；

（3）半八字登山；

（4）双板平行斜登山。

（二）横板（梯状）登山

1. 关键词

横板登,双平行,内外刃,反弓形。

2. 含义

横板（梯状）登山是指双滑雪板横在山坡上,基本与滚落线垂直的登山。

3. 应用范围

（1）初学者感悟雪性、体验立刃及双板交替承重的手段之一。

（2）用于各种坡面,特别是陡坡面及各种雪质的登山。

（3）可用于直登山、斜登山、曲折登山。

4. 动作要领

（1）呈"斜坡穿滑雪板站立姿势"。山下板立住内刃,山上板立住外刃,用双刃刻住雪面,山下板内刃为主承重。

（2）双滑雪杖插于体侧较远处支撑维持平衡,一般不参与动作,也可以与同侧的滑雪板同步横移。

（3）山下板内刃承重,提抬山上板向上迈移一定距离落地并用外刃刻雪承重。

（4）提抬山下板向山上板平行并拢,接着用内刃刻雪承重。

（5）横板登山动作熟练后,每步距离应逐渐加大。

5. 斜上横登山

（1）如有必要,可由纯横登山扩延到斜上横登山,即山上板提抬后向斜上方迈移,而不是纯横向。山下板蹬伸提起向山上板跟并。

（2）双滑雪杖可同时或者随同侧滑雪板单只向体后支撑,防止滑雪板向后倒滑。

（3）身体要跟住山上滑雪板的移动距离与速度。

6. 练习方法

（1）最初可将滑雪杖提起练习。

（2）在各种坡面上反复练习。

7. 注意事项

（1）随着坡度增大,滑雪板的立刃也应加大。

（2）滑雪板始终保持立刃与平行状态。

（三）八字登坡

1. 关键词

八字板,双内刃,杖后撑。

2. 含义

八字登坡是面对滚落线,两只滑雪板呈倒八字形、立内刃状态,直线向山上登山。

3. 应用范围

（1）用于缓坡及中缓坡面的直线登山。

（2）用于快速登坡。

（3）用于登山过程中需随时变向及停住的场合。

4. 动作要领

（1）身体面向山坡，两只滑雪板前部向外展开呈倒八字，双板内刃刻住雪面，身体左右对称。

（2）双手心握住滑雪杖握柄的顶端，将双滑雪杖撑于体后两侧，防止滑雪板向后倒滑。

（3）左板内刃刻雪承重，提抬右板向右上迈出，同时撑动右滑雪杖，左滑雪杖前提，上体微倾，向前跟住。

（4）右板落地内刃刻雪承重，提抬左板向左上迈出，同时撑动左滑雪杖，右滑雪杖前提，上体微倾，向前跟住。

（5）角度大的坡面，滑雪杖还可以在体前支撑。手握住滑雪杖握柄，迈左板时提左杖，右杖蹬雪，右杖撑动；迈右板时提右杖，左杖蹬雪，左杖撑动。

5. 练习方法

（1）从平缓坡开始练习，逐步加大坡度。

（2）从小八字开始练习，逐步加大八字。

6. 注意事项

（1）双板不要交叉。

（2）迈出的步幅不宜太大，以防脱滑。

（3）不适合在深雪中运用。

（四）半八字登山

1. 关键词

半八字，单立刃，不对称。

2. 含义

双滑雪板呈半八字斜向登山的方式称为半八字登山。

3. 应用范围

与横板登山相结合，用于斜向登山及曲折登山。

4. 动作要领

（1）呈"斜坡穿滑雪板站立姿势"，上板外刃承重，下板前端向外展开用内刃刻住雪面。双板呈半八字状态。山上板斜上运行，山下板也可与滚落线垂直。

（2）双滑雪杖在体侧可配合滑雪板同时后撑，或者如同行走一般，向前迈左板撑右杖，向前迈右板撑左杖。

（3）山下板内刃承重，并向上前蹬踏，推动山上板向斜上登滑。

（4）山上板登滑停顿后再次外刃承重，提抬山下板向斜上方迈出落地，上体前跟。此时双滑雪板又呈半八字。

5. 练习方法

（1）先在缓坡上用小步幅练习。

（2）逐渐加大步幅。

6. 注意事项

（1）山下板内刃要刻住雪面。

（2）不适合在深雪中运用。

第二节　滑雪转弯技术　➡

一、高山滑雪转弯的含义

利用相应的动作方式使滑雪板不时地改变方向的滑降即为滑雪的转弯。转弯时，滑雪板在雪面上运行的板迹是连续的S形曲线。转弯是高山滑雪技术的关键和精华，蕴含着无穷的魅力。

二、高山滑雪转弯的分类

高山滑雪的转弯在竞技领域里称为回转，转弯技术有多种：

（1）转弯技术按动作幅度及滑行曲线的大小可大致分为大弯、中弯、小弯。

（2）按数量分有单一转弯、连续转弯（多个转弯连贯起来）。

（3）按转弯时滑雪板的形态及动作结构的不同分为犁式转弯与犁式连续转弯、半犁式转弯、半犁式连续转弯、踏步转、绕山急弯、蹬冰式转弯、双板平行转弯、双板平行连续转弯、双板平行摆动转弯、蹬跨式转弯、跳跃式转弯和大头板转弯。

三、滑雪板为什么能转弯

使滑雪板转弯有四大要素。

（一）形成迎角（滑雪板与原滑行方向线形成的角度）

如同骑自行车在转弯时边向前骑行，边操纵车把，使前轮与前进方向形成角度，引导自行车转弯。

（二）滑雪板立刃形成立刃角

如同骑自行车，在转弯时车体向转弯内侧倾斜，身体重心也向内侧移动，引导车体转弯。

（三）给予一定的力

如同骑自行车操纵车把需要手臂的力量，车体的倾斜须加以重力等。滑雪转弯的力主要使板刃立起并向滑雪板施压，使其形成弯度，产生应力。

滑雪者的身体姿势与重心位置决定转弯的准确性及连续性。如同骑自行车，骑车人身体的姿势不正确，即便具备了其他要素，也转不了稳妥、流畅的弯。

（四）滑雪板自身的几何形状、性能以及给予压力后的变形程度

假如将滑雪板改换成一块长条的硬木板是转不了弯的，即便形成了迎角、立刃角，给予再大的力，木板也只会形成侧脱严重的斜滑行，而不是转弯。

四、一个转弯分为四个阶段

通常把在雪面留下的转弯弧迹（近似半月牙状）分为四个阶段。

（一）阶段划分及每段滑行状况

1. 准备阶段（过渡阶段）

准备阶段也可理解为连续转弯中上一个转弯的结束部分。滑雪者此时处于低姿势的双板平行斜滑降势态。眼睛看准下一个转弯的方向及条件，集中精力，增强下一个转弯的意识。

2. 开始阶段

滑雪者在开始阶段，滑雪板下的坡度变小，速度减低，此时重心应靠前点。接着点杖并向前上方引伸；重心逐渐升高，滑雪板变向变刃，交换重力，变换身体左右形态。

3. 滑近阶段

滑雪者在滑近阶段，滑雪板下的坡度变大，速度增加；此时引伸动作结束（身体姿势几乎站起来）；此阶段有个沿滚落线直下滑的瞬间过程，速度必须增快；之后重心开始降低，重心前后居中。这个阶段，滑雪板脱离滚落线的瞬间切入雪面，踏住外板滑行，形成明显反弓姿势，重力得到了充分利用。

4. 结束阶段

别把转弯结束阶段误会是转弯结束，这个阶段很关键，重心逐渐在前进中降低，滑雪板压力最大，滑雪板向上的曲度也最大。体重蹬压在外板上，应充分利用滑近阶段所形成的惯性、速度，克服离心力，维持住转弯的态势。完成转弯后进入双板平行标准姿态，再进入下一个转弯的准备阶段。如考虑到不减速，内板也可分担体重，或双板共同承重滑行。

（二）四个阶段的内在联系

1. 重心的高度（身体姿态的高低）

由低（通过点杖引伸）逐渐升高（在通过滚落线瞬间为最高）之后又逐渐降低。

2. 重心的前后

由（开始阶段）逐渐前靠放在中间（滑近阶段），一直保持到结束阶段，必要时有稍微的后移段后程与结束阶段前程为最大。

3. 结束阶段

后半程就是下一个转弯的开始，或者继续向前向上滑进，形成绕山急转弯，停止滑行。

（三）特别提示

一个转弯分四段是就普遍性而言，实际上每种转弯在四个阶段的技术动作形态及内容是不尽相同的。

五、倾过的身体形态及与反弓形的关系

（一）什么是倾过

身体离开双板平行直滑降时的重心投影线向一侧倾斜，并立起相应滑雪板刃称为转弯倾过。

（二）倾过的身体形态

1. 直体倾过

适于在缓坡和场地平整的大半径转弯。

2. 胯为主倾过

适于较陡的坡面及速度快、半径较大的转弯，腿基本直伸，用上体横向倾倒与外腿的强力踏蹬来压住滑雪板的立刃角。臀胯部的倾过程度要与坡度、速度相适应。

3. 膝部为主倾过

这是基本的、常用的、广泛的倾过，膝部弯曲向前内下顶压，外板内刃主要承重。它适用于坡度较陡、速度较快、转弯半径小的情况，被滑雪者普遍应用。

4. 胯带膝的倾过

在膝部为主倾过的基础上，可于场地坡度增大、滑行速度增快时采用。这也是常用的倾过形式。

5. 竞技式倾过

这种倾过是在高水平竞技活动中出现的，呈姿态低、双支撑，双滑雪板形成更大立刃角度，内板也承担很大体重。这种倾过也可称为运动员技术倾过。没有相当速度与坡度，硬性模拟这种倾过会弄巧成拙。

（三）倾过与反弓形的关系

倾过与反弓形紧密相关，倾过中加紧上身适度的反向扭转，就是反弓形，最常用的反弓形主要体现在膝部。

六、滑雪板与滑雪杖的协调配合

滑雪杖在滑雪过程中的作用不可忽视，它是滑雪板的得力"助手"、手足"兄弟"。

（一）滑雪杖的主要功能

（1）滑雪板在雪面上站稳时，滑雪杖应及时支撑协助维持平衡。

（2）滑雪板速度不快时,滑雪杖奋力撑动,为之加速。

（3）滑雪板转弯时,滑雪杖配合引伸,点杖前导,促进体重的有效转换。

（4）滑雪板在登山、远行等运行中,滑雪杖起到支撑与推进的作用。

（5）滑雪板特技作秀时,滑雪杖也随之翩翩起舞,参与美的造型。

（二）转弯中正确点杖

（1）点杖之前或点杖之后,都应将持杖的双手控制在腰部前外侧。杖杆与杖尖惯性落于体后是正常的,但也应尽快提到体前,准备点杖。

（2）点杖的位置通常在转弯内侧固定器前部的外前侧。

（3）点杖的力来自前臂和腕部,不可用上臂点杖,类似用锤子钉钉子的感觉。

（4）准备点杖时,杖尖可向前斜一点,但是实际上在点杖的瞬间,杖杆与雪面是垂直的,这样才能用上力,收到点杖的效果。

（5）点杖之后,手部不能向后下方撒甩,运行方向应与上体的外倾方向基本一致。

七、滑雪转弯百字令

"姿势"勿大变,面向滚落线;立刃要明显,重心左右换;左侧板承重,必定向右行;右侧板承重,必定向左行;点杖一瞬间,伸身向上前;点杖系前导,与板配合好;双膝有弹性,左右反弓形;重力向下沉,双板运行稳;小弯只用膝,大弯胯带膝;化身高山虎,与雪共伴舞。

八、犁式转弯练习

（一）技术

犁式转弯是高山滑雪转弯的重要基础技术。犁式转弯是在犁式直滑降的基础上,用移动重心（或增大立刃,或加强腿部蹬踏力,或改变迎角）的方式,左、右轮换地强化主动板的作用,达到左、右转弯。

犁式转弯给人一种相对静态的感觉,身体各部分动作幅度很小。犁式直滑降中的两滑雪板的等腰三角形也无明显改变。如图7-2所示。

（二）应用范围

（1）初步体验和强化移动重心、对一侧滑雪板的蹬动、变化立刃大小、改变滑雪板迎角的感觉。

图7-2

（2）掌握和提高滑行中控制速度及方向的意识与能力。

（3）广泛应用于缓坡低、中速及几乎所有雪质的滑行。

（4）适宜于所有人群的学习和应用。

（5）为学习其他转弯,特别是双板平行转弯积蓄经验及奠定基础。

（6）提高滑雪的兴趣及信心。

（三）动作要领

以移动重心方式向右的犁式转弯（见图7-3）：

（1）以犁式直滑降的姿势为前提,左、右腿与雪面仍然保持三角形,不要后坐。

（2）逐渐向左侧滑雪板移动重心（加大左滑雪板重力）,此时右滑雪板减轻负重。

（3）左滑雪板开始向右自然转弯,成为转弯的主动板;同时右滑雪板被动地跟随着左滑雪板向右转动,成为从动板;上体尽量保持面向山下。

（4）向右转弯完成之后,延续一段向右的犁式斜滑降。

（5）向左转弯之前可进行"引伸"。

（6）逐渐向右侧滑雪板移动重心（加大右滑雪板重力）,此时左滑雪板负重减轻。

（7）右滑雪板开始向左自然转弯,成为转弯的主动板;同时左滑雪板被动地跟随着右滑雪板向左转动,成为从动板;上体尽量保持面向山下。

（8）向左转弯完成之后,延续一段向左的犁式斜滑降。

（9）初学阶段滑雪杖不参与转弯动作。

（10）视线要与转弯方向大致相同。

（11）力求始终保持住双滑雪板的基本犁式状态及身体外形的犁式滑降姿势。

图7-3

（四）犁式转弯向双板平行转弯的过渡

熟练掌握犁式转弯的各种要领及技术动作之后，以交换重心为主的方式，结合改变迎角和加强左右腿轮换用力等方式，从中犁式转弯到小犁式转弯，再到更小犁式转弯（此时可配合点杖）的反复体会、磨炼，再进一步向双板平行转弯过渡。

（五）练习方法

（1）在缓坡慢速中进行靠左、右侧轮换移动重心的转弯，靠左、右侧转换加大立刃的转弯，碎左、右腿部轮换蹬推的转弯，靠左、右板轮换改变迎角的转弯，最后达到熟练综合运用。迎角是通过腿、脚的扭动实现的，扭动过程中以双脚拇指根部为力点，以滑雪板尖部或脚下为圆心，使滑雪板的板型、板位发生变化形成迎角。迎角的大小要根据需要确定。

（2）在较陡的坡面上，在较快的速度下进行练习。

（3）在缓平坡上进行左、右手交替触摸右、左膝，导致向左、右转弯的练习。此时不持滑雪杖，姿势适当降低。

（4）双手握住双滑雪杖的两端，横在胸前，尽量使滑雪杖与滚落线偏离小些。

（5）交替用中犁式转弯与小犁式转弯的练习。

（6）规定滑行路线的练习。

（7）在缓坡与中坡上进行小转弯与大转弯的练习。

（8）在中坡上力求滑出板迹弧度对称的练习。

（9）在中缓坡上进行快速、有节奏的中小转弯练习。

以上练习方法如图7-4所示。

图7-4

（六）注意事项

（1）在犁式转弯的练习中，时刻注意保持犁式直滑降姿势基本不变。

（2）在练习中始终注意主动板的立刃与用力。

（3）身体各部位均不应有多余的动作，以免影响整体外形与平衡。

（4）上体随着转弯扭动、立不住滑雪板刃、大弯腰、滑雪杖拖地都是不正确的。

九、绕山急转弯可急停

（一）技术含义

绕山急转弯属于单个转弯技术。这个技术是在双板平行斜滑降的前提下，加入一个双脚蹬压滑雪板刃的动作,导致滑雪板绕着山坡,滑雪板尖最终朝向山上急速扭转,身体呈明显反弓形姿势,双板后侧微有向山下推动的连贯动作。

(二)应用范围

(1)广泛用于急速停止和滑行结束的停止。
(2)用于滑雪板蹬推的体会。
(3)用于反弓形姿势的体会。

(三)动作要领

向左转弯:
(1)呈双板平行向左侧斜滑降姿势滑行,右滑雪板主要承重。转弯之前进行引伸。
(2)双膝同时向左上侧加大倾顶,加强右滑雪板的蹬力与承重,同时双脚后跟微微向山下蹬推滑雪板,降低重心,形成反弓形,踏住滑雪板不松动,直到完成转弯。
(3)绕山急转弯的滑雪板尖应超过滚落线时交点的垂线而朝向山上。
(4)滑雪杖可不参与动作。
动作要领如图7-5所示。

图7-5

(四)练习方法

(1)在中坡静态中练习。
(2)在慢速中练习。
(3)在较陡坡面做左右侧的反复练习。
(4)试想把绕山急转弯动作体会成绕行一个小山包斜横滑行。

(五)注意事项

(1)不要扭动臀部助力,要注意"纯下肢用力"。
(2)双滑雪板始终不要脱离雪面。
(3)要顺势而练,不能硬性扭动。

十、踏步转弯技术

(一)技术含义

踏步转弯是左右滑雪板交替轮换承受体重和抬离雪面于空中向同一侧改变方向的简易转弯方法,属无弧迹转弯,板型为剪刀式。踏步转弯可理解为平地滑雪板前部外展改变方向技术的延续,由静态变为动态。

(二)应用范围

(1)初学者感受转弯、重心交换、左右滑雪板承重转换的感觉。

(2)应用在平坡、慢速、多种雪质中,特别适合体弱及越野滑雪人群。

(三)动作要领

向右转弯:

(1)呈向右双板平行斜滑降姿势滑行:左滑雪板承重保持滑行状态,提抬右滑雪板向右前方展开迈出,双滑雪板呈剪刀式。

(2)右滑雪板落地承重:保持滑行状态,提抬左滑雪板向右前方相应迈出,向右滑雪板跟并。

(3)左滑雪板落地:双板承重又呈大致向右的斜滑降,再次提抬右滑雪板向右前方展开迈出双滑雪板,又呈剪刀式。

(4)右滑雪板落地承重滑行,再提起左滑雪板向右前方迈出,向右滑雪板跟并。

(5)提抬滑雪板没有蹬雪动作,只是交替向右挪动。

(6)滑雪杖可提离雪面,不参加动作,也可试着加速。

(四)注意

(1)每次滑雪板改变角度的大小,要根据实际情况而定。

(2)提抬滑雪板时不要太高。

(3)动作不要模糊不清,一个动作完成后,再做下一个动作。

十一、半犁式转弯技术

(一)含义

半犁式转弯是滑雪板呈半犁板型的转弯技术。只要向呈半犁滑雪板施加压力,呈直滑的滑雪板收并就可进行转弯。单个转弯动作很简单,但连续动作却不轻松。

(二)半犁式转弯的四种方式

(1)单个转弯。

(2)连续转弯。

(3)山上侧板移出的连续转弯。

(4)山下侧板移出的连续转弯。

(三)应用范围

(1)广泛应用于中坡与陡坡,可在很高的速度中灵活运用,适应多种雪质。

（2）半犁式连续转弯是非常重要的转弯技术,比犁式转弯有质的提高。

（3）通过半犁式连续转弯的练习,可以提高重力移动、用力程序及滑雪板的移出、变刃、收并等动作的控制能力。

（四）半犁式单个转弯的动作要领

向左转弯:

（1）呈半犁式直滑降或偏左斜滑降,右滑雪板为半犁式板型,主要承担体重。

（2）向右滑雪板内刃施压,使其产生张力,同时左滑雪板向右滑雪板并拢,完成半犁式单个的向左转弯。

（五）半犁式连续转弯的动作要领

半犁式连续转弯可以理解为在左、右各做一次半犁式单个转弯的中间通过一个双板平行斜滑降的连接与过渡。

（六）山上侧板移出（或推出）的半犁式转弯动作要领

向左转弯:

（1）呈向右"斜滑降"姿势滑行。

（2）边滑行中,右滑雪板边向右外侧移出（或推出）呈半犁式,同时点左滑雪杖并向前上引伸,体重随移出（或推出）动作同时向右滑雪板移动。

（3）右滑雪板移出（或推出）结束,即承重滑行,保持半犁式板型的状态不变,滑向滚落线。

（4）左滑雪板收并,加大右滑雪板的蹬踏力量,重心降低。

（5）进入向左侧的双滑雪板平行斜滑行。

向右转弯:

（6）呈向左侧的"斜滑降"姿势滑行。

（7）边滑行中,左滑雪板边向左外侧移出（或推出）呈半犁式,同时点右滑雪杖并向前上引伸,体重随移出（或推出）动作同时向左滑雪板移出。

（8）左滑雪板移出（或推出）结束,即承重滑行,保持半犁式板型的状态不变,滑向滚落线。

（9）右滑雪板收并,加大左滑雪板的蹬踏力量,重心降低。

（10）进入向右侧的双滑雪板平行斜滑行。

（七）山下侧板推出的半犁式连续转弯动作要领

向左转弯:

（1）呈向右双板平行斜滑降姿势滑行,右板为山上板,左板为山下板。

（2）体重大部分在左板（山下板）上,左板用内刃蹬住滑雪板,并向山下推出（推出时,有用滑雪板刃将雪削掉一层的感觉）,同时右板（山上板）放平向前滑行,双滑雪板呈半犁式滑降状态。

（3）左板推出后借反作用力提起向右板并靠，同时右板立刃加大承重，向前滑行，此时正是沿滚落线下滑的阶段，接着左板收并结束。

（4）双板同时滑行，结束向左的转弯，进入向左侧的双板平行斜滑降。

（5）整个向左转弯的过程中，右滑雪板（原山上板或外侧板）始终处于滑行状态，而左滑雪板（原山下板）处于推出—收提—并靠—变刃—着雪几个变化的动作。

向右转弯：

（6）呈偏左双板平行斜滑降姿势滑行，左板为山上板，右板为山下板。

（7）体重大部分在右板（山下板）上，右板用内刃蹬滑雪板并向山下推出（推出时有用滑雪板刃将雪削掉一层的感觉），同时左板（山上板）放平向前滑行。双滑雪板呈半犁式滑降状态。

（8）右板推出后借反作用力提起向左板并靠，同时左板立刃加大承重向前滑行，此时正是沿滚落线下滑的阶段。接着右板收并结束。

（9）双板同时滑行，结束向右的转弯，进入向右侧的双板平行斜滑降。

（10）整个向右的转弯过程中，左滑雪板（原山上板或外侧板）始终处于滑行状态，而右滑雪板（原山下板）处于推出—收提—并靠—变刃—着雪几个动作变化的状态。

第八章

越野滑雪

第一节　概　述

越野滑雪是滑雪项目中最古老的运动，目前也是世界上开展得最普及的冬季运动项目之一。越野滑雪对场地环境要求不高，如公园里的草地、林荫道、郊区的原野及丘陵地带，只要积雪到达4.5厘米以上都可以进行越野滑雪活动，达到娱乐的目的。越野滑雪具有如下基本特点：

（1）自然性。越野滑雪是远离城市在野外进行的一项冬季体育项目，要求上坡、下坡、平地各占1/3，线路尽量选择森林地带，以保证雪质、雪量。人们向往自然、奔向自然已成为一种追求。

（2）娱乐性。参加越野滑雪是为了消遣和娱乐，求得心理上的满足和精神上的愉悦。同学、朋友可以结伴到野外雪场去滑雪、游玩，去体验白雪给人们带来的欢乐。

（3）健身性。越野滑雪不仅有娱乐性，还有很好的健身性，是人们保持身体健康，提高身体机能，提高工作能力的良好手段，野外清洁的空气是人们的健康食粮。

（4）持久性。越野滑雪是一项长距离的运动，对参与者的耐力素质和意志品质无疑是一个最好的锻炼。

（5）技术的简单性。越野滑雪技术不是很复杂，不论是传统滑雪技术还是自由式滑雪技术，都是由撑杖推进、蹬动滑行这些基本动作组成的。

第二节　越野滑雪传统技术

一、平地滑行技术

（一）直线向前走动

初次滑雪的越野运动员首先要适应穿滑雪板在雪地上移动的条件与要求，接着以陆地上走步的方式进行练习。运动员穿上板，双手持杖，两板内距15厘米左右，像走路一样两板向前行走，两手持杖随着走动配合撑杖。

1. 要求
初学走动时步幅要小，随着对雪的适应逐渐增大；走动时身体重心要完全落在支撑腿和脚上；向前走动时，身体重心落在支撑板后能向前滑动一定距离。

2. 跌倒后的起立方法
初学滑雪者必须学会跌跤后再起立的技术：① 上体抬起，双腿尽量屈膝靠近臀部并使双板平行与上体正面约成直角；② 单手或双手将上体推起至下蹲位置，然后站起；③ 如果是在山坡地段跌倒时，首先要将下肢移至山坡的下方并使方向成直角并行摆放雪面，用双板刃部蹬住雪地，再按平地起立的要领进行。如图8-1所示。

①　　　　　　　②　　　　　　　③

图 8-1

如上述方法都不容易站起,可将滑雪板固定器打开,使滑雪板与雪鞋分离,然后站起再将滑雪板固定好。

3. 变换滑行方向

对于初学滑雪者来说,在雪上学会向前走动后还要掌握和学会原地转向动作要领:①跨步转向法,即将双板按照正 V 形或倒 V 形的方法跨步变换方向;②180°转向法,滑雪者掌握了跨步转向法后可练习 180°转向法,即无论你在平地或坡地欲转向 180°时,可将一腿向前抬起至滑雪板后部完全离开雪面,然后将腿向外侧旋转使滑雪板着地,另一只板再旋转 180°,使两支滑雪板保持平行。

4. 蹬动滑行

练习蹬动滑行时,开始可不用滑雪杖撑动,两臂持杖随腿的蹬动正常摆动即可。蹬动滑行要领:①上体稍前倾,目视前方 6—7 米;②膝关节微屈;③身体重心放在蹬动腿的脚掌上,通过大腿和脚掌向后的蹬伸,使支撑腿向前方滑动,两腿交替进行;④蹬动腿充分蹬伸后脚跟带动滑雪板抬起,然后大腿带动小腿和滑雪板向前迈,身体重心落在该侧腿上。

(二)两步交替滑行技术

两步交替滑行是越野滑雪传统技术中最常用的一种滑行技术,较适用于平地和中小坡度地势上滑行。

1. 技术动作

(1)上体前倾,右脚用力向下后方蹬动(最后滑雪板尾抬起),身体重心已落在右脚上,向前滑行右膝微屈,左臂尽量向前摆出,使杖尖落在右脚尖一带。

(2)左手用力向下后撑杖,同时左脚向前跟出,身体重心快速移向左脚。

(3)两膝进一步蹲屈,身体重心完全移至左脚上,右脚开始蹬动,手继续前摆,蹬动幅度约为 70—75 厘米。

2. 常见错误动作

单脚滑行时,由于膝部弯曲不够,形成身体重心线落后,影响滑行距离。

(三)同时推进滑行

同时推进滑行技术是两板平行,用两杖同时推撑向前滑进的方法。

1.技术动作

（1）两板平行自然放松，身体稍向前倾。

（2）两臂放松向前摆动，当两手向前摆动的高度超过肩部时，稍做暂停休息，接着将两杖落在脚尖稍前方，上身呈前屈姿势，然后两臂同时用力向后推撑。

（3）随着滑行速度的加快，撑杖的频率也应加快，两杖尽量向前摆动，可将杖尖指向滑雪板尖部稍后处，接着将上体重量放在两板上并用力向后推撑，使体重与臂力合成为向后推撑力量。

（4）两杖向后推撑时，当手部通过腿部时，应将高度降至膝关节的高度，以增加推撑力量。

2.运用时机

（1）一般在较长的平缓的下坡时，运用该技术不但能够加快速度，使腿部得到短暂休息，且全身也有减轻疲劳的作用。

（2）在平地或缓下坡地域时，需要做短暂的加速时，也可用该技术。

（四）两步推进滑行

两步推进滑行是指在两腿各蹬一次后，再进行两杖同时推撑的滑行方法。

1.技术动作

（1）当两杖推撑完后，向前摆动时，滑雪杖要在空中空摆一拍的时间，然后再落地进行推撑。

（2）在进行两步滑行的第一步，要承担起全身重量，否则会引起摇晃现象。

（3）为更好地掌握节奏，可在心中数一、二、三，当数到"一"和"二"时各滑一步，"三"时推撑。

（4）呼吸节奏：两脚滑行时吸气，两杖推撑时呼气。

2.运用时机

（1）一般在遇到较长的一段平坦地段时，可采用该技术滑行。

（2）通过变换滑行方式，调整体力。

（五）变换雪辙滑行

为了避开滑进前方的障碍，在经过整理的雪道上，一边滑行一边改换到另一条雪辙上去滑行的方法。

技术动作：

（1）在变换雪辙前，应加快速度先进行一次两杖同时推撑。

（2）将身体重心移到右脚上，提起左脚板尖指向左前方，再将重心移至左脚上。

（3）当右脚到达右侧雪辙，即时将右板放在雪辙内，并支撑体重；接着将左板也放在雪辙内左侧，两板再共同承担体重。

（4）再用两杖同时推撑一次，加快速度。

二、登坡滑行技术

（一）直线登坡

1. 技术动作

原则上可采用平地滑行的方法，重要的是防止滑雪板向后滑脱，因此要打好防滑蜡，缩小步幅，加快节奏，重心移动要跟上节奏。

2. 注意事项

（1）登坡时上体不要过分前倾，防止滑雪板向后脱滑。

（2）两滑雪杖落点要在身体重心线之后。

（3）坡度越大，步幅越小，以免脱滑。

（二）斜线登坡

为缓冲登比较陡坡时的倾斜度，采取斜着登坡方法，如距离长，可走之字线路。

1. 技术动作

（1）用两脚山上侧一方的板刃，稍用力刻进雪面，将身体侧对山坡。山上侧腿屈膝向斜前方迈进。

（2）滑雪杖向前摆勿过前，而应落在前后脚中间一带，山下侧滑雪杖支撑身体防止向后脱滑。

2. 运用时机

一般遇坡度较大，用直线登坡滑行有困难时，运用此法。

（三）阶梯式登坡

一般在陡坡或线路比较窄的地段，将身体侧向山坡，两板顺次向山上登行的方法，因雪地上留下如阶梯状板印故名阶梯登坡。

技术动作：

（1）将身体侧向山坡，两脚向坡上替换登行。在两板的板刃刻进雪面的基础上，山上侧脚首先向上横跨一步，山下侧滑雪杖支撑住体重，山下侧脚再蹬动上提落在山上侧脚旁，并用内刃刻进雪面。

（2）山下侧脚着落雪面的同时，山下侧滑雪杖马上提起并落在脚旁，以防身体脱滑。

（四）八字登坡

将两滑雪板尖向外侧张开成倒八字形，利用两滑雪板内刃刻住雪面，直线向坡上登行的方法。这种登坡方法速度较快，但也相对费力。

技术动作：

（1）身体前倾，两滑雪板呈倒八字形。

（2）用两滑雪杖交替撑于身体后方，防止滑雪板向后脱滑。

（3）支撑脚滑雪板内刃，刻住雪面并支撑体重，另一只脚向前上方迈出。

（4）迈向前方脚的滑雪板,注意勿踏在另一只板尾部并用内刃着雪,身体重心随着移至此脚上,另只脚再迈向前方。

（5）两板尖分开角度要根据坡度,坡大开角亦大,反之亦小。

三、下坡滑行技术

（一）直线滑降

竞赛越野滑雪场地一般都在10°—12°以内的坡度场地内进行,但有时也有较短的急陡坡,但由于越野板本身较窄,不适于高速度的直线陡坡滑行,因此直线滑降是一项较难的技术,除高级运动员外,一般应避免进行。

技术动作:

（1）两板间距15厘米,膝和足踝关节弯曲,上体保持稍高的姿势。

（2）身体重心落在脚的后半部分并平均放在两板上。

（3）两臂放松并微向前抬起,使杖尖能接近地面。

（二）斜线滑降

斜线滑降一般用于较宽阔的陡坡场地,按斜线方向滑降,以缓冲下滑坡度的滑降方法。

技术动作:

（1）两脚分开约15厘米,山上侧板稍前约半脚的距离,两膝和踝关节弯曲。

（2）身体姿势呈"外倾",即向山下侧倾斜,山下侧板主要支撑体重。

（3）山上侧板外刃、山下侧板内刃刻住雪面,斜向下滑。

（三）横向滑降

一般是在遇到场地窄而陡的线路地段,身体与板横向滑降的方法。通过该技术能有效地控制速度和制动。

技术动作:

（1）身体呈斜线滑降姿势站立,通过膝部关节的屈伸动作并放松山下侧板的立刃程度,使整个身体横向下滑。

（2）身体要保持"外倾"姿势。

（3）在横滑降过程中,如重心稍前移,板尖斜向山下侧,则向斜前方横向下滑,后移体重,板尖稍向山上侧移,则向斜后横向下滑。

（四）八字形滑降

滑雪者将两滑雪板尾部向两侧分开,沿着山坡直线向下制动滑降的方法。两滑雪板外形呈八字形。

技术动作:

（1）两板呈八字形,两膝关节微屈并内扣。

（2）体重落在脚上，重心稍后移。

（3）通过两板用刃及改变两板尾部分开程度，调整下滑速度。

（五）半八字式转弯

滑雪者在八字滑降的基础上，将体重移向一侧板上并用内刃；另一侧放平不用刃，则身体转向未制动一侧的转弯方法。

技术动作：

（1）通过将胯部向左或右移动，使身体重心落在侧板上。

（2）一侧板支撑体重并用内刃制动时，另一侧板必须放平不用刃，以保持身体协调转弯。

（六）跨步式转弯

跨步转弯动作与平地改换雪辙的动作基本相同，只是根据转弯弧度的大小，多做几次跨步而已。

技术动作：

（1）一侧板向侧前方跨出后，重心随着移过去后，撑杖、另侧板跟上。

（2）内侧板跟上要保持两板平行。

（七）双板平行转弯

保持两板平行的情况下做转弯的滑行方法，该技术难度较大，需要有一定基础才能练习。

技术动作：

（1）转弯时两板平行，将膝部向前和向山上侧压，双板用刃同时将山下侧杖尖插向脚尖前部。

（2）以山下侧滑雪杖为支点，向上提重心，两板变为平刃，再将重心落在两板尾部并使之立刃划弧转向，不要将体重只落在山下侧板上。

第三节 越野滑雪自由式技术

越野滑雪的自由式技术是从滑冰动作演变过来的，所以又称蹬冰式滑行，该技术的滑行速度要比传统式越野滑雪技术滑得快，滑雪板的打蜡技术简便，深受滑雪者的喜爱。

一、平地滑行技术

滑雪者两腿按速度滑冰方法蹬动与滑行，双手持杖配合腿部动作而撑动。

技术动作：

（1）一侧腿蹬动后，身体重心全部移到滑行支撑腿的板上，上体放松稍前倾。

（2）蹬伸腿要向侧后方用力蹬伸，蹬动时要用蹬动板的内刃刻住雪面。

（3）膝部弯曲以100°—110°为宜。

二、交替蹬撑滑行

滑雪者在蹬冰或滑行的基础上，把摆动向前的滑雪杖及时地插在滑行脚的前外侧，并与滑行脚同时蹬和撑杖。这项技术与传统式技术的二步交替滑行相同，上、下肢交替配合进行蹬撑滑行。

技术动作：

（1）身体姿势和腿部动作与蹬冰式滑行技术相同。

（2）撑杖与蹬动要同时进行。

（3）在遇到缓坡、平地或下坡时均可采用这项技术。

三、同时蹬撑滑行

滑雪者每蹬动一次，两杖都进行一次同时推撑的滑行方法。

技术动作：

（1）两臂撑杖与腿的蹬动不要偏向一侧。

（2）两臂撑杖和蹬腿动作要充分伸展，节奏不要太快。

（3）该技术常于加速、冲刺或超越对手时应用。

四、二步、四步蹬撑滑行

滑雪者两腿各进行一两次蹬动后，两杖再同时进行一次推撑的滑行方法。

技术动作：

（1）两腿蹬动技术与蹬冰式技术相同。

（2）两臂向前摆杖时，上体直起，两臂弯曲，两手摆至头上高度后，再向下落杖。

（3）撑杖时上体随之下压，两手应通过膝部高度，向后推撑。

（4）一般在较平坦的地段，采用这种技术可节省体力并能保持速度。

五、单蹬同撑滑行

该技术动作是滑雪者在弯道滑行或线路需要时，用一侧腿连续蹬动，两杖同时撑动的滑行方法。

技术动作：

（1）蹬腿和撑杖后身体重心一定要落在滑行板上。

（2）两杖撑杖用力要保持均衡。

（3）该动作用在线路较窄或弯道转变时。

第九章

高山滑雪

第一节 概　述 ▶

一、高山滑雪运动器材与使用方法

（一）高山滑雪运动器材简介

从产生滑雪运动的古代开始，滑雪器材随着人类的发展而不断变化，如滑雪杖由单杖演化为双杖，由上下同粗改为现在的上粗下细；滑雪板由"雪踏式"变化为又宽又长的独木制作，后又进化为精细的合成板，现在又借助高科技手段，生产出由多种材质组合而成的高精滑雪板。

高山滑雪器材主要由滑雪板、脱落器、滑雪鞋、滑雪杖、滑雪服、头盔、滑雪手套和滑雪镜等组成。

1. 滑雪板

竞技高山滑雪板按项目特点不同分为大回转用板、回转用板、全能板和超级大回转板。一般来说，对回转技术要求越高的项目，滑雪板就越短。大众滑雪板分初学者板、中级板和高级板；按性别或年龄分男女板和成人与儿童板。

2. 脱落器

高山滑雪脱落器是连接滑雪鞋和滑雪板的装置。脱落器的作用首先是将滑雪鞋固定在滑雪板上，其次是摔倒时滑雪板自动脱落，避免滑雪者受伤。脱落器上配有止滑器，防止滑雪板脱落后滑下山坡。自动脱落器的强度调节正确与否，与滑雪者能否产生损伤有非常密切的关系：调节得强度太低，会轻而易举地脱落，造成不必要的摔倒进而产生损伤；调节得强度太高，会在剧烈摔倒、猛力扭转、滚动的情况下不能脱落，造成严重的损伤。必须准确地设定脱落器的强度，并掌握脱落器安全脱落的设定方法。

1）高山滑雪脱落器脱落强度的设定方法

脱落器的前后固定卡子上均有表示强度的刻度表，但因脱落器生产厂家的不同，所以刻度设定得也不同。一般竞技用脱落器强度的刻度（强度值）分为3—16，一般大众用的脱落器强度值为1—8。脱落器脱落值的强度设定有多种方法，既有单纯根据体重设定的方法，也有根据胫骨长度设定的方法，下面介绍的脱落器脱落强度值是根据滑雪者的身高、体重、年龄、雪鞋鞋底的尺寸和滑雪者的滑雪水平而综合设定的。

2）脱落器脱落强度的设定步骤

第一步，根据滑雪者的身高、体重决定选择的符号；

第二步，依据滑雪者的滑雪水平决定选择的符号；

第三步，根据滑雪者的年龄调节所选择的符号：年龄为50岁以上的滑雪者在"滑雪者的水平"栏内上升一个符号选择。

第四步，在前三步的基础上，根据决定的符号和依据滑雪者的滑雪鞋鞋底长度（鞋底的长度单位为毫米），来设定脱落器应该设定的脱落强度值。

3. 滑雪鞋

高山滑雪鞋对脚和踝关节有固定、保护、保暖、缓冲等作用，由内、外两层组成，外层从鞋面到鞋底铸造得很结实，上面有调整松紧和前倾角度的若干个卡子，内层有由化纤织物等松软的保暖材料组成的内靴。

4. 滑雪杖

滑雪杖由杖杆、握柄、握革带、杖尖和雪轮组成。主要分为大众滑雪杖和竞技滑雪杖，其作用是滑雪时用来引导变向、支撑加速和控制平衡等。现代滑雪杖是用铝合金或玻璃钢制成的。滑雪杖的握法是手背朝上，由下向上穿越握革，手心朝下将握革根部连同握把同时握住。

5. 滑雪服

滑雪服一般分为竞技滑雪服和大众滑雪服。这两类滑雪服装都具有保暖、防风、防水、吸汗、耐磨、透气等多种功能。大众滑雪服主要以舒适、美观、实用为主，竞技滑雪服的设计，以轻便、安全、减少空气阻力为主，更注重于比赛成绩的提高。

6. 头盔

头盔由硬塑模压制而成。头盔里的保温层富有弹性，整个头盔呈流线型，比较轻便，不影响视野。头盔的作用是在摔倒时保护头部。规则要求，在速降和超级大回转比赛中必须戴头盔。

7. 滑雪手套

专用滑雪手套有保暖、防水、保护手的功能。如果在比赛和训练中通过旗门或摔倒时，可以防止手部碰到旗杆或滑雪板而受伤。

8. 滑雪镜

滑雪镜也叫风镜。滑雪镜的镜片由单层发展为现在的双层，不仅可以防风、防止太阳光照射对眼睛的伤害和防雪盲，而且还可以自动除霜，具有安全、舒适、视野清晰等特点。

9. 其他器材及场地知识

1）弹簧旗杆

弹簧旗杆又称弹簧杆，是高山滑雪插旗用的旗杆的一种。杆的下部用弹簧制成，有被压倒、打倒后自动复原的功能。运动员通过旗门的定义为沿滑行方向以任何方式、从任何方向至少穿着一只滑雪板的单脚全部越过旗门两侧柱的假想连线。这就是说，运动员的身体不一定由旗门之间穿过，只要单脚通过旗门即可。为了提高速度，产生了新的过门技术动作——压杆和打杆。

2）旗门

旗门是高山滑雪项目中限定运动员滑行路线的标志。之所以叫旗门，是因为这个门是由两面在单杆或双杆上的旗，间隔一定距离插在雪地上构成的。回转比赛使用单杆旗门，大回转、超级大回转和滑降的比赛使用双杆旗门。旗门又根据插的形态分为开口门、闭口门、蛇形门、螺形门等多种。

3）安全网

在高山滑雪超级大回转和滑降中，为了保证运动员的安全，在陡坡及急转弯外侧设置的网。

4）方向旗

按滑行方向插设在线路两侧，用于指明滑行方向的旗。旗的颜色为左红右绿，一般为小型三角旗。

5）索道

又称空中索道，是滑雪场和游览区向山上、山下输送人员的机械设备。索道的吊椅分为单人、双人、4人和包厢式多种。

（二）滑雪板（脱落器）的结构与选择

1. 滑雪板结构

滑雪板通常由多层结构组成，主要包括弹性板材、抗扭力的盒形结构、板芯、玻璃纤维复合材料、高分子材料底板、金属边刃等。

滑雪板底板的材料主要由塑料或高分子尼龙材料制成。高分子材料的底板摩擦系数小，比塑料底板要好。

脱落器是连接滑雪板和滑雪靴的一个重要部件，它对滑雪者的人身安全起着重要的保护作用。脱落器分前后两部分，直接用螺丝固定在滑雪板上。脱落器前部不可移动，后部可沿滑雪板前后移动，以适应大小不同的滑雪靴。脱落器前部主要固定滑雪靴前压舌，将滑雪靴的前部插入前部脱落器的凹槽内，在槽的两边有两个带弹性的挡板紧紧卡住滑雪靴，使滑雪靴不会左右移动。其弹性的大小可通过脱落器上的旋钮来调节，一般是以强度数值来表示，也就是说，一旦来自侧面的冲击力超过设定的数值时，弹性挡板向一侧偏出，滑雪板与滑雪鞋自动分离，以避免滑雪者受伤。后部脱落器具有调整长度、固定雪鞋和脱落功能。通过后固定器的前后移动可调长度，通过压住滑雪鞋后压舌起固定滑雪鞋的作用。另外，还具有脱落功能，当来自向上的力超过设定的数值时，后部脱落器可向上抬起，使滑雪板与滑雪鞋自动分离，以保证滑雪者的安全。

穿滑雪鞋与滑雪板固定时，只需将后部的脱落器抬起，将滑雪靴的前端插入前部脱落器的凹槽内，用力向下压滑雪靴的后跟，听到"啪"的一声，脱落器即将滑雪靴的前后端紧紧卡在滑雪板上了。上下跳动几下，如无松动现象，即可滑行。另外，在后部脱落器的两侧，还有一对可收放的止滑器，其形状像两支小的船桨。当滑雪鞋被脱落器固定时，这一对止滑器通过自动结构同时被藏于脱落器两侧；当滑雪鞋与滑雪板分离时，止滑器同时打开，如同插在雪中的两支船桨，使滑雪板不至于顺山势滑走。

2. 滑雪板的选择与携带

长的滑雪板，速度快，稳定性好，灵活性差；短的滑雪板，速度慢，灵活性好，稳定性低。

对于初学者来说，太长的滑雪板不容易控制，转弯比较困难，不利于提高技术水平。根据经验，初学者使用传统滑雪板时，最好以自己的身高再加5—10厘米即可，而使用卡宾滑雪板时则要比身高少10—20厘米。滑雪板的弹性有大有小，初学者应选用弹性较大的，因为这种滑雪板遇到不平的雪面时不易产生过大的颠簸，制动效果也较好，操作起来比较容易，能较快地掌握基本的滑雪方法。技术好的滑雪者，可以选择长度稍长、强度大、重量重的滑雪板，以增加滑行中的稳定性，使滑雪板的金属边刃紧紧地卡入雪面，以利操纵，滑出漂亮的弧形。

滑雪场地滑雪者很多，为了防止意外伤害事故的发生并且携带滑雪板省力和方便，走稍长的距离时一般采用肩扛滑雪板的方法，即两滑雪板滑行面相对，平扛在肩上，板尖朝前，脱落器在肩的后部，一只手握住滑雪板的前部，另一只手拄滑雪杖。在肩扛滑雪板走动时，注意板尾、板尖不要伤人。距离比较近也可将滑雪板竖起，板尖朝上携带。

（三）滑雪板的涂蜡

1. 滑雪蜡的种类

现在的滑雪蜡大致可分为两种材料：一种为石蜡，另一种为氟。石蜡很久以来一直被广泛使用，因为它能充分润渗滑行面，大部分的滑雪蜡都采用了此种材料。氟是近年来才被大量使用的材料，具有优良的防水性，其滑行性大大超过了石蜡，缺点是不能浸透滑行面，且价格昂贵。但是最近与石蜡结合在一起、发挥两者长处的滑雪蜡已经得到了广泛使用。

2. 滑雪板滑行面的涂蜡与润渗

1）"制作"滑行面

滑雪板技师和维修店的专业人员在处理全新的滑雪板时，称之为"制作"滑行面或"制作"滑雪板。用他们的话来说，全新的滑雪板是需要制作的半成品。具体的工作包括彻底的涂蜡与润渗。

为了让更多的蜡能润渗到滑雪板深层，在此阶段采用渗透性较高的100%的石蜡，并要注意按照从高温蜡到低温蜡的顺序分别使用。之所以从高温用蜡开始涂，是因为在过低温度下能够溶化。在滑雪蜡没有浸润的滑行面上，接触到高温的熨斗，容易烫出焦痕，应慢慢地将低温用的硬蜡涂上。再通过刮削、刷涂，去除表面上的细毛之类的污物，使纹路清晰地显示出来。新滑雪板或刚刚用机器修整过的滑雪板特别能吸收滑雪蜡，因此蜡的用量要比平常多，过少则易损坏滑行面。

2）"制作"滑行面的程序

（1）滑行面的清理。当滑行面特别脏时，可使用除蜡剂清理；不太脏时，可涂蜡使污物浮起，然后立即刮削除去。

（2）刮磨。使用除蜡剂后，在干燥之前，用胶质刮刀轻轻刮磨滑行面，注意不宜过分用力。

（3）擦掉污垢。使用纤维布纸类擦拭滑行面，彻底清除表面上残留的细小污垢。

（4）刷涂。用混合刷或青铜刷刷涂滑行面。按照从头至尾的方向，清除残留在细小间隙中的污垢。

（5）完成"制作"滑行面。用纤维织物擦拭、处理，完成"制作"滑行面。在"制作"阶段先用粗网纤维，然后再用细网纤维，从头至尾用力摩擦。

（6）滴蜡。用涂蜡熨斗将滑雪蜡熔化，使其滴到滑行面上。如果混合使用滑雪蜡，家庭用的一般熨斗有温度变化幅度大的缺点，须加注意。另外，禁止对滑行面进行聚四氟乙烯加工。一旦用熨斗烫焦了滑行面，滑雪蜡就不能浸润到损伤部分了，严重时会无法恢复原状。为防止此类烫伤，最初可采用"生涂"的方法。用熨斗边加热滑雪蜡边"生涂"，使滑雪蜡从上面溶化，滴落下来。以纤维布贴在熨斗上涂抹的方法也很有效。

（7）烫开滑雪蜡。使用涂蜡熨斗，将滑雪蜡烫至液态。注意不断滑动熨斗，以免烫伤滑行面。同时将温度设定在不冒烟的程度。房间的温度在 15—20℃。

（8）除掉流到边侧上的滑雪蜡。使用多用刮刀及时除掉流到边侧上的滑雪蜡，否则冷却凝固后很难除掉。

（9）刮削。等滑雪板在室温下冷却到一定程度后，使用刮板刮削，方向为从头到尾，注意刮刀要锋利。

（10）刷涂与包装。使用尼龙或马毛刷清除残留的滑雪蜡。因为这对滑行性有很大的影响，所以务必认真清理。用细孔纤维织物擦拭，完成"制作"滑行面。把头和尾部的触雪点用胶带缠好包装起来。要想更妥善地保管，可利用相关的保护器具。

3. 纯氟滑雪蜡的涂法

纯氟系列滑雪蜡要用特别的方法来涂。其关键是用软木等使之充分展开，涂擦到因摩擦而发热的程度即可。涂擦之后，刷也很重要。刷得过轻会使滑雪蜡残留，需要彻底清除。另外，在紧急情况下，只用刷子刷一刷即能得到涂蜡的效果。

4. 滑雪板的保养

作为收尾工作，不该忘记的是需要长期保管的雪具的保养。如果用完之后不加保养就放起来，那么对雪具和滑雪者都无益处。为了以最好的状态迎接下一个雪季，对雪具的保养绝不可以草率从事。

二、高山滑雪运动的动作原理

滑雪运动员从斜坡上滑下，尤其在直线滑行过程中，主要动力是重力。重力是由地球的引力而产生的，方向是竖直向下的。

滑雪的下滑运动中，影响人体运动的力有很多，主要可分为内力与外力。内力主要是指在精神系统的指挥下，以骨骼为杠杆，以关节为枢纽，以肌肉的收缩与舒张为动力的力量；外力一般是指重力、摩擦力、空气阻力、支撑反作用力、向心力与离心力。在转弯过程中，运动员能够从山上连续滑下的动力主要是重力与离心力的合力。

除此之外，还有摩擦力和空气阻力。摩擦力是指阻碍两个物体间移动趋势的力，影响滑雪运动的摩擦力包括静摩擦力、滑动摩擦力和液体摩擦力三种。滑动摩擦力是指相互接触的物体在相对的滑动时受到的阻力。滑雪板在雪面上滑行受到的滑动摩擦阻力，因雪质及滑雪板滑行状况的不同而不同。滑动摩擦力可用 $F = \mu N$ 来表示：μ 是滑动摩擦系数，摩擦系数的大小与滑雪板板底的光滑程度、雪面的干湿状态、硬度及运动速度的大小有关；N 为正压力，是指垂直接触表面的压力，在滑行过程中压力不是物体自身的重量，也不是一成不变的，而是一种变化的力。液体摩擦是指滑雪板滑过雪面所产生的热使接触滑雪板的雪融化，产生液体摩擦，这就使摩擦系数变得极小。液体摩擦力可用 $F = hv/n$ 来表示：F 是液体摩擦力，h 是滑雪蜡的绝对黏度，v 是滑行速度，n 是滑雪板与雪之间融水层的厚度。

空气阻力是指空气对运动物体的作用力，它对运动物体的阻力可用 $F = \frac{1}{2}CpSV^2$ 来表示，速度越快，阻力越大。

影响转弯的三个角包括身体倾斜角、滑雪板的迎角和立刃的角度。滑雪板与滑行方向形成的角度称为滑雪板的"迎角"。立刃是指滑雪板用刃的强弱，立刃强，滑雪板与雪面形成的角度大,反之则形成的角度小,而立刃的大小与身体和雪面形成的倾斜角度有关。立刃可单纯由膝或下肢来完成,也可由全身的倾斜来实现。因单纯由下肢控制形成的立刃,上体相对于雪面是直立的,与下肢形成"<"形,故称为反向平衡。立刃形成阻力的大小因加压的方法而不同,给滑雪板加压越大,使滑雪板刻入雪中的深度越大,阻力也越大。

在滑行中速度的控制与方向的改变都是反作用力的结果,也就是通过身体对滑雪板形态的控制而获得不同的阻力。阻力的大小、方向的控制及平衡的保持是滑雪者的主要考虑的问题。滑雪的阻力之中,直接阻力是滑雪板推雪时产生的"推雪阻力"。推雪阻力的大小与滑雪板和雪构成的阻力面的大小及阻力面角度的大小有关。除前后方向的阻力外,还有左右方向的阻力。滑雪板与雪构成的阻力受滑雪板运动的方向及角度的影响,迎角越大阻力越大;滑雪板纵向滑行时阻力最小,而滑雪板横向滑行时则阻力变大,但与立刃大小也有关。

第二节　高山滑雪运动技术与练习　▶

随着滑雪器材的改进,滑雪技术也在向快速、便捷、安全的方向发展,滑雪者的身体动作形态也在发生变化。从20世纪90年代以来,高山滑雪器材的演变可以说是划时代的,与之相对应的高山滑雪技术也出现了革命性的变化。特别是受单板形状的影响而产生的卡宾滑雪板的应用,给高山滑雪带来了深刻的变化。竞技高山滑雪板与旅游滑雪板都变得更短,板侧弧增大,滑雪板与脱离器之间安装了脱离器垫片,滑雪板的韧性也有了改变。更重要的是滑雪板的科技含量日新月异。所有这些变化使高山滑雪技术中的滑雪转弯的运动模式发生了明显的变化,但同时也增加了受伤的概率。

高山滑雪技术包括基础技术、基本技术、应用技术和发展技术。本书所涉及的是基础技术、基本技术及部分应用技术。高山滑雪基础技术包括原地变向、蹬坡、停止及安全摔倒等。高山滑雪基本技术中包含滑降和转弯两个部分。

为更好地了解和掌握高山滑雪技术,有必要了解一些高山滑雪的专门用语。

回转:连续的转弯。

重心:指人体总重力的作用点,其方向对向地球中心。重心在滑雪运动中,有时在体内,有时在体外(重心在滑雪运动中的移动方向是多维的,即前后左右上下移动的合成)。

重心交换:一般指滑雪转弯过程中重心的左右变换。

加压:一般指通过重心移动以及腿与脚施加给滑雪板压力。

滚落线:一个球体从山顶向山下顺着山坡不改变运行方向滚落的完整直线。

平行板型:两只滑雪板呈相互平行状态。

犁式板型:两只滑雪板后部横向宽度大于前部。

滑雪板刃:指滑雪板底面两侧的金属边。

滑雪板内、外刃:保持滑雪基本姿势,左右两只滑雪板内侧的板刃称为内刃,外侧的板刃称为外刃。

立刃:指滑雪板底面内侧或外侧立起与雪面形成一定角度的状态。

反弓形：转弯过程中，由于滑雪板的立刃和为了维持平衡，膝、髋关节向转弯内侧倾斜，而上体又向转弯外侧反向倾斜，所形成的人体姿态称为反弓形。

旗门：为了规定比赛线路所设置的由标志旗所组成的门，一般由两面旗组成。

开口旗门：两个旗门杆连线与线路方向垂直。

闭口旗门：两个旗门杆连线与线路方向平行。

过旗门：指高山滑雪比赛中运动员从两面旗组成的门中通过。

一、基础技术的练习

高山滑雪基础技术是指为了适应滑雪板、滑雪杖所要掌握的原地和行进的走、蹬坡、滑行、制动、方向变换及安全摔倒等基础性的技术动作。基础动作可以分为不着滑雪板、着单板和着双板三类练习。基础技术掌握得如何，对基本技术的学习与掌握将会起到重要的作用。

（一）不着滑雪板的练习

穿上雪鞋后，由于雪鞋的鞋靿较高，踝关节的可动性很小，活动受限。为了尽快适应雪鞋及提高对雪的兴趣，可进行不持滑雪杖，只穿着雪鞋的各种游戏，例如打雪仗、捉人等，也可利用小坡进行滑下及打爬犁等活动。通过各种游戏及活动，使练习者在不知不觉中提高对雪鞋的适应性，增强对雪的兴趣。

两手持滑雪杖进行有支撑地走或慢跑的练习，体会滑雪杖与运动的配合。习惯后可以结合进行一些有关练习，如侧向并步走、利用坡面进行蹬坡的练习等。

（二）着单板的练习

着单板的练习是指一只脚穿雪鞋，另一只脚穿着滑雪板，通过穿雪鞋脚的蹬动及穿滑雪板脚的支撑及滑进，循序渐进地提高对滑雪板和滑雪板着雪感觉的体会及支撑平衡能力。练习方法多样，有原地练习，有行进间练习。

（三）着双板的练习

着双板的练习主要是指在平地上的练习。在穿雪鞋及着单板练习的基础上，可以进入着双板练习的阶段。此阶段主要任务是在适应双板与雪的感觉的基础上，能够尽量地灵活运用滑雪杖。着双板的练习应包括原地动作、移动（滑行）、原地变向、蹬坡、停止、安全摔倒与站起。

1. 原地动作

原地动作主要是指滑雪前的准备活动。穿上双板后可进行如下练习来习惯滑雪板、提高适应和平衡能力：

（1）不同程度地蹲下站起。

（2）双板平行开立，上体向左、右倾斜。

（3）双板并拢，身体不同幅度地前屈、后倾及后仰。

（4）双板平行，同时向左、右跳跃。

（5）双板并拢，双板尾向左、右跳动。

2. 移动（滑行）

移动（滑行）应在平坦场地进行，目的是进一步适应滑雪板、滑雪鞋及滑雪杖，达到人与器材的协调一体。练习方法包括走、滑行、双杖推进滑行和侧向移动练习等。

3. 原地变向

原地变向是指滑雪者在平地或坡面上处于非滑进状态的改变方向。初学者只有掌握了原地改变方向之后，才能比较自如地进行各种练习。原地变向的方法有很多，既有板尾、板尖依次移动展开逐步改变方向的方法，也有一次能完成较大角度的变向，还有原地跳跃变向。这里主要介绍板尾、板尖依次移动改变方向和180°变向两种方法。

1）板尾、板尖展开变向

板尾展开变向和板尖展开变向运用于较平坦的雪面，其方法相近，也有人将这两种变向方法称为踏步式变向。

动作要领：无论板尖展开变向还是板尾展开变向，都要注意滑雪杖的位置。板尖展开变向时，滑雪杖支撑位置应在体前。滑雪板一次展开距离不宜过大，随着对滑雪板的适应再逐渐加大展开的距离。在展开滑雪板时，体重要明显地移动到支撑腿上，而且移动得要快。

2）180°变向

这种变向多用于中等坡和陡坡，其特点是变向速度快。

动作要领：由双板平行站立开始，将一侧滑雪板在身体前方立起，滑雪板着雪，另一侧滑雪板支撑体重，伴随着向立起滑雪板外刃方向的转体，以立起滑雪板的板尾为支点，滑雪板向后转至180°着雪，此时形成双板体前交叉着雪，接着重心转移到转动脚上，提起支撑体重的滑雪板平转至双板平行并着雪。其变向动作还可分为前转180°变向和后转180°变向。将前转180°变向动作由结束部分依次向开始部分相反进行，即为后转180°变向。

4. 蹬坡

蹬坡是指滑雪者穿着滑雪板蹬上山坡的技术动作。蹬坡因技术水平、雪质、坡度和滑雪者体力的不同而采用不同的方法。蹬坡从雪痕上可以分为直蹬坡、斜蹬坡和Z形蹬坡；从滑雪板的形状上又可分为双板平行阶梯式蹬坡和滑雪板呈V形蹬坡或称开脚蹬坡。

双板平行蹬坡可适用于各种坡面。蹬坡者侧对垂直落下线，可用滑雪杖协助蹬坡。双板平行蹬坡可用于直蹬坡，也可用于斜蹬坡。其动作要领如下：

（1）向上迈出的板步幅不要太大，迈出时保持双板平行，重心随之向上移动，可用滑雪杖协助支撑。

（2）用上侧板外刃刻住雪面后重心随之移到上侧板上，接着下侧腿向上侧腿靠拢，并用内刃刻住雪面后，再进行第二步的蹬行。

V形蹬坡一般用于缓、中坡。蹬坡者应面对蹬坡方向垂直向上蹬行。其动作要领如下：面对山坡，用两板内刃刻住雪面，身体前倾，向前上方依次迈出滑雪板。步子不宜过大，防止板尾交叉，同侧的滑雪杖协助支撑，可用手握住滑雪杖握把的头。在向上蹬坡时，重要的是板内刃刻住雪面后移动重心。

5. 停止

初学者由坡上滑下时一般都是越滑越快，即使是较理想的场地有时也难免会发生摔倒或冲撞。因此,掌握了停止方法无论是对自己或是对他人的安全、增强对滑雪板的控制能力,还是学习其他技术动作都是有益的。从山上向下滑的关键是保持平衡。减速或停止是通过对滑雪板的控制,使滑雪板与前进方向成一定的角度或完全横对前进方向的同时,增加立刃以加大摩擦力来完成的。停止的方法很多,初学者多用比较容易掌握的犁式停止法。

动作要领:

（1）在滑行中使滑雪板呈犁式状态。

（2）重心稍向后移,形成稍后坐姿势的同时两板尾蹬开,两侧内刃逐渐加大刮雪力量。

（3）逐渐加大板尾向外侧的立刃和蹬出力量,直到停止。

水平较高的滑雪者多用双板内外刃急停方法进行停止。

6. 安全摔倒与站起

1）安全摔倒

滑雪中摔倒是不可避免的。无论是优秀运动员还是初学者,在摔倒时既有内因也有外因。摔倒是产生外伤的主要原因。对初学者来说,重要的是掌握安全的摔倒方法及摔倒之后站起的方法。

安全摔倒方法:在失去重心的情况下,尽量不挣扎,迅速屈膝降低重心,两臂自然伸直,臀部向山上侧坐,两滑雪板稍举起,防止滚动。在完全停止前勿伸腿或使滑雪板着雪,并保持稍团身姿势。

2）站起

摔倒后如何站起来也是初学者要解决的问题,有时候摔倒姿势是不可控制的,因而摔倒后头的朝向也是无法控制的。在无人帮助的情况下,怎样站起来更容易,则要根据场地的情况采用相应的方法。在山坡上摔倒后,首先要弄清自己的头朝什么方向,然后再移动身体使头朝山上、滑雪板朝山下方向,形成侧卧状态。然后是抬起上体,侧坐,收双板时使双板横对山下侧,尽量使双板靠近臀部,并用山上侧板外刃刻住雪面,再用手或滑雪杖支撑站起。

3）危险的摔倒姿势

在高山滑雪产生的外伤之中,因危险的姿势摔倒造成的损伤占有相当大的比例,因此必须杜绝危险摔倒姿势的出现。摔倒后顺势滚动在一些球类项目及其他体育项目中可以减少受伤的程度,但在雪上却完全相反。因滑雪者穿着长长的与身体纵轴相垂直的滑雪板,若摔倒后顺势滚动,滑雪板没有脱落,后果是不堪设想的。摔倒后滚动是最危险的动作,应避免。

二、基本技术的练习

（一）滑降技术及其练习

滑降,从板形上可分为双板平行滑降和犁式滑降;从滑行状态上可分为直滑降、斜滑降和横滑降。这里所说的滑降技术不是高山滑雪竞技项目的滑降（downhill）技术,而是指滑雪基本技术中从山上向山下滑行时所采用的不同动作所构成的技术。

基本滑降技术包括直滑降、犁式滑降、斜滑降和横滑降,通过各种滑降练习,主要掌握滑降的基本姿势、基本动作、用刃方法及用力顺序。通过反复练习来适应不同坡度、不同雪质和凹凸雪面上的重心移动及不同速度情况下提高对滑雪板的控制能力,逐步达到用力经济、动作准确和自如的目标。

1. 直滑降

直滑降是指双板平行,面对垂直落下线直线下滑的技术。通过直滑降的练习主要掌握基本滑行姿势,体会速度、滑行感觉及重心位置,提高对不同坡度的适应能力及对滑雪板的控制能力。直滑降的技术重点是用腿部的屈伸来调节,并保持正确的滑行姿势。

1）动作要领

（1）双板平行稍分开,体重均匀地放在两腿上,两脚用力。

（2）上体稍前倾,髋、膝、踝关节稍屈,呈稳定的稍蹲姿势,保持腿部随时可以屈伸的状态。

（3）两臂自然垂放两侧,肘稍屈,肩部始终处于放松状态。

（4）目视前方,观察场地及前方情况,防止低头看滑雪板。

2）练习方法

（1）从滑坡的小平台上出发,不持滑雪杖,保持正确姿势滑下。

（2）在滑降中做重心前后移动并保持滑行方向不变的练习。

（3）在滑降中进行深蹲,用左手摸左脚或右手摸右脚,并保持滑行直线不变。

（4）在缓坡下滑中变换高低姿势,并保持滑雪板平衡及滑行方向不变。

（5）在缓坡的滑降中完成左、右轻微转体的练习。

（6）在中坡下滑时体会速度感觉,适应后可进行短距离的双板平行用内刃直线滑行和用外刃滑行的练习。

（7）在下滑过程中保持双板平行状态,依次将重心向左、右脚上移动并注意直线性。

（8）在下坡中单板提起离开雪面,另一板支撑保持直线滑行。两脚可交替进行。

（9）在缓、极缓和中坡进行较快速度的滑行,以适应不同坡度、雪质及凹凸雪面的变化。

（10）在下滑过程中加入双脚同时轻跳起,着地后注意保持正确姿势和双板直线性的滑进练习。

3）注意事项

（1）在练习中要注意体会重心上下、左右、前后移动时对滑雪板产生的影响及掌握对滑雪板的控制方法,防止一味追求速度的倾向。

（2）注意在中坡上起滑时因突然加速造成重心落后而摔倒。

（3）在雪坡、雪质的选择上必须循序渐进,由易到难。

（4）在滑行练习中时刻注意放松,防止动作紧张、僵硬。

（5）膝部屈伸动作是保持正确动作的关键,必须给予重视,并加强对膝部屈伸动作的训练。

2. 犁式滑降

犁式滑降是滑雪板呈八字形从山上直线滑下的技术动作。与直滑降相比较,除了板形不同外,二者的区别还在于:直滑降过程中减速或停止除受地形的变化影响外,只能依靠停止法;而犁式滑降在滑降的过程中可以通过调节八字的大小和改变立刃的强弱来控制速度。所以,有人把犁式滑降称为犁式制动滑降。犁式大小变化是依靠同蹬同收进行控制的。

通过犁式滑降技术动作的学习,主要应掌握板尾蹬开的动作及正确的身体姿势,提高滑降中用刃的能力及对方向、速度的控制水平。

1)动作要领

(1)双膝稍屈并略有内扣,重心在两板中间,两脚跟同时向外展,推开板尾,使滑雪板呈八字形。

(2)上体稍前倾,上体、双臂及肩部放松,两手握杖自然置于体侧,杖尖朝向后方。

(3)眼睛向前看,防止低头看板。

2)练习方法

(1)从直滑降开始,犁式滑降—直滑降—犁式滑降交替进行。

(2)分别用大、中、小犁式滑降体会三种犁式的不同。

(3)按直线滑降—小犁式—中犁式—大犁式的顺序练习。

(4)按大犁式—中犁式—小犁式的顺序练习。

(5)在犁式滑降中犁式大小不变,体会用刃的强弱。注意两腿用力的均等和直线性。

(6)从小犁式滑降至大犁式停止。

(7)在综合坡上进行速度相同的犁式滑降。

(8)在综合坡上进行直滑降和犁式滑降的混合练习。

(9)在中缓坡上进行保持犁式板形将重心分别向左、右腿移动,体会改变方向后再恢复犁式滑降。

(10)用屈膝和伸膝两种姿势进行犁式滑降的练习。

3)注意事项

(1)练习时防止速度过快而无法体会动作。

(2)应反复体会板尾推雪的感觉。

(3)反复练习对板尾展开大小的控制,力求达到随心所欲。

(4)初学者应防止八字过大而造成外伤。

(5)犁式滑降中放松动作是很重要的,在所有练习中都应注意放松。

(6)在犁式滑降中易出现如下错误:上体僵硬、臀部过于后坐、重心不在两板正中间、膝关节控制不稳。

3. 斜滑降

用直线斜着滑过坡面称为斜滑降。斜滑降的板形有双板平行,也有犁式。通过斜滑降的练习,主要掌握上侧板与下侧板不在同一高度上的滑行技术特点及用刃方法和身体的外向、外倾斜姿势动作。

直滑降时两板平均负担体重,而斜滑降时是上侧腿负重稍大于下侧腿。双板平行斜着滑过坡面时滑雪板处于横切状态,因坡度的不同,滑雪板抵着雪面积大小也不同。一般是用两板山上侧板底负担体重,从雪辙的深浅可以分析出用刃的强弱。

双板平行斜滑降的最大的特点是身体姿势的外向(上体稍转向山下侧)和外倾(膝、踝向山上侧倾,上体稍向山下倾)。由于外向外倾构成了身体的"<"形,也称反弓形。在斜坡滑降时为了防止向山下侧横滑,两踝两膝向山上侧倾倒产生一种由上向下踩住滑雪板的感觉,也就产生了前面讲过的两板山上侧负重的结论。

1）技术要领

（1）在坡面上斜对山下站立时，肩、髋稍向山下侧转，形成外向的姿势。上体稍向山下侧倾，而膝部向山上侧倾，用双板山上侧的刃刻住雪面。

（2）在下滑过程中，应把握从山上向下踩住滑雪板的感觉，上侧板比下侧板向前一些，双板应平行。

（3）在滑行时，保持上述姿势，并注意两肩的连线、髋的连线和两膝的连线与山的坡面保持几乎平行的状态。

（4）斜滑降时的"<"形姿势变化与用刃是协调一致的，共同控制用刃的强弱及速度。

（5）两臂自然放松，目视前方8—10米处。

2）练习方法

（1）保持正确的斜滑降姿势，改变重心高度的滑行练习，滑行时要保持两板的距离。

（2）在斜滑降时进行重心向左右、前后移动的练习，体会腿的负重感觉，并注意呈直线。

（3）在斜滑降中加入轻微的向左、向右的转体动作，以增强对板的控制能力。

（4）扩大或缩小两板左右之间距离的斜滑降练习。

（5）在中缓坡上进行改变用刃强度的滑行。

（6）双手胸前平举滑雪杖或把滑雪杖平置于两肩之上，进行正确的斜滑降练习。

（7）分别进行上侧板主要负重和下侧板主要负重的直线斜滑降练习。

（8）单板支撑体重的斜滑降练习。

（9）在各种坡上用正确姿势在滑行中不断向山上侧迈出一步的斜滑降练习。

（10）在不同坡面的凹凸场地上进行直线的斜滑降练习。

3）注意事项

（1）牢记正确的反弓姿势。

（2）加强对雪辙的分析，以了解对用刃技术的掌握情况。

（3）防止在中坡上斜滑降时出现横滑现象和过大的脱滑。

（4）保持心理的放松和动作的放松。

4. 横滑降

横滑降是指滑雪板横着沿垂直落下线方向直线或斜线的滑下。通过这种技术的练习，提高对整个滑雪板方向的控制水平及调整相对应的身体姿势的能力。

1）动作要领

（1）双板平行，上侧板稍向前约半脚。

（2）身体侧对滑下方向，上体与斜滑降时相比较有更大的向山下侧扭转的感觉。

（3）通过调节两滑雪板与雪面的角度向山下滑进。

（4）双腿微屈，眼睛向山下方向看。

2）练习方法

（1）在缓坡上进行匀速横滑练习。

（2）从斜滑降到横滑降的练习。

（3）在中坡上进行慢速横滑降的练习。

（4）在陡坡上进行慢速横滑降的练习。

（5）在中坡上进行改变重心高度的横滑降练习。

（6）在中坡上进行单板横滑降和斜滑降练习。

（7）在小的凹凸坡上进行斜线的横滑降练习。

3）注意事项

（1）注意重心与横滑降速度的关系。

（2）防止在横滑中出现曲线。

（3）用大量的练习来克服恐惧心理。

（4）在中、陡坡的横滑练习中，对速度的控制是较难的，尤其是匀速则更难，应防止变速现象的出现。

（5）除用板刃控制方向及速度之外，还应结合上体的扭转来调节方向。

（二）转弯技术及其练习

1. 转弯技术的动作及构成

转弯技术是高山滑雪技术中的重点和难点，是高山滑雪技术中的关键。在下滑过程中要想改变方向，就必须依靠改变滑雪板对雪的阻力和重心向弧内方向的移动来完成。

转弯中改变滑雪板迎角、变刃以及采取相应的姿势等动作，都是协同配合有节奏地进行的。一次转弯的实施由许多因素组成，只有将转弯的诸因素有机地连贯结合起来，才能完成圆滑的转弯动作。下面介绍构成一次转弯的各种因素。

1）力

向前滑行的滑雪者要想改变滑行方向，必须用某种方法向转弯内侧施加一种外力，否则滑雪板是不会改变方向的。例如滑雪者与他人碰撞，由于他人的阻力而使滑雪者改变了方向，这种阻力就是外力。但滑雪转弯绝不是依靠碰撞施加外力改变方向，而是通过滑雪板施加给雪面的外力而改变方向。雪对滑雪板的阻力主要是通过滑雪板改变了与前进方向不同的迎角和立刃产生立刃角而产生的，只有这样才能从雪面接受阻力，改变滑行方向。雪的阻力的大小从雪痕上是可以看出来的。转弯在滑雪板上表现出不可缺少的三个因素，即迎角、立刃角和用力的大小。

在学习转弯技术时，需要知道哪只脚是内脚、哪只脚是外脚，哪支滑雪板是内滑雪板、哪支滑雪板是外滑雪板。同时还要知道什么是山滑雪板（山上侧板）什么是谷滑雪板（山下侧板）。

转弯时，作用在滑雪者身上的力量是多种多样的，改变任何一个动作都可能引起力的大小和方向的变化，每一个动作都是各种力的综合反应。若想自由控制速度、自由变向，就应对滑行当中产生的各种力有一个大体的了解，弄清它对滑行的影响及如何有效地利用这些力。例如雪的阻力大小与施加给雪面的压力成正比，但因坡度不同压力也会发生变化。再如空气阻力，速度越快阻力越大。每秒8—10米以下的速度作用于人体的空气阻力是极小的，每秒10米时作用于人体的阻力是2千克，每秒20米时作用于人体的阻力约为8千克。到了每秒30米时，作用于人体的阻力约为20千克，此时若是采用圆形的半蹲速降姿势，则阻力减少为12千克；此时若是将双臂张开，则会增加4—6千克的阻力。

2）方向

船舶的舵是用来转弯的，其原理是将与前进方向成一定角度的板置于水中，利用流体阻力的原理改变前进方向。汽车的方向盘与自行车的车把同样也是用来改变方向的,操纵方向盘或车把就可以使前轮与前进方向有一个角度,依靠地面与轮胎之间的摩擦阻力就会改变前进方向。滑雪板改变方向的道理与此大体一致,就是如同前面所说的改变滑雪板的迎角。

3）身体的位置

仅仅将外力、雪的阻力和方向等问题大体搞清楚后,也还不能很好地进行转弯,其主要原因是对身体位置及重心位置尚不明确。在不同坡度上、不同雪质的滑行中身体位置及重心究竟在什么位置,这绝不是单纯理论所能解决的,必须靠实践去体会,才能正确掌握体重的移动及重心的控制。因此,即使掌握了运用转弯的原动力——雪面的阻力,若重心位置或身体姿势有问题也不能进行流畅的转弯。综上所述,要想完成流畅的转弯,两个主要因素是:第一,怎样从雪面上来接收转弯的原动力;第二,滑雪者的重心位置。

转弯的原动力来源于滑雪者的滑雪板在雪面上的迎角、立刃及用力大小,而重心位置靠正确的动作结构来实现。

4）转弯技术的阶段划分

一个完整的转弯技术应该包括两个阶段,即切换期和转舵期。切换期是从上一个转弯动作即将结束起,到下一个转弯动作即将开始为止。转舵期是转弯技术的完成阶段。

2. 转弯基本技术及练习

转弯是指改变方向的滑行。转弯方法很多,作为基本技术的转弯大体可分为犁式转弯、半犁式转弯、半犁式连续转弯、双板平行转弯及双板平行连续转弯、蹬跨式转弯、跳跃转弯。

1）犁式转弯

犁式转弯是高山滑雪转弯技术的基础技术,其方法为两侧板尾分开,滑雪板呈八字形,在下滑过程中保持滑雪板的八字形不变,依靠体重向一侧移动或加大一侧板的立刃或蹬雪力量来改变方向。此技术动作虽为基础形转弯技术,但却有相当高的使用价值,而且对掌握其他雪上技术也有重要意义,通过犁式转弯技术的学习可逐步掌握重心的控制、移动的方法及滑雪板的控制要领、立刃技术的要领及身体的基本姿势。犁式转弯适用于缓坡、中坡的一般速度中,并可适应薄冰雪面之外的各种雪质。

第一,动作要领。

在犁式滑降姿势的基础上将体重逐渐向一侧板上移动,保持滑雪板外形不变,进行自然转弯。在犁式滑降动作基础上保持八字形不变,单侧腿加力伸蹬也会自然形成转弯。立刃转弯也同样,无论是移重心、单腿加力伸蹬还是单板加强立刃的转弯,都必须注意滑雪板外形,身体姿势不改变。

两板尾逐渐展开,体重向外板移动,滑雪板自然开始进入转弯状态。进入转弯后,板尾展开动作结束,体重依旧大部分放在外腿上,上体稍微有一点向转弯内侧转,两滑雪板逐渐滑向垂直落下线,进入垂直落下线滑行方向。此时应逐渐将体重向右板上移动,准备向反方向转弯,并应注意提高重心并放松。

评价犁式转弯质量应包括如下内容:用刃效果,重心移动,膝的屈伸幅度与时机的掌握,膝的扭转及用力大小的控制,双板的同时运动及正确的身体状态。

掌握了犁式转弯基本动作以后就可以进行犁式连续转弯练习了。犁式连续转弯的重点应放在进一步提高动作质量上,主要考虑弧的圆滑程度、用刃和移动重心及身体姿势。

第二,练习方法。

① 在平整的缓坡上进行不持滑雪杖,用犁式滑降姿势滑进,滑行时保持滑雪板的八字形,进行用左手触按左膝或右手触按右膝使其自然转弯的练习。因触按膝可使体重在左、右腿上形成大约为7:3的比例,因而形成转弯。

② 不持滑雪杖在缓坡上进行靠移体重进行较深弧的犁式转弯练习。

③ 不持滑雪杖在缓坡上进行加大单侧腿的蹬伸力量或加大单侧板立刃的转弯练习。

④ 用①至③的方法分别进行深弧、浅弧的练习。

⑤ 保持八字形,连续进行单侧板的强有力的蹬收练习。

⑥ 随着移动体重转弯,伸单杖在外弧雪上画出圆滑的弧形痕迹。

⑦ 在中、缓坡上转出两侧对称的弧的练习。

⑧ 双手叉腰,移动体重后加大单侧伸蹬力量的转弯练习。

⑨ 保持滑雪板八字形,轻跳起3—5厘米进行转弯练习。

⑩ 通过利用旗门进行有限制的左右深、浅弧的转弯练习。

第三,注意事项。

① 经常注意保持外向动作,防止肩的过大摆动。

② 注意体会滑雪板蹬出与立刃的结合及对转弯质量的影响。

③ 在进行犁式转弯过程中,注意保持腿部的等腰三角形,防止在转弯过程中依靠上体的摆动和髋部移动来转弯。

④ 在转弯练习中防止多余动作的出现,力求动作经济实效。

2)半犁式转弯

半犁式转弯是滑雪板呈八字形进行转弯的一种方法,两滑雪板中一板是直滑降板形,一板是犁式滑降板形。呈直滑降板形的滑雪板一般称为从动板,而呈犁式滑降板形的滑雪板则称为主动板。向主动板上移重心、加压、立刃都可以进行转弯。半犁式转弯是半犁式连续转弯的基础。通过半犁式转弯的练习,主要掌握重心移动、用力顺序、滑雪板蹬出的方向等技术。半犁式转弯的动作要领、练习方法,可参照半犁式连续转弯的有关内容。

3)半犁式连续转弯

半犁式连续转弯从滑雪板运动状态上可以理解为:半犁式双板平行和半犁式双板平行。这两个连续放在一起就是指连续不间断地进行两个这样的动作。半犁式连续转弯还可分为山侧板蹬出连续转弯和谷侧板蹬出连续转弯。山侧板蹬出连续转弯是由转弯的外侧板蹬出,可以直接进入转弯的调节阶段,半犁式动作的蹬出是始动阶段的开始,而内板收腿动作是在转弯的调节阶段进行。由于山侧板蹬出的转弯动作是在下一个转弯的外侧展开滑雪板,体重的移动是左右方向,所以易在转弯的调节阶段出现滑雪板滑脱现象。山侧板蹬出进行转弯易进行速度控制,使用范围也较广。由于转弯处的开始是外侧滑雪板蹬出,所以也能较容易地进行圆滑的转弯。但转弯的调节阶段也较长,直至转弯结束。

谷侧板蹬出连续转弯是由转弯的内侧板蹬出,并利用雪的反作用进行收腿。收腿后双板同时进入转弯的调节阶段。蹬出滑雪板时是在转弯的准备阶段,而收腿则是在转弯的始动阶段。由于谷侧板蹬出连续转弯动作与下一个转弯的外板滑行轨迹相同,所以能更快地进行外板立刃。蹬出滑雪板的收回是向外板滑行方向边滑边靠拢,所以体重的移动是前后方向,易于进行转弯的调节。

半犁式连续转弯技术是非常重要的转弯技术,通过这项技术的学习,可掌握不同情况下蹬开滑雪板的动作方法及收回、变刃、移动重心、变化重心高低的节奏、转弯时身体姿势的调节等。半犁式连续转弯运用于中坡、陡坡,可在高、中速度中灵活运用,对雪质的适应性也很强。

第一,练习方法。

① 用犁式滑降技术进行滑降的练习。

② 用犁式滑降技术从斜滑降过渡到横滑降的练习。

③ 在中、缓坡上进行山侧板和谷侧板蹬出的练习。

④ 用旗门限制在缓坡上进行两种蹬开方式的练习。

⑤ 分别用两种蹬开方式进行快速的练习。

⑥ 快节奏地分别采用两种蹬开方式的练习。

⑦ 在转弯后半部的双板调节阶段进行双板"切入"的练习。

⑧ 在较长的线路上交替使用两种蹬开方式的练习。

⑨ 中坡上变化旗门难度的连续过门转弯练习。

第二,注意事项。

① 注意完成动作的到位性和准确性。

② 减少脱滑是提高转弯质量的关键。

③ 转弯时防止上体起伏过大。

④ 伸蹬时防止O形腿的动作。

⑤ 防止上体过度外倾和撑杖位置离身体过远。

⑥ 转弯时注意蹬板及重心移动的速度。

4）双板平行转弯及双板平行连续转弯

双板平行转弯是指两滑雪板保持平行状态进行的转弯。双板平行转弯时,两板的间距可有不同。

转弯的转换方法大体有两种:一种是转弯的要素（重心、用刃、加压等）同时转换;另一种是转弯的要素依次进行转换。双板平行进行转弯与半犁式连续转弯技术的后部分有相同之处。

双板平行转弯属于具有较大实用价值的转弯技术,其优点是能够较大限度地保持速度,通过腿的强有力的回旋动作和双板立刃能够完成较高质量的转弯。它是双板平行连续转弯技术的基础。

第一,动作要领。

保持一定的速度进入转弯的准备阶段,提重心并使之向转弯内侧移,一板内刃、一板外刃蹬雪,滑入垂直落下线。继续向前屈膝、屈踝,重心移动结束后点杖开始,外、内板承担的体重比例为7∶3。上一个转弯动作结束阶段和下一个转弯点杖时,踝关节应有蹬实、踏实的感觉,身体处于直立状态。利用蹬踏的反作用力与向内倾斜,向斜上方提起重心。然后再次滑入垂直落下线的方向,此时应有骑自行车或摩托车时体重在转弯的内侧、轮胎（滑雪板）牢牢地抓住地面的感觉。

双板平行连续转弯只是把技术连续起来一左一右地依次进行的转弯。有人把双板平行连续转弯称为"双板平行摆动转弯"。可以认为，双板平行连续转弯是高山滑雪转弯技术的难点之一。通过这项技术的学习，主要掌握连续快速转弯的技术，控制节奏，使技术得到更经济合理的运用，提高迅速改变动作的能力和高速滑行中的平衡及控制能力。

双板平行连续转弯依据滑行轨迹的不同可分为小回转和大回转。

双板平行连续转弯技术是比较难掌握的，下面几个技术要点是双板平行连续转弯技术的关键：

① 用在雪上画出丁字的想法来控制滑雪板。

连续小回转同较大的回转截然不同，其特点之一是快，对滑雪板的操纵与其说是用全身，不如说是用膝关节更准确。因此，从头到腰应有一个固定轴，进行左右摆动转弯主要依靠下半身的膝、髋关节。此动作与大回转相同之处是完整地进行完一次转弯动作，并找到稳定的支撑点，然后顺畅地过渡到下一个转弯。

进行小回转练习的关键是首先从垂直落下线向一侧转弯到要找到稳定支点前的状态，即放松地以上体正面正对着沿垂直落下线下滑，一边向前移动，一边稳定地压住滑雪板，接着是离开垂直落下线进行转弯。接下来的动作是关键，即逐渐加强立刃，板与垂直落下线近乎垂直。滑雪板痕迹也从面变成了线，此时头脑中应有描画 J 形的想象，而且是一个接一个地画，上一个 J 形的结束就是下一个 J 形的开始，这是进行流畅顺利的连续转弯的关键之一。

② 膝关节的动作是下一个转弯开始的先导。

一个转弯动作结束进入双板平刃支撑时，外弧上的滑雪板痕迹几乎是一条线。从一个转弯动作结束到下一个转弯动作开始，其先导动作是膝关节在上一个垂直落下线的动作。该动作就是膝关节在滑雪板导向上应有与滑雪板交叉的感觉。此时应有 Z 形的想象。

③ 点杖的时机。

双板平行连续回转点杖技术动作的时机与节奏非常重要，能否适时、紧凑、利索地进行点杖，直接影响动作的质量。点杖的时机应是在完成转弯找到支点一边蹬转一边向前移动身体之时。点杖动作应是肘摆至体前、两前臂稍展开时用腕点杖，此动作类似用锤子钉钉子一样，动作要平稳。点杖的时机与节奏要掌握准确是有难度的，需要进行细心思考和反复练习。

④ 沿着垂直落下线下滑。

双板平行连续小回转时，为保持平衡，上体要一直朝着垂直落下线的山下方向，从起点到终点可用一条假想直线连接。滑行时应有上体一直在这条直线上进行移动的感觉和意识，只有这样才能平稳快速滑行。另外，在下滑时不但上体要一直正对着垂直落下线的山下方向，而且肩线也应保持水平。

⑤ 注意蹬动的效果。

滑雪板快速摆动横向推出，这就是理论上的技术要领。但如真的这样进行了，那么连续转弯不到 10 次就会出现速度过快而难以控制的情况。这说明单纯依靠滑雪板的摆动进行转弯是不正确的，而必须使每次蹬动都具有制动效果。

为了防止无法控制的速度，应有从即将着雪的山下侧足到转弯的内侧肩为一条直线的意识，而且这条线的倾斜必须与速度相应，这样才能有效地传导力量，才能进行脚踏实地转弯。这条线倾斜的角度在滑行中是变化的：雪面阻力弱时，它几乎与垂直落下线吻合；转弯时，它将离开垂直落下线，此时的感觉是通过角度的变化来进行，而不应有被推出的感觉。

⑥加压、减压与动作节奏。

加压和减压的时机非常重要。从垂直落下线到转弯动作的完成阶段，由于立刃加强找到支点的加压使滑雪板成弓形，此时为加压阶段；接着是进入下一个垂直落下线的滑行，由于减压滑雪板恢复原形，此时为减压阶段。加压和减压时机准确与否决定了滑行节奏的优劣。

⑦提重心。

滑行时提重心的意识要强，要有明显的提重心的动作，以利滑行。

⑧加强对前方情况的掌握和提高预见性。

快速滑行如同驾驶汽车一样，必须对前方情况及可能出现的情况有敏锐的观察和充分的预见性。低头看板不仅仅是技术上的错误，而且容易发生危险。因此，在滑行中有意识地对前方情况进行观察和对可能发生的情况加以预测，可以防患于未然。

第二，练习方法。

①在修好的场地上进行单个双板平行转弯的练习。

②在坡上利用雪包进行单个动作的练习。

③连续进行两个浅弧或深弧的练习。

④在坡上转弯时进行内板稍抬起用外板转弯的练习。

⑤在坡上点杖换刃时用跳起动作进行练习，以提高踝关节对动作质量的控制。

⑥不持滑雪杖进行双板平行连续转弯练习。

⑦限制上体（双手体前水平持杖、双臂抱前胸、两臂侧举、背手等）的双板平行连续转弯练习。

⑧调松滑雪鞋夹子，进行中速的平行转弯练习，以体会滑行用力感觉和脚掌对滑雪板的控制感觉。

⑨在转弯点杖时用双杖同时点杖动作的练习来保持上体与滑雪板动作的一致性。

⑩在中坡上进行快速、快节奏的双板连续性转弯练习。

第三，注意事项。

①注意上体与速度的吻合。

②注意点杖时机与重心、高度和节奏的关系。

③在转弯练习时，速度、转弯的弧度与身体倾斜角度吻合并注意整体姿势。

④在转弯时应注意主动性。

5）蹬跨式转弯

蹬跨式转弯又称踏步式转弯，是高山滑雪转弯技术中实用性很强的技术动作。从外形上看，蹬跨式转弯是由双板滑行向右（左）侧蹬出、左（右）板跨出着雪、右（左）板蹬雪后向左（右）靠拢后形成双板平行向右（左）切入式转弯技术。此动作是由双板侧蹬—单跨步—单侧蹬出—并步—双板侧蹬几部分动作组成。从板形上可分为半犁式、剪刀式和双板平行三种。剪刀式板形由于蹬出的方向原因可产生更大的加速，所以转弯的开始部分更加积极。而双板平行的板形可以认为是双板平行转弯的发展型，其优点是能充分保持和利用速度滑行。蹬跨式转弯中滑雪板的跨出有两种方法：一种是滑雪板离开雪面的跨出，另一种是滑雪板不离雪面的跨出。另外，蹬跨式转弯中滑雪板的蹬出方式可以分为山侧板蹬出和谷侧板蹬出。

蹬跨式的技术动作可以说是单足蹬出后几乎同时进行收腿、移重心、倾倒和转弯。动作质量表现在动作时间性的改变及由于用力强弱而产生的节奏。蹬跨式转弯表面上给人以自由飘逸、轻松愉快的感觉，但实际上却蕴藏着极大的力量，此技术对腿部力量要求很高。蹬跨式转弯整个动作应表现为边滑、边蹬、边收、边过渡，给人一种极流畅的感觉。初学者练习时不应把注意力放在表现姿势上，重要的是重心位置、滑雪板用力程度和滑雪板并拢时着雪的位置等。

蹬跨式转弯与双板平行转弯相比，其最大的特点是充满了"进攻性"，而双板平行转弯则给人一种"保守"的感觉。蹬跨式转弯不但能保持获得的速度，而且能主动有效地利用重心快速改变来加速，通过对回转弧的修正及腿部力量的运用，使动作更加敏捷。

第一，动作要领。

在双板滑进的基础上弧内侧板稍抬起并跨出，此时外侧板向弧外蹬出，内侧板跨出与外侧板蹬出应有同时进行的意识。外侧板用强有力的刃刻、蹬雪为内侧板增大了向新的转弯方向的推进力，内侧腿主要承担体重。外侧板蹬板结束，重心升高开始收板并向外侧倾倒，双板平行进入新的回转弧。

第二，练习方法。

① 在缓坡上进行连续单板蹬、收的练习。
② 在中坡上进行滑雪板不离雪面的滑冰式蹬收练习。
③ 在中坡上进行滑雪板抬离雪面的滑冰式蹬收练习。
④ 进行单个动作的蹬跨式转弯的练习。
⑤ 用跨出较小幅度的方法进行练习。
⑥ 用跨出较大幅度的方法进行练习。
⑦ 进行有控制的深、浅弧的滑行练习。
⑧ 进行回转技术的小频率、快节奏的练习。
⑨ 不用滑雪杖进行回转技术的练习。
⑩ 用旗门限制在不同坡面上的练习。

第三，注意事项。

① 蹬跨出动作的大小要根据实际情况而定，有时在进行小转弯时几乎不跨出，依靠重心移动也可以完成。
② 每个分解动作都应确实完成后再进行下一个动作。
③ 在蹬跨式转弯时防止过大的反弓姿势。
④ 重心与速度、点杖与上体的配合要一致和及时。

6）跳跃转弯

通过双腿的蹬伸和对地形的利用，两滑雪板离开雪面进行变向后着雪的转弯技术动作称为跳跃转弯。在跳跃转弯技术中，既有滑雪板完全离开雪面的跳跃转弯技术，又有只是滑雪板尾部跳起的转弯技术。跳跃转弯时平衡能力是非常重要的。跳跃转弯既能在单个动作中体现，又可在连续动作中运用，具有较高的实用价值。

跳跃转弯不但能有效地在20°—30°的陡坡上控制速度、改变方向，而且能在雪质条件较恶劣和场地条件较差的条件下有效地运用。

第一，动作要领。

借助雪包或自身力量跳起，在空中改变滑雪板方向或变刃后着地。着地后滑雪板蹬出，加大转动速度，动作应连贯，注意保持重心位置及落地缓冲。跳跃转弯起跳的时机、空中动作的进行及调节、落地缓冲及继续滑进应是有机和连贯的动作。滑雪板尾部跳起转弯可以认为是跳跃转弯的诱导性练习手段，也可以在凹凸坡面上灵活运用。此动作练习的着眼点应放在转弯的调节阶段，随着屈膝加强滑雪板侧踏雪力量的同时，利用其反弹使板尾向上弹起，变成斜滑降，并按此方向滑进。

第二，练习方法。

① 在缓坡上进行使整个滑雪板离开雪面的跳跃练习。

② 在①的基础上进行跳起变向着陆的练习。

③ 在平整的场地进行板尾跳起变向的练习。

④ 运用屈腿跳跃越过小雪包练习（直线）。

⑤ 在缓坡上跳过小雪包进入斜滑降练习。

⑥ 跳过小雪包后立即进入双板平行回转练习。

⑦ 在中坡上只进行一次正确技术的双板平行跳跃转弯练习。

⑧ 在中坡上连续进行两板跳起转弯练习。

第三，注意事项。

① 尽量保持上体稳定，用腿部完成跳跃动作。

② 滑雪杖的支撑要靠近体侧，而且应稳固支撑以帮助跳跃。

③ 上体前倾要与速度吻合。

④ 双板跳跃时在空中注意并拢，体重平均落在两腿上。

三、制约高山滑雪技术运用的因素

所谓制约因素是指影响滑行的各种因素。滑雪运动技术动作完成的质量具有受客观条件等外界因素影响较大的特点，所以，仅仅能完成转弯动作的各个技术环节是很难进行高质量滑行的，只有灵活运用、有机组合技术动作才是滑行最关键的因素。因此必须根据每次滑雪时的实际情况及时调整技术动作。

（一）雪面状况

制约技术动作完成质量的因素主要有雪面坡度、雪质、雪面情况等。

（1）雪面坡度：根据其倾斜程度的大小，可分为缓、中、陡坡，各自的坡度也有变化。

（2）雪质：有湿雪、干雪、冰状雪以及旧雪、新雪、深（厚）雪等。

（3）雪面情况：有平滑斜面、薄冰坡面、凹凸斜面、起伏不平雪面、山脊、山涧和斜面长与短等。

（二）判断与决策力

只要充分了解、考虑前面叙述的制约滑雪的因素和条件，就会懂得实际上体验滑行快乐所必要的技能不仅是"滑行方法"，还有"精髓"。许多滑雪者都认为"能够做出高难度技术动作就是精髓"，殊不知真正的"精髓"是指"无论在什么地方、什么条件下都能确保安全滑行"。

1. 转弯弧的质量

对不同状况采取不同方法，有两种看法：一种认为应尽可能掌握许多技巧，在不同地方分别使用这些技巧；另一种认为应切实掌握一种（或几种）技巧，在不同地方、不同的滑行中分别使用。究竟哪种好，不能简单地断定。但也许可以说后者是比较节省、能常用的。在实际学习滑雪技术过程中，把许多滑行技术都熟练掌握、提高到使用的程度，对于一般滑雪者来说难度是较大的。比较好的方法是尽可能地在简单的、常用的滑行技术中选择一个（或几个）作为目标进行练习，不断地提高动作的质量，逐渐扩大其使用的范围。在技术发展过程中，最重要的事情是无论在什么样的滑行状态下，都能快速、准确地做出转弯动作。滑雪者快速判断滑行的状况，正确选择适宜技术动作的决策力，是在高速滑行的移动中体现的。因而滑雪者综合能力评价的标准是敏捷流畅的运动流程（动态）及稳定、干净、利落、准确的动作。

2. 训练和自动化的程序

所有的技术要进行训练才能掌握。一般情况下，是在学习了基础滑行之后，再强化训练提高动作的质量，因而可以把发展提高阶段叫作训练阶段。

从滑出到停止作为一个滑行整体，滑雪者必须把注意力集中在这个滑行整体上，控制节奏、保持速度完成整个滑行是很重要的。在这个阶段，如果还将注意力局限在某一个回转的技术组成、部分动作的姿势上，则难以有较好的效果。

滑雪者接受外界的信息（指导者），反复修改和练习，进入到基础阶段。这种情况下，自己逐渐能判断动作的质量，通过自身的能力不断改进自己的滑行。这个阶段是应用阶段。发展阶段是能够预料下一步滑行或转弯应采取什么动作的阶段。因此，在滑行时，不去过多地考虑练习计划中的规定，具体采用哪个动作完全是下意识，这叫作运动的自动化或者"惯性运动"。培养这种能力的具体训练计划是快速、长距离地滑行，也就是说积累高质量的滑行。作为控制节奏、提高速度的方法，在旗门里滑行、与队友列队滑行等都很有效果。

第十章

单板滑雪

一、单板滑雪运动的产生、发展及其趋势

（一）单板滑雪运动的产生与演变

单板滑雪于20世纪60年代产生于美国的密歇根州。当时有一位叫舍曼·波潘的美国人，为了让自己的女儿练习滑雪，突发奇想，把两支滑雪板并连在一起成为一块滑雪板，乘在这样的滑雪板上可如同冲浪一样从山坡上滑下。附近的孩子们惊奇地发现了可以冲浪的滑雪板后非常喜欢，便争先恐后地让舍曼·波潘帮助制作。不久市场上便出现了安有把手的单板，当时这类滑雪板的前部已经有了翘起，这对于滑下是非常有利的。这种单板被广泛地用于儿童、少年的娱乐之中，孩子们在庭院、山坡乘单板滑下时充满了笑声，单板为孩子们的冬季生活增添了无限的乐趣。

70年代前期，用塑料、胶合板制作的单板出现了。当时的单板虽然已经没有了把手，但也还没有现代单板的金属边刃，滑雪板也没有底弧、边弧，主要还是应用于深雪、软雪、浪坡面上的滑降游戏。70年代后期的单板安上了金属边刃，滑行面也运用了高分子塑料，板面上安装了固定器，滑雪鞋也经过不断的改进，出现了软鞋和注塑鞋，此时的单板已经可以适应各种雪面的滑行了。伴随着滑雪板质量的提高，各种娱乐方法和竞赛也在不断地产生与发展之中，单板滑雪运动在世界上获得了广泛的普及与飞速的发展。

（二）竞技单板滑雪与大众单板滑雪运动的发展及其趋势

1. 竞技单板滑雪运动发展现状与趋势

单板滑雪运动在冬季奥林匹克滑雪项目中无疑是历史最短、最年轻的运动项目。

从竞技开展层面与项目开展种类的角度看，单板滑雪项目发展的速度非常快。美国举行了第一次单板滑雪的比赛，后来就开始了每年多站的世界杯的比赛。经国际滑雪协会（FIS）四年的积极运作，单板滑雪的高山大回转和单板U型场地滑雪成为日本长野冬奥会的正式比赛项目。在美国盐湖城冬奥会上，单板U型场地滑雪依旧是正式比赛项目；单人大回转项目被取消，其替代项目是单板双人平行大回转。在接下来的意大利都灵冬奥会上，又增设了单板追逐赛。

从单板滑雪项目在冬奥会上增加的情况来看，它的增设速度是非常快的。从未来单板滑雪竞赛项目增加的趋势看，其发展还有极大的潜力。因为除了冬奥会项目以外，单板滑雪竞赛项目种类繁多，赛事频繁。在世界范围内，仅世界杯层次的每年多站的单板竞赛项目就有高山回转、高山大回转、自然雪面极限滑降、单板空中技巧等。另外，单板U型场地滑雪和单板空中技巧等项目备受大赞助商的青睐，每年举办的多站巡回比赛受到世界各地人们的热烈欢迎，不仅赞助商获得了效益，而且也极大地推动了单板项目的蓬勃发展。

单板U型场地滑雪是冬奥会的金牌项目,世界各国均给予了极大的重视。美国盐湖城冬奥会与日本长野冬奥会相比,单板U型场地滑雪项目不论是在参加国家的数量,还是在技术动作的质量、飞起的高度和难度上,都有了较大的提高。长野冬奥会时单板U型场地滑雪的空中技术分为抓板类、扭转类、转体类、空翻类和支撑类5大类,而到了意大利都灵冬奥会时单纯的扭转和支撑类技术动作已经不见了,抓板与转体的结合、空翻与抓板的结合以及空翻、转体与抓板的结合成了主流技术。在加拿大温哥华冬奥会上,男子成功完成的最高难度为转体1 260°,女子成功完成的转体难度为转体900°。可以认为,单板U型场地滑雪的技术动作同其他发展中的技巧性项目一样,向着追求高度、难度、技术动作的高质量及观赏性的方向发展。

2. 大众单板滑雪运动发展的现状与趋势

近年来,各种单板协会的相继成立、竞赛的频繁举办、器材的不断改进和场地质量的不断提高,都是单板滑雪运动获得飞速发展的原因。其中最主要的原因,是单板滑雪运动集滑行、冲浪飞跃、技巧、音乐于一体,处处体现着自由、奔放与创新。单板滑雪还可以让人们体会到飞起到空中的飘逸感、从坡面高速滑下的速度刺激感、在空中完成高难度的技巧动作后顺利着陆的自我满足感,以及自由控制速度滑过不同坡面、雪包和越过各种障碍的成功愉悦感。尤其是在各种雪面上如同冲浪般的随心所欲转弯的爽快感,更是令人陶醉。这些都来源于单板滑雪运动自身的魅力。这也正是年轻人一旦接触单板滑雪就会被深深吸引的真正原因。

如今在欧洲、亚洲发达国家的滑雪场上,单板滑雪大有替代双板高山滑雪的趋势。众多的年轻人都踩着单板如同冲风破浪般自由、潇洒地滑行在洁白的雪面上。

在单板滑雪运动发源地美国,青少年已经不满足在雪面上的滑行了。他们从雪面飞起到空中,进行飞跃远度和高度的竞技;他们跃过了水面、跃过了高速道路,甚至飞上了房顶;接下来他们又滑上了专门设置的高台、平衡木、直管道、S形管道和高高架在空中的铁管;又从远度、高度的飞跃转向空中技巧的竞技,他们飞起在空中进行令人目不暇接、眼花缭乱的空翻、转体、抓板的表演。单板滑雪极具挑战性、创新性的特点已经非常明显地展现出来。

在日本,20世纪70年代初期的滑雪场上几乎见不到单板。进入80年代以来,单板滑雪者的数量与日俱增,现在日本的单板滑雪者已经达到100万人。伴随着单板滑雪人口的增加,随之而来的安全、场地、单板与双板场地的混用等问题也在不断地出现与解决之中。日本的滑雪场上年轻人占有绝对的多数,滑单板者在滑雪总人数上又占绝对的多数,而单板滑雪者之中,70%又属于初学者,因此可以认为,单板滑雪运动人口会不断增加。

单板滑雪运动获得飞速的发展,除了协会的支持、器材的完善、竞技项目众多而且被青少年所喜爱之外,场地条件及各种配套设施的日趋完善也是一个重要的因素。单板滑雪虽然项目很多,但是大多数的单板滑雪者还是要在平整过的场地上滑行,因此,单板场地的数量与质量如何,对满足滑雪者的要求、提高滑雪者的兴趣、提高滑行水平、保证滑雪者的安全、促进项目的发展都会起到非常重要的作用。从国际上看,单板滑雪专用场地在不断增加,单板场地上具有挑战性的各种设施在不断增加,空中索道的条件在不断改善,快速、安全的4人座吊椅和速度更快的封闭包箱早已取代拖牵式索道。数量充足的压雪机及造雪机保证了场地雪的厚度和平整度,不断完善的滑雪场服务设施和服务质量也在促进单板滑雪的发展。可以认为,单板滑雪运动是一个项目众多、充满活力、有无限发展前景和具有极大魅力的冬季运动项目。

（三）我国单板滑雪运动的发展现状与趋势

伴随着国际上单板滑雪运动的迅速发展,我国无论是大众单板滑雪还是竞技单板滑雪都有了迅速的发展。国家体育总局冬季运动管理中心为了开展单板滑雪项目,派出了以王石安为团长兼翻译的单板滑雪教练员研修团,赴日本长野进行了单板U型场地滑雪理论和滑行实践的学习,拉开了我国开展单板U型场地滑雪项目的序幕。我国又派教练员赴奥地利学习单板高山滑雪技术。在冬季运动管理中心滑雪部的组织下,在沈阳体育学院举办了全国首届单板U型场地滑雪官员、教练员、裁判员的学习班;每年都设置了多站的大众高山单板竞赛。这些举措推动了单板滑雪运动在我国的发展,可以断定,大众单板滑雪运动在我国的快速发展期已经来到。可以预见,在我国的滑雪场上,单板滑雪者也一定会从少到多,人数将会迅速增加。

二、单板滑雪运动的定义、分类、特点与价值

（一）单板滑雪运动的定义与分类

在国际上把两脚踩在一块滑雪板上进行滑行的雪上运动称为"SNOW BOARD",在我国译为"单板滑雪"。

从器材和技术的角度,单板滑雪大体可以分为高山单板滑雪和自由单板滑雪两类。高山单板滑雪使用的是高山用单板,是以速度和回转技术为主的运动项目;而自由单板滑雪使用的是自由式单板,追求的是空中技巧和表演的难度。单板高山类项目包括回转、大回转、超级大回转、双人平行大回转、自然雪面极限滑降;单板自由类项目包括单板U型场地滑雪、单板空中技巧、场地障碍赛和追逐赛。

1. 单板高山类项目

1）回转（SL）

单板高山回转是世界杯的比赛项目,技术性较强,对运动员的转弯技术要求很高。场地高度落差为50米以上,滑道的宽度要求为20米以上。运动员进行两次滑行,以两次的综合成绩决定最后名次。竞赛的旗门设计间隔狭窄,旗门一般设计为20—25个。

2）大回转（GS）

单板高山大回转项目是日本长野冬奥会的竞技项目,现在是世界杯比赛项目。单板高山滑雪同高山滑雪的大回转一样,竞赛时在场地上设置旗门,运动员需要沿着旗门构成的线路高速滑下。单板高山大回转的比赛为单人比赛,是竞速项目。单板高山大回转比赛场地的高度落差为120米以上,滑道宽为25米以上。单板高山大回转在旗门的设置上,左右间隔较宽,滑行的回转弧较大,线路长,速度快,对滑行线路的控制也比较难。

3）超级大回转（SG）

国际雪联的规则规定,超级大回转旗门的数量比大回转少,高度落差为150—500米,滑道宽为10—30米。旗门的设置数量一般为高度差的10%,但不可少于18个。超级大回转的距离比大回转长,直线性滑行比较多,速度更快。

4）双人平行大回转（PGS）

双人平行大回转是在美国盐湖城冬奥会上替代了高山大回转而成为冬奥会正式比赛项目的。比赛时两名运动员在相同的场地上同时出发，分别沿着旗门设置相同的蓝、红两个雪道滑下。比赛中旗门的设计比较简单，这有利于运动员以简单的节奏滑行。国际雪联的规则规定：双人平行大回转比赛场地高度落差为120—200米，平均坡度17°—22°；滑道上至少设计18个旗门，建议使用25个旗门；旗门间的水平距离在20—25米。

参赛的运动员要在两条滑道上各滑行一次，以两次滑行成绩之和决定最终成绩。比赛采用淘汰制，胜者进入下一轮。如果运动员在比赛中出发犯规、串道、干扰对手（无论是有意还是无意）、未通过旗门，均被判犯规，取消录取资格。运动员在滑行中从侧面可以看到对手，这对运动员的心理素质和技术动作的质量都是一个严峻的考验。由于比赛的速度比较快，因此对运动员速度素质及瞬间判断能力要求很高。

双人平行大回转滑降的基本技术包括直滑降技术和转弯技术。转弯技术包括有脱滑的大、小转弯，脱滑的快速连续小转弯，直体和屈体的卡宾技术大、小转弯，以及卡宾技术快速连续小转弯。

5）自然雪面极限滑降（EX）

自然雪面极限滑降是利用自然雪面从高山上滑下的竞技项目，对运动员的综合能力要求较高。主要评价运动员在滑下的过程中对速度的控制、雪道的选择、飞跃的状况、回转能力的表现等。在这个竞技项目的雪道上，考验运动员的不同雪质、冰缝、雪包、岩石、急转弯比比皆是，是一个非常危险的项目，没有丰富的经验和纯熟的技术是无法参加比赛的。

2. 单板自由类项目

1）单板U型场地滑雪（HP）

单板U型场地滑雪在日本长野冬奥会上成为正式比赛项目。

比赛时，运动员要在长100—160米、宽14—20米、深3—5米、坡度为14°—18°的U型场地进行各种空中技巧表演。由5位评分裁判员评分，每人最高有给10分的权利。运动员的成绩根据5名评分裁判员的给分多少来判定。

单板U型场地滑雪的技术从裁判的角度可以分为两大类：一类为基本技术，一类为空翻、转体技术。基本技术包括飞跃、抓板、360°以下的空翻和转体及以上技术的各种组合；空翻转体技术主要为360°和360°以上的空翻、转体及与其他动作的组合。日本长野冬奥会时单板U型场地滑雪五大技术中的空中扭转和壁角支撑在美国盐湖城冬奥会的比赛中已经不多见了，变成了以抓板、空翻、转体三大类技术及三大类技术的组合为主。

2）单板空中技巧（BA）

单板空中技巧产生于单板滑雪者在场地上利用小雪包进行的飞跃。伴随着滑雪者水平的不断提高，雪包变成了人工的跳台，这样飞行的距离越来越远，飞起的高度越来越高。近年来在对高度、远度追求的同时，人们又开始追求空中技术的难度。飞起到空中的抓板、转体、空翻及三类动作的组合代替了单纯的直线飞跃，逐渐发展为单板的空中技巧项目。它充满了惊险与刺激，表现了滑雪者向极限挑战的精神，因此非常受人们的喜爱，加上世界知名企业对世界杯比赛的赞助，不断从另外一个角度推动着项目的发展。其基本技术动作包括助滑、起跳、空中表演和着陆。空中表演的动作在不断地向高度与难度挑战。

3）场地障碍（SS）

场地障碍又名场地公园，1997年产生于美国，是利用自然坡面，并在不同的坡面上设置相应的轨道、平台、管子等，以增加技术动作的难度，要求运动员依次滑下。滑进的过程中，对运动员的平衡能力、飞跃能力、对滑雪板的控制能力、表演水平都有较高的要求。裁判员主要依据完成质量来判定成绩。它充满了挑战性，在美国深受年轻人的喜爱。

4）追逐赛（SBX）

在意大利都灵冬奥会单板雪上项目中首次增设了追逐赛（SBX）。它是4—6人同场进行比赛，比赛方式是淘汰制，获得高名次者进入下一轮比赛。场地的落差为100—240米，滑道的宽度为40米以上。场地上还设置了诸多的障碍物，如波浪坡面、跳台、平台、雪包等。运动员在比赛中必须戴头盔，推拉别人或者离开滑道滑行均属于犯规，将被取消比赛资格。

（二）单板滑雪运动的特点与价值

单板滑雪运动之所以能够在较短的时间内获得迅速发展和普及，同它自身特点和较高的社会价值有着密切的关系。

1. 单板滑雪运动的特点

单板滑雪是在冬季大自然中进行的体育运动，是通过滑雪板等特殊用具，利用山坡及雪面进行的运动。单板滑雪有其固有的特点，抓住它的特点是学好单板滑雪的前提。

1）利用重力的滑行运动

在日常生活中，脚下一滑可以认为是一种意外的事，但是滑雪运动本身就是"滑的运动"。想滑行就必须有动力，高山滑雪的动力就是重力。在平地滑行的动力是肌肉力量作用在滑雪板上而产生的，高山滑行的环境是自然的起伏山地，而且大都从山上向山下滑行，主要的动力是地球的引力（重力），肌肉力量的作用是次要的，滑行者几乎不需要自身的力量去蹬动滑雪板就可获得滑下的动力，这是滑雪运动区别于其他运动最显著的特点，单板滑雪也不例外。由于这一特点，运动本身不受年龄、性别、体力的限制，加上滑雪场可供选择的陡、缓坡面很多，自然可以适合所有年龄段的人群参加。

2）应对复杂条件、状况的运动

单板滑雪是充满挑战性和创造性的运动项目，相对于双板滑雪，对人的平衡能力和协调性要求更高。初学者要在教练的正确指导下，经历数次摔倒和失败，才能掌握娴熟的滑行技术。单板滑雪又是在地形复杂、雪质不同、坡度多变的条件下进行的运动，即使在相同的坡面上进行几次滑行，其状况、条件也不尽相同。总的说，单板滑雪受自然状况的影响很大，如果适应了这些自然状况变化，就会向更加困难的状况、条件挑战，向更高的目标迈进，这就是滑雪的魅力。在滑行中无论是战胜高速滑行带来的恐惧，还是利用转弯、急停、飞跃等技巧在陡坡上顺利滑下，都会使你充满胜利的快感，增强战胜困难的信心和意志力。

3）与滑雪用具一体化的运动

单板滑雪运动与人们日常生活习惯及一般身体活动方式差别较大。单板滑雪的基本姿势是横向站立侧对前进方向，在滑行的过程中需要做出立刃、加压、倾倒动作等，与生活中的走、跑等常态身体活动形式不同。因此，学习单板滑雪技术，掌握技能，必须通过反复的专门练习才能得到巩固和提高。

单板高山滑雪是利用山坡的坡度下滑,运动中速度较快,并使用特制的滑雪板、滑雪鞋及脱落器等。通过对运动器材的操作进行身体运动的体育项目很多,但能像滑雪器材这样对项目本身产生深刻影响的并不多。滑雪板把来自雪面的力传给身体,把身体的动能作用在雪面上,滑雪者的滑行及身体平衡才得以维持,因此,可以把滑雪板看作身体的一部分,而滑雪鞋、固定器又是连接人和滑雪板之间的媒介,也可以认为是身体的一部分。

同样以运动器材为媒介的滑冰运动的冰刀,我们也可以把它视为身体的一部分,但是冰刀与冰面接触时冰刀是不会变形的。而滑雪板在滑行的过程中则具有变形的性能,正是由于可变形的性能,它就具有了转弯的功能。可以认为,适应滑雪用具的过程就是人体与滑雪用具一体化的过程。若想随心所欲地滑降,就必须有效、自如地控制速度,自由地改变方向,调节转弯弧度的大小,并合理地利用来自雪面的阻力。在意识上把滑雪用具视为身体的一部分,将会极大地促进滑雪水平的提高。

2.单板滑雪运动的价值

单板滑雪在运动的过程中,对参与者的意志、体能有着明显的锻炼价值,特别是对人体的平衡能力、协调性、判断能力及各感觉器官敏感性的提高有着突出的作用,是一个能使参与者身体机能全面得到提高的运动项目。单板滑雪运动具有较大吸引力的另外一个因素,是它没有严格的年龄限制和身体要求,在运动的过程中能够享受到极大的快感,极具刺激性、创造性和挑战性;而且对于器材和场地也没有严格要求,在普通雪场的雪道上即可进行,这为单板滑雪运动的广泛开展创造了有利的条件。以下从身体、精神、社会三方面列举单板滑雪运动的价值。

1）身体方面

由于单板滑雪是全身运动,需要神经和全身肌肉互相配合,能够提高身体的协调能力及判断能力,增强身体的耐力,增强身体的抗寒能力。

2）精神方面

加深对大自然的认识和理解,接触和感受大自然,获得在大自然中运动的喜悦;能够解除日常生活中的精神压力,回归自我,身心获得解放;勇于向困难挑战,能够获得克服困难的喜悦感及充实感。

3）社会方面

参与者广泛,且与年龄、性别、职业无关。参加团体活动能够加深交流和改善人际关系。

第二节　单板滑雪运动的场地、设施、器材与装备

一、单板滑雪运动的场地与设施

对于大众娱乐性单板滑雪来说,在滑雪场的一般雪道即可进行,练习者可以根据自身水平和雪场条件选择雪道进行滑行。但是,进行正式的比赛和训练,场地就要符合一定的标准和要求,为运动员的技术水平发挥提供条件。对于不同级别的比赛,场地的标准和要求会有

所不同。单板滑雪的项目众多,在前文已经有所介绍,目前我国开展的竞技单板滑雪项目仅有单板U型场地和双人平行大回转两项。国家体育总局冬季运动管理中心已组织举办了若干次国内、国际比赛。在沈阳体育学院白清寨滑雪场、黑龙江亚布力滑雪场、哈尔滨体育学院帽儿山滑雪场都修建有超级单板U型场地,并成功地举办了国内、国际大赛。在哈尔滨体育学院帽儿山滑雪场举办了第24届世界大学生冬季运动会的单板滑雪比赛。这里仅以单板U型场地滑雪项目为例,对国际雪联单板滑雪场地标准加以介绍。

(一)裁判台有关规定

(1)裁判台的面积不得小于5米×2.5米。

(2)裁判台是裁判员观看运动员滑行技术的场所,应该视野辽阔,便于观察运动员的滑行状况。为确保比赛正常进行,应该为裁判员提供一个良好、舒适的环境。

(3)裁判区域要用围栏围挡,使运动员、观众不能进入。

(二)起点区有关规定

除了将要出发的运动员和一名教练员以及起点的官员外,其他任何人均不得进入起点区。起点区需要妥善布置以防恶劣天气。要用绳索为教练员、领队、服务人员等圈出一个专门区域,以使待出发运动员免受观众干扰。

(三)起点预备区域有关规定

起点预备区域应使运动员能够放松地站立在起点线后,出发后能很快达到全速。

(四)终点线有关规定

由裁判长设定终点线(从U型场地底部到U型场地两壁角并延长的U型场地平面的色线),在线内进行的动作为有效动作。

二、单板滑雪运动的器材与装备

单板滑雪的器材、装备包括滑雪板、滑雪鞋、固定器、滑雪镜、滑雪服、手套、帽子、护具。

单板滑雪的滑雪板分为高山滑雪用板和自由滑雪用板两类。高山滑雪追求的是速度,滑雪板窄而长,板尖为圆形并向上翘起,板尾平。自由滑雪追求的主要是技巧,滑雪板较宽,滑雪板两头均为圆形,并向上翘起。

(一)单板的选择

选择滑雪板时,首先应考虑的是滑行的目的:追求速度,应该选择高山滑雪用板;追求技巧,就应该选择自由滑雪用板。选择自由滑雪用板时还要考虑两个方面:一是长度,二是软硬度。单板长度的选择:滑雪板应该比身高短20厘米左右;在单板软硬度的选择上,建议初学者选择软板。

（二）固定器的安装

固定器的安装应考虑如下两个方面。

第一，宽度，即两脚之间的距离。两脚间的宽度一般与自己的肩部同宽，或者稍宽于肩。这样，膝关节的屈伸比较自如。过宽，在滑行时前后稳定性好，但滑雪板的弹性差；过窄，在滑行时前后的稳定性差，但滑雪板的弹性好。

第二，角度，即固体器中心线与滑雪板的纵轴线之间形成的角度。角度分为三个方向：角度中间为零，向前为正，向后为负。单板滑雪固定器对于滑雪板的角度没有具体的规定，决定角度的原则应该是符合自身和项目的特点。一般自由滑雪用板固定器的安装多采用两脚尖稍微外展一点，角度一般为前脚选择+5°—10°、后脚选择-5°—10°者比较多，因为这样的角度有利于正、反脚技术的全面掌握。另外，还可以根据自己的习惯稍微踮起脚尖、脚跟、脚内侧、脚外侧。固定器安装方法是依据底盘的刻度，调整到自己所需要的角度，拧紧四个固定螺丝即可。

（三）滑雪板的放置与携带

为了防止滑雪板滑下山坡产生危险，在滑雪场地放置滑雪板时要将固定器一面放在雪面上。

三、单板滑雪运动的基本常识

（一）前脚的确定

单板滑雪是两脚踩在一块滑雪板上，从板尖领先滑行方向来判定，两脚必然是一前一后，板尖侧的脚为前脚，板尾侧的脚为后脚。初学者首先应该确定自己是左脚在前还是右脚在前。正常是左脚在前，左撇子则右脚在前。如果选择哪只脚在前时犹豫不定，可以参照如下方法决定：踢球时一般为一脚支撑，一脚踢球，踢球的脚可为后脚，支撑脚为前脚。

（二）准备活动

单板滑雪和其他体育运动项目一样，运动前要做充分的准备活动。准备活动不仅可以有效地防止外伤的发生，而且可以提高运动能力。准备活动除了进行使身体发暖的运动外，还应该进行关节的相关肌群的拉伸活动。

（三）滑雪鞋与固定器的固定方法

固定器的固定有两种情况：一种情况是雪面平坦时，放稳滑雪板后一脚脚尖踩住滑雪板中间，另一脚放在前固定器中间，首先固定踝关节，然后固定脚尖部分，前脚固定后再固定后脚。另一种情况是在山坡上进行固定，有两种方法：一种是固定一只脚时面对山上，固定后转身坐在山坡上，面对山下再固定另一只脚；另一种方法是完全坐下进行固定器的固定。

（四）穿着滑雪板后的站起

穿着单板之后在山坡上站起对于初学者来说不是一件容易的事，因为单板滑雪对平衡能力要求较高，而且还是在山坡上，难度就更大了。坐姿穿着单板后站起分为跪姿站起和坐姿站起。

（五）双脚固定后的改变方向

双脚固定后改变方向的方法包括跪姿变为坐姿的方法和坐、躺姿变为跪姿的方法。

（六）安全的摔倒方法

在学习单板滑雪之前，要掌握安全的摔倒方法，以有效地避免运动损伤。如遇下列情况时应主动地进行摔倒：第一，控制不了速度时；第二，失去平衡要摔倒时；第三，即将发生碰撞时；第四，前方无法通过时（如有沟、障碍物等）；第五，发生无法应对的意外情况时。具体方法为：失去平衡后迅速降低重心，尽量用身体的大面积着雪，防止滚动，摔倒时尽量不要用手支撑，摔倒后应迅速举起滑雪板。背向山下方向和背向后摔倒时一定要低头，向前摔倒时要抬头。在滑行中要防止背部向山下方向的摔倒，这种摔倒是造成头部严重损伤的主要原因。另外，向前摔倒时要控制滑雪板，防止滑雪板因惯性作用砍伤腰部。

（七）索道吊椅、拖牵的乘降方法

索道吊椅的乘坐方法为：单足（前脚）固定，对正吊椅，坐上之后注意控制滑雪板，拉下安全扶手。

索道吊椅的下法为：抬起安全扶手，重心在椅子上前移，单板对正滑进方向，双脚踩住滑雪板，站起后自然滑下。

拖牵的使用方法为：单足（前脚）固定，正对前进方向，后手抓住拖牵下部向后拉动，前手抓住拖牵后手之前部位，将拖牵置于腋下腰部或两腿之间。调整板尖正对前进方向，上体向前进方向扭转。

第三节　单板滑雪运动技术 ⇒

一、单板滑雪原理与特点

（一）单板滑雪的技术特征——平衡性运动

在单板滑雪运动中，滑雪者能够体会到在腾空滑翔时的飘逸感、高速下滑时的刺激感、征服雪包陡坡之后的成就感和在雪面上冲浪般随心所欲转弯的爽快感等无穷的乐趣与刺激，从而使单板滑雪者的数量与日俱增。

　　单板滑雪的乐趣与刺激并不是轻而易举地就可以体验到的，这是因为在单板滑雪过程中，山坡、雪面等诸多复杂的自然因素会给滑雪者带来巨大的挑战，在如此复杂多变的情况下再想掌握滑行、腾空、飞跃、转弯等技术就更不是一蹴而就的事情，它要求具有很好的平衡能力，可以说它是一项对滑雪者的平衡能力要求极高的运动。

　　单板滑雪的平衡是指在滑行时滑雪者针对产生阻碍滑行的外力采取相应动作调整自己，保持身体平衡的调整能力。运动中要考虑运动的方向、时间和姿势等多因素影响进行有效的调整，才能保持身体平衡。单板滑雪的平衡包括防止摔倒动作的平衡、控制转弯和保持动作节奏的平衡、克服自身重心倾倒（离心力）的平衡等。

　　高水平滑雪者能够合理地控制转弯的动作，滑出一条细而深的雪辙，这不仅是滑行技术水平的表现，而且也使滑雪者能够得到一种成功的快感。这个细而深的雪辙是滑雪者为克服在高速滑行转弯时产生的离心力，通过用刃来控制滑雪板使身体内倾，在调整滑行的方向、时间以及身体姿势等众多因素条件下完成的。正是因为对平衡的调节与控制，才使单板运动成为更具魅力的一个体育运动项目。每个人身体的左右也并不是完全均等对称的，更何况滑雪者双脚站在单板同一侧，用前后非对称姿势进行滑行，可见，对滑雪者的调整能力要求很高。

　　不同雪质的雪面也是影响技术和平衡能力的因素。在不易转弯的湿雪中滑行，动作的关键在于转弯的前半弧滑行；相反，在光滑的冰质路线中转弯，后半弧滑行成为动作的关键。

　　单板滑雪是连续转弯的运动，在自由滑行中刻意追求滑行路线弧度左右相等是不必要的，更应注重的是转弯时能保持身体的左右平衡。在滑行中，要不断对单板施加下压、立刃和扭转身体等动作进行调整。若在转弯过程中动作配合不协调，就不能完成漂亮的连续转弯滑行。

　　与平衡有关的力分为内力与外力。内力是指滑行者滑行时对单板施加的力，它能够改变自身的滑行姿势和重心位置。在静止状态下，即使站在单板上对其施加压力，也不会产生滑行的推动力。要想改变运动状态，就需要有外力作用，这种外力可使滑雪者的重心改变，产生回转运动。作用于单板的外力是指重力、离心力、雪面阻力、摩擦阻力、空气阻力、地形和雪质变化产生的外力等，在这六项当中，最重要的是重力，重力是指使物体下落的地球引力，是使单板下滑的力。

　　在转弯过程中，为了克服离心力，滑雪板要有一定的立刃来获得改变身体运动方向的力，因此身体要向内倾斜。同时还有许多不可抗拒的外力起着作用，特别是由于地形和雪质的变化而产生的外力。在这种情况下，利用腿部的屈伸动作或调整身体下压的位置对维持身体平衡起着主要作用。从单板纵轴施加的外力对应面积相对较大，而从横轴施加的外力对应面积相对较小，这也可以说是单板的特点。

　　滑行时，雪面的摩擦系数很小，重力起到了主要的动力作用。阻碍滑行的力有摩擦力与空气阻力。在转弯的前半弧，重力起主要作用；在转弯的后半弧，重力作用是使滑雪者的身体向下倾斜。因此，在转弯的前半弧，为了顺利完成滑行，就要改变立刃；在转弯的后半弧，离心力也起到一定作用，身体重心就要向转弯弧的内侧倾斜，以保持身体的平衡。

　　离心力的应对：在转弯的过程中，主要利用滑雪板与雪面作用所产生的反作用力来获得改变运动方向的推动力。因此，为了获得动力，滑雪板与雪面之间就要呈一定角度，即"立刃"。在开始转弯时,由于重心的作用,产生了使身体向转弯外侧方向运动的力——离心力。

滑行速度越快、坡面越陡、转弯的弧度越小,雪辙就越深,离心力就越大,就必须通过加大身体的内倾角度来调整。

(二)单板滑雪是左右非对称性的运动

单板滑雪是左右非对称性的体育运动项目。相对于滑行方向,滑雪者两脚要横向站立于滑雪板上,进行前刃转弯时,滑雪者前脚掌要用力,单板前刃刻入雪面,在滑道上就会留下一道很深的雪辙。后刃转弯时,脚跟要用力,单板的后刃必然也会刻入雪中留下一道很深的雪辙;前刃转弯时,前脚掌用力,利用下肢调节单板与雪面之间形成的立刃角度,在承受重力上,小腿承受的压力很大,为了缓冲压力,前脚掌和膝关节就要适当地弯曲和缓冲。后刃转弯时,脚跟调节立刃角度的感觉相对于脚掌会差一些,与前刃转弯相比,调整、控制就要困难些。由于在前、后刃转弯时滑雪者的姿势和肌肉的用力是不对称的,所以想要滑出两个对称的弧,难度是很大的。

单板与双板的区别:单板是一块板,而双板是两块板,这种区别是很显然的。双板是左右对称的运动,在保持身体平衡方面,双板要比单板容易。单板的装备比较简单,不必像双板那样必须协调左、右两块板。

正是因为滑雪者的双脚站在一块滑雪板上,才使得在单板滑雪运动中有了"前脚"和"后脚"之分。虽然前、后刃转弯时滑行姿势是不对称的,但对雪面的作用力和滑行时左右摆动的节奏是不变的。如果左右用力不均、左右滑行不规则,就不可能连续地完成左右相等的弧形滑行,并且不论左右哪个转弯动作做得不好,都会影响到整体滑行的质量。

(三)单板滑雪转弯的三要素

单板滑雪转弯的三要素是指立刃、下压、扭转。

1. 立刃

立刃是指滑雪板一侧板刃刻入雪面,滑雪板与雪面呈一定角度,如图10-1所示。立刃主要有两个作用,一个是在坡面滑行中保持平衡的作用,另一个是引领身体转弯的作用。除

了在坡面上直滑降,单板板体是难以保持原有的平整状态的,滑雪板必然有一侧板刃与雪面接触。板刃与雪面呈一定角度形成立刃。对于初学者来说,为了能在坡面上安全地移动,体验这种"角度"的练习是一项非常重要的内容,滑雪者应以立刃技术为起点来练习单板滑雪。

这种"角度"的另一个作用就是构成了转弯过程中的一个重要因素。滑雪板相对于雪面是平的,在直线滑降过程中,只用"下压"和"扭转"来做转弯滑行是很难完成的。然而,只要使滑雪板有一个

图10-1

小小的"立刃",就会改变原来的滑行方向。也就是说,在转弯滑行中,变换"立刃",比"下压"和"扭转"相对来讲更重要,当然,施加"压力"和进行身体"扭转"是改变"立刃"的条件。

改变滑雪板与雪面"角度"的方法是利用整个身体或脚踝、膝关节、腰等发力来完成的。初学者大多是利用整个身体来发力,随着水平的提高,逐渐就会利用踝关节发力来完成动作。

2. 下压

下压是指滑雪者对滑雪板施加的压力。滑行中下压力量的大小是不断变化的。在滑行中,作用于滑雪板的"下压"有两种形式,一个是滑雪者自身施加于滑雪板的力,另一个力是滑雪者在滑行中,滑雪板所承受的外界阻力。换句话说,一个是积极地向下施加压力(下压),另一个是自动产生的下压力,这两种下压力统称为"下压"。

为了应对外界条件的变化,滑雪者在滑行中要随着转弯弧度、坡面倾斜度、外力作用等条件变化来调整下压力。

滑雪者在做转弯动作时,外力和内力同时作用到滑雪板上,当感觉到滑雪板受到雪面的阻力时,下压也同时产生了。正是基于此,单板板体变得弯曲,滑出了弧线形轨迹。

在低速滑行时,外力的作用小,感觉下压力大;而在高速滑行时,外界阻力加大,感觉下压力变小。这样,两种下压力大小的比重也随着滑行速度、回转弧度和坡面倾斜度的变化而改变。

"下压"分为滑雪者应对外力(重力、离心力)而自动产生的"下压"和主动利用自身的内力(体重、肌肉力量)而对滑雪板施加的"下压"。在转弯的后半段,由于重力与离心力的合力作用而造成很强的下压力(身体纵轴方向会感觉到从雪面而来的反作用力),要调整身体姿势,屈腿做下蹲动作来缓冲这种力。也就是说,进行的下蹲动作是在减小"下压"即"减压",它的实质是由于惯性力的作用而产生的。

在转弯滑行中,要通过做"下压"或"减压"的身体动作来调整对单板的压力。要想使滑雪板滑出深的雪痕就要增大下压力,即"下压";要想滑出浅的雪痕就要减小下压力,即"引伸减压"。因此,在转弯过程中,为了轻快地完成换刃转弯就必须做"引伸减压"动作。

转弯过程中,"下压"与"减压"是在反复地发挥作用。"下压"常常是针对外力的变化,是为了达到保持身体平衡的目的;"引伸减压"为了轻快、顺利完成换刃转弯,来减小下压滑雪板的力量,减小单板与雪面间的立刃,完成转弯动作。

引伸减压和屈体下压:在长弧卡宾转弯滑行中,伸膝向正上方起身提重心的同时进入转弯弧的后半部分,到达顶点的瞬间来减小对滑雪板的下压力;切换板刃的同时逐渐地屈体下压来调整对滑雪板的作用力,以达到转弯滑行的目的,这就是应对坡面转弯滑行的基本技术。

团身减压和引伸下压:在短弧卡宾转弯滑行中,利用团身动作减小下压力和伸展上体对单板施加下压力是该动作的要领。与屈体对单板施加压力相比,引伸下压力量更大,适用于在坡面状况不好的场地滑行。

3. 扭转

扭转是构成转弯滑行动作的要素之一,是控制单板滑行所不可或缺的。从自然状态下的身体姿势开始,上体先扭转,下肢也随之产生扭转。当下肢恢复到原来的自然状态时,单板也随着扭转恢复到原来的自然状态。

扭转是进行转弯的辅助动作,但却是提高技术水平的一个重要因素。在滑行中适度运用扭转动作有助于滑行,过度地运用该技术却会在一定程度上制约滑行技术的提高。

扭转动作分为两种,即整个身体向转弯弧内侧进行的扭转(顺时针扭转)和保持上体基本姿势而进行的下肢扭转(逆时针扭转)。整个身体进行扭转,关键是利用上体和下肢的配合,要根据转弯弧的大小来调整扭转的程度。在进行有节奏的、快速小弧转弯时,调整滑行节奏多用下肢扭转。

二、单板滑雪技术

(一)单板滑雪的基本姿势

单板滑雪的滑行姿势包括基本姿势、高姿势、低姿势三种。基本滑行姿势的动作是:面向滑行方向;肘微屈,低于肩部,前手指向前方,后臂屈置于体侧。两腿屈,身体垂直于板面。这种特殊的滑行姿势由于重心相对稳定,有利于滑行平稳和控制身体平衡。

(二)基本技术及其练习

1. 横滑降

1)横滑降—停止

练习目的:提高在坡面上保持身体平衡的能力,通过立刃强弱的调节来提高控制滑行速度的能力。

场地选择:选择压实的平整雪面,坡度在10°—20°之间。初学者宜在缓坡练习,以减轻恐惧心理。

教学要点:横滑降是沿着垂直落下线,向山下方向的推滑,是初步体会用刃的练习方法,同时又是进行减速的滑行方法,对于初学者来说是必须扎实掌握的技术之一。教师要充分重视场地的选择,因为它与教学质量和教学安全有着直接关系。学习横滑降技术时,初学者在坡面上很难站得稳,建议在穿着滑雪板前选择平整的平面雪面,在平整雪面上站起并保持基本姿势进行滑行练习。

重心保持在滑雪板的正上方,滑雪板横对山下,身体重心尽量降低。在练习的开始阶段,要保持滑行的基本姿势,两腿用力要均衡,身体重心不要偏向板尖或者板尾,两脚控制立刃的角度应一致,上体稳定。后刃横滑降时臀部微后坐,上体微前倾。滑行的距离不宜过长,要随着技术水平的提高逐渐加长和保持匀速滑进。停止时要逐渐降低重心,加大立刃角度和向滑雪板加压;伴随着逐渐停止,应该逐渐提高身体重心。

易犯错误及其纠正方法:

(1)不能保持滑行的基本姿势。应反复强调保持基本姿势的重要性,在练习过程中要求滑雪者放松,保持基本姿势应该从高姿势到基本姿势再到低姿势。

(2)用刃强弱控制不好。该技术需经过反复的练习才能够掌握,提醒滑雪者应循序渐进地进行练习,逐渐体会用刃的感觉,这也是进行横滑降练习的目的之一。

(3)滑雪板不能垂直滑降。原因一般为重心位置偏向一侧,立刃时两脚的力量不均,姿势不稳定。

2）两腿均衡承担体重的横滑降

练习目的：掌握两腿均衡承担体重的横滑降滑行方法,控制重心移动。

场地选择：坡度为10°—20°平整雪面,场地上没有凹凸和波浪的坡面。

教学要点：两腿均衡承担体重,沿着垂直线匀速滑行,在滑行中注意重心的移动和控制。要根据坡面的变化来改变上体的姿态。首先从面对山下的坐姿开始,慢慢站起,利用板刃刻住雪面,控制立刃的角度开始向下滑行。在滑行的过程中两腿均衡承担体重,重心放在两腿之间,否则会出现滑雪板的斜滑现象。

易犯错误及其纠正方法：产生斜滑降。原因是重心偏向一侧,腰部控制得不稳,两脚用力不均,上体扭转。

3）理解"外倾"的横滑降

练习目的：通过反复的"外倾"滑行练习,提高身体平衡能力,理解和体会单板滑雪平衡的基础——外倾姿势。

场地选择：中等坡度,没有坑包的、坡度在10°—20°之间的平整坡面。

教学要点：外倾姿势是在滑降和转弯过程中,为了应对外力、调节速度和变换滑行动作、维持平衡而采取的特殊身体姿势。进行前刃和后刃弧线滑行练习时,要时刻保持适当地向转弯弧外侧倾斜的外倾姿势。人的身体条件各不相同,外倾姿势也不尽相同,应因人而异地理解外倾姿势。

易犯错误及其纠正方法：

（1）后刃滑行时上体易后倾而造成摔倒,因此要保持正确的上体姿势,在滑下的过程中要注意踝关节和膝关节的协调用力。

（2）前刃滑行时易弯腰,脚跟抬得过高,从而造成向山上方摔倒。要通过用刃的强弱和外倾姿势的变化来进行调整。

4）连续快速横滑降—停止

练习目的：提高用刃质量和速度的控制能力。要通过反复的练习来掌握立刃的控制方法和正确的上体姿势。

场地选择：选择压平、压实和坡度在10°—20°的中等坡度的平整雪面。

教学要点：对于雪靴较软的自由式单板来说,立刃需要一定的腿部力量。练习时应沿着垂直落下线滑行,以体会立刃和下压。滑行距离由短到长,以利于掌握较好的用刃方法。随着距离的加长,速度也逐渐加快,在速度较快情况下进行停止,有利于增强滑行者的信心。停止的滑行距离要由长变短,以提高用刃质量。

易犯错误及其纠正方法：

（1）停止动作过于突然。应通过逐渐立刃和下蹲加大下压力量进行停止,加长停止的推滑距离。

（2）停止后向后摔倒。后坐摔倒是由于停止后没有立即提起重心并站起而造成的。

5）前脚为轴推出板尾的横滑降

练习目的：为了提高控制滑雪板的能力,有必要进行以前脚为轴推出板尾的横滑降滑行练习,虽然易出现脱滑,但有利于提高控制速度的能力。

场地选择：坡度在10°—20°之间。选择没有坑包的压平、压实的平整雪面。

教学要点：重心向板尖移动，由于重心的改变，此时板尾承重变轻，易于推出。从站立姿势开始，重心向板尖方向移动，板尾领先沿着垂直落下线滑下，以前脚为轴推出板尾。

易犯错误及其纠正方法：不能沿直线滑降。在滑下的过程中上体和腿部的协调配合是沿直线滑下的关键。在下滑时身体姿势和重心位置不正确，就会出现不能沿直线滑降、失去平衡、产生摔倒等现象。后刃滑下时前侧肩转向山上，前刃滑下时前侧肩转向山下，做出领先动作是顺畅滑下的动作要点。

6）Z形滑降（落叶滑降）

练习目的：Z形滑降分为前刃和后刃滑降。通过练习体会板尖和板尾的引领滑行，提高滑行速度的控制能力和掌握变相的技术。Z形滑降可以有效地回避场地上的障碍，适应在陡坡、宽度不一的雪道和混乱场地上的滑行。练习的主要目的是掌握斜滑降技术和随时变向技术。

场地选择：选择较宽敞的场地，10°左右的坡度。

教学要点：Z形滑降是连续向左右两个方向斜滑降的技术，要按照预想的滑行方向、角度进行滑降，可以运用已经学过的停止技术进行练习。在练习过程中，应随时注意从上方滑下的滑行者。

Z形滑降的学习，需要在较宽的雪道上进行，滑行应是斜滑降接斜滑降，重心向滑降方向移动，上体有明显的外倾姿势。技术的重点是在滑行—停止—改变方向的滑行过程中，动作顺畅衔接。

重心和上体方向的合理变化、前侧肩向滑降方向引领、两脚承载体重的变换和视线的引导是圆滑、流畅完成技术动作的保证，视线要保持在滑行方向上。在练习Z形滑降时，应有意识地改变滑下的角度、滑行的距离、变向的位置来提高滑行能力。另外，还可以变换练习条件，通过在不同坡面上的练习，进一步提高滑行技术。

在练习中还可以进行后刃的Z形滑行。技术动作是：在滑降的后半程，控制滑雪板向山上滑行，在向山上滑行时有一定的脱滑，应尽量减小脱滑，脱滑越小，立刃和下压的质量就越好。在向山上滑行时，既可以通过上坡来减速，也可以通过后脚推出滑雪板来减速。

易犯错误及其纠正方法：改变方向不准。用刃准确性差，身体重心移动幅度小和控制不佳，转体时机过早或过晚。练习时要循序渐进，通过反复的练习来体会动作要领，把握换刃的时机，提高用刃的准确性。

2. 斜滑降

1）斜滑降

练习目的：斜滑降是学习卡宾转弯技术之前应掌握的技术。通过斜滑降练习，主要掌握在一定坡度和滑行速度的条件下，控制身体姿势和用刃的方法。

场地选择：选择无凹凸、坡度在10°左右的较宽雪道。

教学要点：由停止的状态开始，保持基本姿势进行斜滑降练习，要求身体不要有任何扭动。斜滑降是在雪面上的斜向移动，所以要时刻注意其他滑雪者，避免发生冲撞。在练习前，教师对视线、腰、肩的位置和髋、膝、踝的弯曲角度及立刃的角度都要进行示范讲解。按着设定的路线进行滑行，保持身体重心在两腿中间。后刃滑行时要通过翘起脚尖来控制立刃；前刃滑行时膝关节下压，小腿前屈，提踵。在练习中可以设定标志物辅助进行练习，这对技术水平的提高非常有益。练习可以采取"斜滑降—停止"的练习方法。

膝、踝适度弯曲，下肢紧张保持立刃状态。不要屈体，后手自然横向屈伸。

易犯错误及其纠正方法：

（1）后刃滑行时动作要点不清楚。胸要侧对滑行方向，身体自然放松，不要扭动。如果后腿膝关节内旋，身体就会发生扭动，所以膝关节要与脚尖保持方向一致。

（2）前刃滑行时动作要点不清楚。在膝、踝关节适度弯曲的基础上进行立刃，腿部肌肉要保持紧张。后手自然横向屈伸，腰部不要扭转。

2）身体重心上下移动的斜滑降

练习目的：提高速度控制能力。进行稍复杂的连续转弯时，练习者对身体重心的上下移动和膝关节的动作变化较难掌握，此练习可在变化的条件下，掌握利用膝关节的屈伸保持稳定的滑行能力。

场地选择：因为速度有所增加，在练习中会产生一定的恐惧心理，身体易发生向后倾倒，所以要选择坡度在10°左右、平坦的缓坡面上进行练习。

教学要点：能够完成斜滑降之后，要连续地进行上下移动重心的练习。进行斜滑降并上下移动重心，会使滑降的速度有所提高。在滑雪板垂直方向上，上下移动重心，双脚下压，使板刃刻住雪面，以增加滑行速度。下肢的稳定性是很重要的，要避免前后晃动，并且要保持立刃不变，这有利于膝、踝关节的屈伸和身体重心的上下移动。

前刃滑行：立刃角度不变，身体相对滑雪板保持垂直。

易犯错误及其纠正方法：不能保持基本姿势。练习时要充分屈膝，注意保持基本姿势和身体重心平衡。

3）重心上下和前后移动的斜滑降

练习目的：在斜滑降的过程中，通过膝关节的屈伸掌握重心上下和前后移动的技术，为学习连续转弯奠定基础。

场地选择：对于初学者来说，速度过快不利于掌握技术动作，所以要选择平整缓坡面（坡度为5°—10°）进行练习，适应之后，逐渐增加坡度。

教学要点：两腿平行，重心在两脚之间。初学者视线往往落在脚上，这样容易破坏身体平衡。要把视线移向前进方向，或者确定某个标志物，向标志物方向滑行。一般情况下，可由基本姿势开始练习上下移动重心，进而掌握前后移动重心。

后刃滑行：由基本姿势开始，重心充分移至前脚。

易犯错误及其纠正方法：重心前后移动幅度小。要有意识地、积极地做重心前后移动。重心应充分落于前脚，抬起上体时不要先伸展膝关节，而是要以小腿发力。身体重心降低时膝关节要弯曲。在滑行中，通过有节奏的变化来完成上下和左右移动重心练习。

3. 直滑降

1）直滑降

练习目的：直滑降是单板滑行技术的基础，是滑行的基本技术。直滑降和停止技术紧密相连，停止是学习直滑降的安全保证，直滑降又是转弯技术动作的基础。

场地选择：在平坦地缓坡面上（坡度为5°—10°）练习，适应之后延长滑行距离，增加滑降坡度。

教学要点：沿坡面直线滑下的直滑降，对于初学者来说比较困难。在练习的开始阶段选择易于滑行的平坦雪面且坡度适宜，练习就会变得简单。首先，要掌握直滑降的基本姿势，身体姿势由正面看不要有左右倾斜，为此滑雪板要紧贴雪面；由侧面看身体与坡面垂直而不要前后倾倒，这可以从腰部所处位置来判断。

易犯错误及其纠正方法：

（1）身体发生向后倾斜。要增强前脚下压、重心前移的意识。另外，要保持重心的稳定。

（2）目视脚下。由于紧张，一般滑雪者在开始滑降时都容易看脚下。要求滑雪者两眼注视滑行方向。

（3）肩部紧张。两肩之间的连线与坡面平行是做出流畅滑行动作的条件之一。要提醒练习者，上体和肩部应当放松。

2）直滑降—停止

练习目的：即使掌握了直滑降的基本技术，如果不会停止也不可能在坡面上安全、顺利地进行练习。为此要学习在速度较快情况下的停止技术。

场地选择：开始练习时要选择坡度小、较平坦的场地，进行短距离的滑降练习。

教学要点：首先，由直滑降的基本姿势开始，重心稍前移，前脚稍加力下压，以便控制滑雪板。接下来，身体上提，用后脚发力将板尾推出，使滑雪板形成横向的状态。之后，降低重心，逐渐加大立刃，加压至停止。

易犯错误及其纠正方法：

（1）滑降时身体倾斜。身体发生倾斜，板尾就无法自如控制，也容易摔倒。滑行时注意重心位置，身体要放松，保持直线滑行。

（2）停止时不能面对滑行方向。原因是滑雪板控制不好，身体重心向某一侧移动了。另外，也可因双脚用力不均造成。后刃停止是最基本的技术动作，要领是上体要面对前进方向。

3）利用扭转的停止

练习目的：扭转身体进行急停，既可以躲避危险，也有利于控制滑雪板和变刃，并掌握以前脚为轴推动板尾的技术动作。另外，也利于学习"下压"和"外倾姿势"。

场地选择：选择10°左右的、平整的缓坡或中等坡度的斜坡进行练习。坡度要与自身技术水平相适应。

教学要点：有的人对于利用扭转进行急停仅仅理解为转动上体，结果造成滑雪板未能转动。实际上是转动上体的同时，要以前脚为轴用后脚推动板尾。由直滑降开始急停时，要积极地向前脚移动重心，并以前脚为轴用后脚推出板尾，同时上体稍反向转动以维持身体平衡，并不是转动板尖发力来进行急停。前刃停止时，要扭转上体，视线领先，并且前侧肩稍低做领先动作以维持平衡。后刃停止时，注意要逐渐增大立刃角度。

易犯错误及其纠正方法：

（1）停止过程中身体直立。推出板尾后，伴随逐渐加大立刃，重心也逐渐降低，并一定要使之保持在两脚之间，形成外倾姿势以维持身体平衡。

（2）前刃停止时转体角度不够。在滑行前要进行原地练习，体会身体感觉，掌握准确的转体角度。

4. 后半弧滑行

1）从斜滑降滑入后半弧

练习目的：为了能有效地控制速度进行转弯技术滑行，首先应进行从斜滑降滑入后半弧的练习。目的是提高对滑雪板的控制能力和掌握立刃的技术。

场地选择：在小坡度场地进行练习，由于场地的坡度小，滑行转弯的速度慢，比较安全。

教学要点：先做示范，指定滑行线路。循序渐进地加大斜滑降的角度、距离，速度就可以由慢到快，滑雪板的立刃就会从浅弧向深弧过渡。逐渐提高难度进行练习，可以使学生克服恐惧心理，提高练习的兴趣。用前刃滑行，往往出现不易维持身体平衡、立刃角度过大等情况。滑雪板向山上侧滑行时，视线要随着滑雪板的前进方向一起移动。上体的领先动作和视线的移动是教学的要点。此时，提醒学生注意开始转弯的时机和地点，会取得事半功倍的效果。用后刃从斜滑降开始滑行，视线领先，不要把注意力集中在上体动作上，而应注意用踝关节控制立刃。

易犯错误及其纠正方法：转弯不流畅。转弯不好，有可能是固定器的原因造成的，需要准确辨别，如鞋带、鞋卡等过松，脚后跟在鞋中晃动造成前刃立刃不好等。另外，脚后部固定器固定不好，有时就会造成难以把握后刃转弯的时机、出现身体过度倾斜、伸直膝关节进行立刃等现象，所以，练习前要认真检查固定器安装角度等器材情况，为滑行做好准备工作。

2）从直滑降滑入后半弧

练习目的：从滑离最大倾斜线开始，要进入后半弧转弯，上体的转动和重心的左右移动是动作的要点。此外，逐渐加长直滑降的距离，提高滑行速度可有效地滑入后半弧。

场地选择：与从斜滑降滑入后半弧相比，速度较快，所以开始练习时要选择坡度小的场地，然后渐渐地加大坡度。另外，直滑降也要从短距离开始，尽可能地消除恐惧心理。

教学要点：后半弧滑行是转弯的一个重要组成部分。从斜滑降滑入后半弧要逐渐加大角度，最终目的是从直滑降进入后半弧，其动作要领和从斜滑降滑入后半弧相同，只是由于滑行速度快、转弯弧度大，立刃、下压和扭转要有所变化。

上体动作领先，重心放在前脚，后脚推动板尾完成后半弧的滑行技术动作。直滑降时从基本姿势开始，腿部紧张，做领先动作，移动重心，推动滑雪板。前刃转弯时，身体容易倒向转弯弧内侧，形成立刃角度过大，所以重要的是要有"扭转"意识。不仅仅是加大立刃，而且要利用转体来转动滑雪板。注意：重心要降低并向脚尖方向移动。后刃滑行与前刃滑行相比，板尾容易拖滑，动作不容易掌握，练习时要注意不要转体过大。

一个半圆的转弯由前半弧和后半弧两部分组成，滑向最大倾斜线的转弯部分叫作前半弧，相反，滑离最大倾斜线的转弯部分叫作后半弧。最大倾斜线是指物体沿斜面的顶点自然滑落所经过的直线轨迹。

易犯错误及其纠正方法：直滑降过渡到后刃转弯滑行时，注意身体倾倒要逐渐进行，防止突然倾倒。倾倒、加压和推出板尾均为逐渐进行。直滑降过渡到前刃滑行时，视线、前臂、板尖顶方向应该一致。

3）前脚下压有较大脱滑的后半弧滑行

练习目的：提高由直滑降过渡到后半弧滑行技术，掌握以前脚为轴推开板尾和大幅度倾倒的技术动作。

场地选择：选择缓坡进行练习,适应之后在中坡上进行。

教学要点：由直滑降状态开始,就将重心放在前脚上,向转弯弧的外侧推开板尾。要领与直滑降—停止大致相同,向斜向进行横向滑行。腿部和上体应呈扭转姿态。

易犯错误及其纠正方法：

（1）直滑降时身体倾斜。如果身体发生倾斜,就无法自如地控制板尾,而且也容易摔倒。原因是直滑降时前脚加压不正,身体重心不稳定。直线滑行时身体要尽量放松,保持稳定的直线滑行。

（2）倾倒幅度小。原因主要是练习者的胆量小,可以让练习者体验几次从超大幅度倾倒到有准备的摔倒练习,这有利于提高对倾倒幅度技术的掌握。

4）推开板尾滑入后半弧

练习目的：掌握前脚主要承担体重和后脚推开板尾的方法。

场地选择：由于练习是从直滑降开始滑行,速度较快,会使初学者产生恐惧心理,建议选择坡面时遵循循序渐进的原则。

教学方法：因为是从直滑降开始滑入后半弧,速度比较快。速度过快容易产生恐惧心理和身体后倾,后脚就不能很好地推开板尾,所以重心要充分地放在前脚上,向转弯弧外侧推开板尾。体会以前脚为轴,通过后脚的蹬动使滑雪板变向的身体感觉。要提醒学生,推动板尾时视线要转向山下和采取身体外倾姿势;要逐渐加力推出板尾,循序渐进地进行练习,以掌握顺畅圆滑的技术动作,这对提高滑雪板的控制能力也会有很大帮助。

易犯错误及其纠正方法：无法完成推出板尾的动作。这是因为身体向转弯内侧倾倒幅度不够,重心未能前移。要注意：重心前移、向转弯内侧倾倒和推出板尾应该陆续进行,不要出现动作分解。

5）后脚下压滑入后半弧

练习目的：掌握后脚下压滑入后半弧的动作要领。强化在转弯后半弧处身体扭转、加大立刃和滑雪板向山上侧滑进的技术动作。

场地选择：选择在10°—15°平坦的中坡进行练习,这样可以克服直滑降快速滑行时产生的恐惧心理。

教学要点：重心由前脚向后脚移动,同时进行转弯。从直滑降开始保持体轴不变,视线领先,同时立刃、下压和扭转上体,要有意识地将重心放在后脚上。

易犯错误及其纠正方法：用后刃滑行时,容易出现臀部着雪或者身体不能向上倾斜而形成后倾姿势。要强调视线领先、有意识地做向心动作、增强以髋关节为轴心做动作的意识,再进一步提高身体平衡能力来纠正此错误。

6）身体上下及前后移动滑入后半弧

练习目的：在后半弧的滑行过程中进行上下及前后的重心移动,以提高在不同滑行条件下的平衡能力,进而掌握更流畅的转弯技术。

场地选择：选择宽敞、坡度为10°—15°平坦场地。

教学要点：从直滑降开始通过重心上下移动来变换立刃。从中等姿势的滑降开始下压,然后向前进方向伸展。此时,身体在滑雪板的正上方后倾,重心要落在前脚上。肩臂做领先动作的同时,立刃,前脚负重,板尖开始转弯。随着滑雪板的转动,慢慢地转体并同时下压。随着下压,重心移向后脚。

易犯错误及其纠正方法:倾倒幅度过大,造成臀部着雪。要控制倾倒和立刃角度,同时要注意防止扭转过大,把握重心移动的时机,逐渐加大倾倒角度。

5. 前半弧滑行

1)前半弧的滑行

练习目的:掌握变刃和重心的移动,根据坡面的变化调整滑行姿势,提高板尖领先滑降的动作意识。

场地选择:练习时,应选择小坡度场地,随着练习的熟练逐渐提高坡度。

教学要点:一个转弯弧由后半弧和前半弧两部分组成。无论后半弧滑行得多么好,如果前半弧技术掌握得不好,就无法高质量地进行完整弧的滑行。初学者在练习过程中,经常在前半弧摔倒,所以要选择小坡面,循序渐进地进行加大重心移动幅度的练习。

从直滑降开始,滑入圆弧。用低姿势滑行,上体逐渐抬起,重心落在前脚,上体动作领先,使板尖向坡面下方滑下。此时过度转体会造成摔倒,要引起注意。

把握抬起上体的时机,体会踩住板尖的动作。能够进行板尖引导滑降后,开始练习"斜滑降滑入前半弧"的动作。

易犯错误及其纠正方法:后刃转弯时易出现平衡难以控制现象。原因是过度倾倒或立刃过强破坏了身体平衡。此时,要强调有意识地控制板尖,使之与视线、前臂的方向保持一致,循序渐进地加大倾倒角度;要克服怕向后摔倒的恐惧心理,强调上体在做领先动作的同时,视线要与之同步。

2)从停止状态进入板尖引导的滑降——前半弧滑行

练习目的:掌握滑雪板沿着最大倾斜线滑行时控制板尖滑降的动作要领,学习连续转弯的前半弧滑行技术动作。

场地选择:选择平坦的坡面,坡面的下方为平地,或者是稍有坡度的场地较适合练习。

教学要点:板尖引导滑降是为完成前半弧滑行所必须掌握的技术。首先,从停止的低姿势开始滑行,重心移向前脚,上体抬起。板尖向最大倾斜线方向滑行时,重心在滑雪板的中间。不要急于做动作,要有用板尖引领滑降方向的意识。

接下来可以尝试做"从斜向的横滑降开始,进入板尖引领滑降"的练习。滑行时动作不要过快,要逐渐移动重心,注意控制板尖下落方向。

易犯错误及其纠正方法:滑雪板不能沿斜面自然滑下。初学者往往有恐惧心理,急于做出动作。此时,重心要逐渐移向前脚,以手臂和肩的引领动作和腿部控制板尖滑进方向。

3)推开板尾的前半弧滑行

练习目的:通过此练习,理解推出板尾需要移动重心和腿部下压加力,逐渐掌握连续转弯所必不可少的变刃技术。

场地选择:选择坡度小、滑行速度慢的场地,以消除滑雪者的恐惧心理。

教学要点:积极地向最大倾斜线方向推出板尾。从前半弧滑行的开始阶段就移动重心,准备随时推出板尾。从立刃开始,抬起上体,重心向前脚移动时身体垂直滑雪板,使滑雪板与雪面平行。因此,视线要稍转向外侧。以前脚为轴变刃的同时,腿部逐渐发力推开板尾。此项练习可以积极、主动地改变滑雪板的滑行方向,即使在雪道狭窄的地方也能轻松地转弯。

易犯错误及其纠正方法：出现过强立刃。因为进行的是前半弧练习，所以从概念上首先应该清楚，应该尽量多地体验重心控制和倾倒、视线和手臂引导的作用，为进行完整高质量的转弯打基础。

4）利用转体进行的连续小转弯

练习目的：学习通过上体领先转动带动滑雪板转动的基本技术。

场地选择：选择压实的小坡度的场地。为了练习蛇形滑行技术，要尽可能避开复杂的坡面，在宽阔的场地上进行练习。

教学要点：进行利用转体引导的连续S形转弯滑行练习，可以有效提高立刃的动作质量。为了防止滑雪板过度转动，控制身体转动幅度是很重要的。此动作较难掌握，要反复进行练习。

易犯错误及其纠正方法：单个回转弧转得过深，无法衔接下一动作。进行连续转弯滑行，开始阶段要注意适度转体和立刃，转体过大、立刃过强是产生回转弧度过深的原因。要逐渐加大转体、立刃的幅度和力度，通过反复练习强化正确的动作感觉。

6. 控制速度的完整弧形滑行

练习目的：利用已学习的前半弧和后半弧滑行技术进行完整弧形的滑行。重点是体会用刃的感觉、用刃的变化以及领先动作的运用，控制伴随脱滑而产生的身体外倾姿势。

场地选择：选择坡度为5°—10°、压实、平整、较宽的场地为好，这样不会给滑行者带来恐惧和立刃困难。

教学要点：只要掌握了前半弧和后半弧的滑行技术，就可以完成一个完整弧的滑行动作。重点是前、后半弧的顺畅衔接。

前刃滑行时，由后刃的斜滑降开始滑行，控制板尖，重心逐渐前移，板刃的变化是后刃—平刃—前刃，并且逐渐向前刃下压，向弧的外侧轻推板尾。此时，如果上体扭转过大则会造成用刃过强，而使脱滑无法进行，无法体会为了应对脱滑而采用的身体外倾姿势，也不能达到控制滑行速度的目的。身体姿势的变化在一个弧的滑行过程中是高—低—高；立刃的过程是平刃—逐渐立刃—立刃—减小立刃。两肩的连线保持和坡面平行，前侧臂在后半弧滑行时向滑行方向引领。下压动作由膝、踝和髋三关节协调完成。

后刃滑行时，在转弯弧的前半段，上体转向山下会产生向山下掉落的恐惧心理。为此，要建立前脚充分承担体重、做领先动作的同时向山下扭转上体的意识。但是，也容易出现领先动作过大、重心控制不稳、不能使板尖自然滑下、立刃困难等情况，此时要充分考虑上体的扭转幅度问题。

易犯错误及其纠正方法：身体重心变化不明显，节奏不清楚。应该有意识地强化重心高低的变化，这是动作节奏的表现，也是高质量转弯的关键。要求练习者在头脑中建立"在一个弧的滑行过程中是高—低—高"重心移动的过程，可以要求练习者在开始阶段进行较大幅度的重心上下移动的练习。

7. 连续转弯

1）连续转弯

练习目的：掌握连续流畅、圆滑的转弯技术，体会连续转弯过程中的重心移动和动作节奏变化；掌握不同弧度转弯时的立刃、倾倒、下压和扭转的技术动作。连续转弯是进一步学习卡宾转弯所必须掌握的技术。

场地选择：选择在坡度为5°—20°的平坦场地上练习。因为是大弧度转弯，场地要具备一定的宽度。

教学要点：练习时要在缓坡上进行，场地要让练习者感到大而宽阔。首先，屈体下压滑雪板，髋、膝、踝三关节弯曲，立刃滑行。接下来抬起上体，保持下肢的稳定，提起重心移到前脚，并有节奏地在重心上下起伏变化中稳定地控制滑雪板。重心的变化过程是低—高—低。板刃的变化过程是前刃（后刃）—平刃—后刃（前刃）。

扭转是完成转弯必不可少的，要利用身体扭转来调整滑雪板的前进方向与转弯的弧度。另外，为维持身体平衡需要适度地屈体，同时身体也要有一定的倾倒。在练习的过程中要顺畅优美地完成转弯，就要把握好换刃的时机，力求动作流畅。

易犯错误及其纠正方法：前后弧滑行衔接不够顺畅。原因是平刃阶段时间过短或过长。此时可以在滑行中依据教师的口令进行调节平刃时间和提高重心幅度的技术练习。

2）重心小幅度上下移动连续转弯

练习目的：进一步学习转弯技术，在连续转弯中熟练掌握重心移动和变刃技术。

场地选择：因为滑行距离加长，要选择视线开阔的5°—15°的缓坡或中坡场地。

教学要点：能够完成连续的转弯之后，不要急于到陡坡上去练习，先在缓、中坡上练习更利于掌握技术。上下移动重心的技术要点如前所述，应充分利用髋、膝、踝三关节的屈伸上下移动重心。

进行小幅度的上下移动，要控制好身体重心降低、上提的幅度，但不要大幅度地前后倾倒。要有意识地将重心移向前脚进而完成转弯。

易犯错误及其纠正方法：滑行过程中身体僵硬。在滑行中不要过于强调小幅度的重心变化，应该强化练习者在滑行中充分放松。此技术练习的目的是通过进一步学习来掌握流畅、自如的转弯技术，通过连续转弯更加熟练地掌握重心移动和用刃技术。

3）重心大幅度上下移动连续转弯

练习目的：掌握大幅度提高、降低重心和立刃、倾倒、下压技术的结合，掌握提降身体重心的节奏，提高转弯技术的质量。

场地选择：选择视野开阔的中缓坡场地。

教学要点：利用身体重心上下移动对滑雪板减压、加压，伴随着身体前后运动是连续转弯滑行过程中节奏的体现，初学者往往难以顺畅地完成这一技术动作。开始练习时，不仅要将精力集中在身体前后充分移动上，更重要的是在屈膝、立刃的同时要加大下压力量并控制身体平衡。

易犯错误及其纠正方法：身体上下移动幅度小。要明确身体上下移动的作用和要点，强化平刃滑行过程的重心高度和节奏的重要性。可以按照教师发出的节拍进行练习。

8. 卡宾转弯技术

1）长弧卡宾转弯

练习目的：最大限度地利用滑雪板的特性，在转弯时能够滑出雪辙细而深、脱滑横移小的转弯技术动作。

场地选择：中缓坡（坡度为5°—20°）的场地。平整、较宽的场地有利于速度的发挥。

教学要点：首先要让学生充分理解一般转弯和卡宾转弯的不同点。

卡宾转弯要充分利用滑行速度，要强有力的立刃，倾倒、立刃、加压要有明显的节奏变化。为了应对增大了的离心力，应增大倾斜角度，在转弯过程中加强向转弯弧内侧倾斜，同时加大立刃角度。

要充分地利用滑雪板的性能，积极地通过上下移动身体重心给板刃加压和减压，这样，随着水平的提高就能对滑行线路作出相应的调整，滑出对称的连续弧形。

易犯错误及其纠正方法：立刃角度小。原因是滑行速度慢、身体倾倒角度不够造成的。要逐渐利用速度，加大下压力量，以加强立刃角度。可以通过要求练习者在转弯过程中控制好身体姿态，用转弯内侧的手摸触雪面滑行的方法来加大立刃的角度。

2）短弧卡宾转弯

练习目的：积极运用引伸减压和蹲曲加压的动作要领，充分发挥滑雪板的性能，学习快速灵敏的短弧卡宾转弯技术。

场地选择：中等坡度且平坦的场地。

教学要点：许多学生会对短弧卡宾转弯感到棘手，尽管节奏产生了变化，基本动作还是和长弧卡宾转弯一样，没有太大不同。短弧卡宾转弯时要求将长弧卡宾转弯时的上下移动、下压、立刃、扭转等所有动作更为紧凑而快节奏地完成。理解这一动作要领，保持上体的稳定、以腿部摆动动作为主，练习效率就会更高。

单板滑雪运动从人的解剖结构来说具备这样一种特征：前刃滑行时，身体易于向内倾倒；后刃滑行时，易于俯身屈体。但是，我们学习的短弧卡宾转弯不像长弧卡宾转弯要快速地倾斜上体和俯身屈体，而要将滑雪板控制在身体的正下方，通过滑雪板的摆动进行转弯。

在实际练习中，为正确地完成每一个动作，要由缓坡的低速练习开始。长弧卡宾转弯时，上体动作要与滑雪板滑行路线同步，与之相比，短弧卡宾转弯要利用上体和腿部的扭转调整滑行速度和转弯弧度，膝关节要柔和地切换变刃，利用身体重心上下移动来加力下压和起身减压。如果能够有效地利用腿部的摆动，那么滑雪板的转动就会变得容易。首先要指导学生建立立刃的感觉，而后要培养他们的平衡感和节奏感。

易犯错误及其纠正方法：滑行弧线过长。要深入理解动作要领，明确长短弧卡宾转弯滑行的不同。短弧滑行要保持上体的相对稳定，以下肢动作为主；动作幅度小而紧凑，快速地摆动、立刃、下压、倾倒。

第十一章

滑雪运动常见损伤与预防

第一节　外　伤

一、滑雪外伤的性质

外伤是滑雪伤害事故的主要部分,而且有其突发性、意外性、不可预见性,故一般称滑雪伤害为"意外伤害"。

二、滑雪外伤的常见部位

部位主要有膝关节、踝关节、小腿、肩关节、手部。常见的外伤有扭伤、挫伤、擦伤、撞伤,偶尔也发生脱臼、韧带撕裂、骨折等伤害。

三、滑雪外伤发生的常见原因

（1）超速滑雪,滑雪板失控。自己狂摔或乱撞他人,十有八九要受伤。

（2）互相撞击。造成撞击,可能由双方所致。撞击者超速滑行或"加塞"滑行,或转弯技术不高;被撞击者可能在雪道上违规停留,或停止后不靠边,或随意在雪道上立、坐,妨碍他人正常滑行,撞击往往造成两人俱伤。

（3）自不量力。盲目登高为显现自己,没有两下子,虚拍胸脯,发抖式下滑,又不会主动跌倒,结果造成倒栽葱式跌倒。

（4）没进行热身或热身不透。全身舒展不开,发泄,动作僵硬,怎能不受伤。

（5）器材有问题。器材不适用,滑雪板过长、过重,固定器压力调整不当,重摔时不脱离。

（6）身体欠佳。头一天晚上未休息好,睡眠不足,早晨没进餐,体力、精力状况欠佳。力不从心上场,难以应付多变的滑雪条件。

（7）滑前饮酒多。滑雪前饮酒偏多,迷迷糊糊滑雪,会害己又害人。

（8）跌倒后乱动。跌倒后,不是顺其自然,而是盲目乱动。

知道了导致外伤的常见原因,就找到了预防外伤的办法。

核心的问题是从实际出发,量力而行,树立"不怕一万,就怕万一"的预防理念。滑雪,还是保守点为妥。

四、滑雪外伤统计分析

（1）滑雪者的扭伤、擦伤和骨折占总伤害事故的70%—80%。

（2）受伤的部位多为膝、踝、小腿,占所有受伤部位的80%。

（3）20岁左右的青年人受伤占总受伤人数的59%。

（4）男性受伤占男、女总数的75%。

（5）初学滑雪者受伤占总人数的70%。

（6）滑雪伤害80%是由于自己摔倒造成的。

分析上述的统计数字,可以明显看出:受伤的人多是因速运度快和技术"失控"而自行摔倒的初学者。

五、滑雪外伤发生后的处置原则

（1）开放性外伤发生后,尽力在雪场上就地采取止血、固定、保暖措施,之后迅速送往医院治疗。

（2）一般伤害可在滑雪场内处置。

（3）不能在24小时内对患处按摩和热敷,相反应用雪冷敷。防止微血管大量出血而导致肿胀。

（4）对受伤者不可乱挪动,要仔细观察受伤的程度。

（5）他人受伤应热心相助,并提供现场纪实。

六、滑雪外伤发生后的自我护理

（1）一般扭拉伤。如手部、足踝和膝部扭伤,先冷敷,24小时后改为热敷,伤处用纱布缠住,休息时把伤位垫高;遇到腰扭伤,要将木床垫得厚一些,仰卧在上边,腰下垫一个枕头。开始时伤处冷敷,24小时后改用热敷。

（2）脱臼。脱臼也可能使周围软组织受伤。脱臼后,首先保持安静,不要活动,对脱臼部位不要随便揉搓,要立即到医院复位。肩关节脱位时,可把肘部弯成直角,再用三角巾把前臂和肘托起,挂在颈上。肘关节脱位时,可用三角巾托起前臂,挂在颈上,再用一条绷带缠过胸部,把脱位关节固定住。髋关节脱位时,应让病人躺在担架上送往医院。受伤后如疼痛较剧,可吃点止痛片。

第二节 面部皮肤保护

一、防止紫外线对面部皮肤的伤害

滑雪时,雪道表层紫外线的反射很强,即便在阴天也依然如此。紫外线能将裸露的皮肤晒黑老化,防止的办法是滑雪前使用防晒功能强的面部防晒用品及护唇膏,并每隔几小时涂一次。

二、防止寒风对面部皮肤的刺激

滑行时会形成较大的相对风速,对面部皮肤有很强的刺激。寒风的反复刺激会使面部皮肤粗糙、干裂,导致肌肤老化,故在使用防晒用品的同时,也应涂抹一些冬季专用的润肤用品。

三、防护面罩的作用

紫外线与寒风的混合作用力很大,光凭向面部涂护肤膏不能从根本上解决问题。如果对皮肤质量要求高,特别是年轻女士,长时间滑雪时,可备一只护面罩,这种面罩防晒、防风、保暖,又不影响呼吸,再佩戴一副较大的封闭式防风镜,就更严实了。

第三节 冻伤的防治 ▶

在滑雪运动中,参加者发生冻伤是较常见的伤病。在每年冬训上山时,尤其是非专业队,其条件较差,几乎每个运动员都发生过程度不等的冻伤。冻伤发生后,除给运动员带来痛苦外,也影响了训练计划的完成和比赛成绩,所以防治冻伤是很重要的。

一、冻伤的原因

(一)气候寒冷

风速快(包括运动员的滑雪速度),在寒冷条件下持续时间过长而导致冻伤。如冬训上山,运动员离住地较远,所以一次训练时间过长,运动员就容易发生冻伤。

(二)衣着保温性能差

有的运动员不带耳包,或耳包在滑雪过程中脱落因而发生冻伤。另外,手套被手杖磨出破洞;鞋紧挤脚或男运动员会阴处保温不好发生冻伤。手套或袜子因运动出汗潮湿,也是引起冻伤的原因。

(三)训练和比赛前准备活动不充分

机体对寒冷条件不适应而发生冻伤。

(四)饮食中热量不足

冬训上山的运动员,只吃些饼干、蛋糕,造成食欲不振、偏食,使饮食中热量不足而发生冻伤。

（五）运动员的全身状态不良

如思想情绪低落，精神不振，失眠、疲劳、多汗等，也是发生冻伤的原因。

二、冻伤的临床分度

冻伤发生后，冻伤部位皮肤苍白、变硬、变厚、皮沟加深、皮野稍隆起。冻伤的运动员感觉如刀割一样。当冻伤复温后冻伤变化可分为四度。

Ⅰ度为红斑性冻伤：冻伤程度在皮肤浅层；感觉麻木，轻度痒痛；外观呈红斑样，轻度肿胀，愈后表皮脱落，不留斑痕。

Ⅱ度为水疱性冻临：冻伤程度在皮肤全层；感觉灼痛，搔痒；外观水疱，明显肿胀。愈后无斑痕形成，功能正常。

Ⅲ度为溃疡性冻伤：冻伤程度在皮肤全层及皮下组织；感觉伤部麻木，无知觉，伤处周围疼痛；外观皮肤苍白变蓝，终变黑，周围血性大水疱及肿胀；皮肤全层及下组织坏死。愈后形成斑痕影响功能，并有指（趾）甲脱落及再生。

Ⅳ度为坏疽性冻伤：冻伤程度在皮肤、肌肉、骨骼；感觉完全消失；外观出现干性坏疽，周围可有水疱及肿胀。多不能自愈，需要截肢。

三、冻伤的治疗

（一）快速复温法

全身冻伤者，把伤员浸于35—40℃水中，约5—7分钟后迅速复温。即离开温水后，肢体覆盖保暖。

（二）全身复温法

静脉点滴37℃的5%葡萄糖或饮姜汤糖水或饮少量酒饮料，并给日服维生素C400毫克，一日三次。

（三）局部治疗

（1）光疗：伤处用光疗红外线疗，每次30分钟，一日进行1—2次，一周为一疗程。

（2）热浴疗法：木瓜或辣椒秆或茄秆加葱煎水局部热浴，或艾叶煎水局部热浴，一日进行1—2次，每次30分钟，一周为一疗程。有水疱者消毒后刺疱后再热浴，禁止直接热浴。

（3）封闭疗法：套式封闭或局部阻滞，用0.5%—1.0%普鲁卡因2—5毫升。

（4）外用药膏：皮肤未破时用蜂豚软膏；皮肤已破时用三磺软膏或硝酸银软膏。

（5）冻伤近端及周围部位按摩治疗，每次20分钟，一日两次，一周为一疗程。

（6）医疗体操：可促进血液循环及淋巴循环，改善伤处营养，增进新陈代谢过程，加速冻伤处康复。

（四）反复发生冻伤者服用中药

药方：白芍15 g，党参25 g，黄芪50 g，陈皮10 g，桂心20 g，当归15 g，白术10 g，熟地20 g，五味子5 g，获菩15 g，远志10 g，甘草10 g。水煎服，用少量黄米酒作引子内服，一日一副，连服三副，产生疗效病情好转，可再服三副即可。

四、冻伤的预防

（一）抗寒锻炼

冬季进行户外运动，冷水浴，冷空气浴等。

（二）做好三防（防寒、防潮、防静）工作

（1）在易发生冻伤的气象条件下，如气温在−30℃以下时，应考虑推迟比赛或改变训练计划。

（2）衣着要保暖，戴耳包、鼻罩、护裆皮子，运动鞋大小要适当，手套完整保暖。

（3）手套、袜子及时洗晒，保持清洁干燥。

（4）要有充足时间保证运动员做好准备活动，及时安排车辆把运动员送到比赛地点。

（三）饮食要有足够的热量

如增多甜食、脂肪食、蔬菜等。在长距离滑雪运动途中，加饮料时，除考虑到味道可口及温度外还应考虑到高热量，如加入巧克力糖等。

（四）涂抹防冻膏

使用防冻药膏涂在暴露部位及手、足等处。

（五）保健按摩

滑雪前进行面部、手、足等处保健按摩5—10分钟。

（六）形成医务监督制度

为了进一步提高滑雪运动员的冻伤防治工作，在每次滑雪运动会及冬训时，应有医生参加调研工作，医务监督应成为制度。

第四节　防止雪盲症

一、雪盲症的起因

雪盲症的罪魁祸首是积雪对太阳光的反射率很高。所谓反射率，是指任何物体表面反

射阳光的能力,这种反射能力通常用百分数来表示。纯洁新雪面的反射率能高到95%,换句话说,太阳辐射的95%被雪面反射出去了。这时候的雪面,光亮程度几乎接近太阳光,肉眼的视网膜当然经受不住这样的强光。

还有一种说法由美国一个权威部门研究得出——引发雪盲症的主要因素是雪地里空无一物。科学家曾验证过,人的眼睛其实总是在不知疲倦地探索周围的世界,从一个落点到另一个落点。要是过长时间连续搜索而找不到任何一个落点,它就会因为紧张而失明。

二、雪盲症的危害

强光刺激,眼角膜和结膜上皮细胞长时间受紫外线的刺激会坏死、脱落,继而造成眼角膜浑浊,视物模糊。另外,有些地方积雪并不平整,而是形成多个凹面,这样的地方能反射更强烈的阳光,所以有时即便是在阴天,长时间待在雪地里而不加以防护,也能引起眼睛暂时性失明。

多次雪盲症会对人眼造成不可逆的损伤,引起视力衰弱和其他眼疾,还会引发眼底黄斑区的损伤,严重的甚至会永久失明。

三、预防雪盲症

第一,防护眼镜不仅可以遮挡地面溅起的雪,更重要的是可以过滤强光,大大减少强光对眼睛的刺激和伤害。

第二,太阳镜、防风眼镜、面罩等都可以选择,特别是滑雪时要戴防护眼镜,防止突发雪盲症后视力模糊失去方向,发生意外事件。

第三,在雪地游玩时,不可长久逗留,适当控制时间。

第四,如果感到眼睛不舒服,应停下来闭着眼睛休息一下,或者换个环境,别让强光继续刺激眼睛,最好用消毒的棉布敷在眼睛上。

四、出现雪盲症该怎么办

造成雪盲的原因是因为双眼暴露在雪地中,没有眼镜保护的眼角膜很容易受伤,因为无论是否有阳光照射,雪地的反光都非常强烈,若是艳阳天在雪地中活动,在数小时之内即可造成严重的雪盲。

雪盲的症状为眼睛非常疼痛,感觉像充满沙尘,眼睛发红,经常流眼泪,对光线十分敏感,甚至很难睁开等。若是出现了雪盲症的症状,可以用眼罩、干净的纱布覆盖眼睛,不要勉强用眼,并尽快到医院就医,一般雪盲症的症状可在24小时至3天之内恢复。

参 考 文 献

［1］陈文玉,陈新洁,许哲.休闲产业视角下大庆冰雪运动产业研究［J］.大庆社会科学, 2019.

［2］王春雷,杨建丰,白华.机遇与挑战——冬奥风口下河北冰雪产业发展的冷思考［J］. 邢台学院学报,2019.

［3］程显梅.烟台市冰雪休闲运动开展的SWOT分析及推进策略研究［D］.鲁东大学, 2018.

［4］张洪波.哈尔滨城市冰雪体育休闲广场文化建设研究［D］.黑龙江大学,2018.

［5］覃琴.全民健身背景下冰雪休闲运动的机遇与挑战［C］.中国体育科学学会、河北省体 育局、河北省张家口市崇礼区人民政府.2017.

［6］关景军.区域特征视角下的冰雪休闲运动与城市经济发展［C］.国家体育总局、中国 体育科学学会.第二届全民健身科学大会论文摘要集.国家体育总局、中国体育科学学 会:中国体育科学学会,2010.

［7］刘振忠.京津冀协同创新创业型体育人才培养研究［M］.上海:复旦大学出版社, 2019.

［8］赵睿.冰雪运动技巧［M］.北京:中国社会出版社.2008.

［9］萧枫,姜忠哲,庄文中.四特教育系列丛书:冰雪运动竞赛［M］.长春:吉林出版集团 有限责任公司.2012.

［10］曹国林,张巍,刘晓鹏.冰雪运动［M］.北京:中国少年儿童出版社.2018.

［11］刘俊一主编.冰雪运动［M］.石家庄:方圆电子音像出版社.2017.

［12］张强.冰雪运动［M］.石家庄:方圆电子音像出版社.2017.

［13］臧克成,刘杨,鹿国晖.冰雪运动损伤与防护［M］.北京:化学工业出版社.2018.

［14］王诚民,郭晗,彭迪.冰雪旅游与冰雪运动［M］.西安:西安交通大学出版社.2017.

［15］邓跃宁,许军主编;孙健,林莉,杨英等.休闲运动2［M］.成都:四川科学技术出版 社.2012.

［16］侯志宏,陈圣平.休闲运动营销实务［M］.厦门:厦门大学出版社.2012.

［17］尹立波.休闲体育运动文化与实践［M］.北京:新华出版社.2017.

［18］程锡森,张先松.休闲健身运动概论［M］.武汉:中国地质大学出版社.2015.

［19］李相如.户外运动休闲研究报告［M］.北京:金盾出版社.2016.

［20］李延超.运动休闲管理［M］.上海:复旦大学出版社.2014.

［21］刘慧梅.城市化与运动休闲［M］.杭州:浙江大学出版社.2014.

［22］舒建平,杨冰.运动性休闲活动基础理论［M］.成都:四川科学技术出版社.2016.

［23］张九江.冬奥会与冰雪运动［M］.北京:北京日报出版社.2017.

［24］刘振忠,周静.冰雪运动创新创业实务指导［M］.上海:上海交通大学出版社.2019.

［25］北京市体育局.冰雪运动普及读本［M］.北京:北京体育大学出版社.2016.

［26］王石安.雪上运动院校通用《冰雪运动》［M］.北京:人民体育出版社.2018.

［27］朱志强.冰上运动院校通用《冰雪运动》［M］.北京:人民体育出版社.2018.

［28］孟军,李美霞,叶鹰.大学生冰雪运动［M］.哈尔滨:东北林业大学出版社.2015.

［29］［法］普罗布斯特.高山冰雪运动［M］.陶文,译.西安:未来出版社.2015.

［30］杨朝升.冰雪运动与体育旅游协同发展研究［M］.长春:吉林出版集团股份有限公司.2017.